全民质量教育系列

质量大视野

A Panoramic Eyeshot of Quality

主编：黄小路　副主编：刘刚

主审：钱仲裘　副主审：刘放鸣

中国质检出版社
中国标准出版社

北京

图书在版编目（CIP）数据

质量大视野/黄小路主编. —北京：中国质检出版社，2015.9
（全民质量教育系列图书）
ISBN 978-7-5026-4216-7

Ⅰ.①质… Ⅱ.①黄… Ⅲ.①质量管理—研究 Ⅳ.①F273.2

中国版本图书馆 CIP 数据核字（2015）第 196654 号

中国质检出版社
中国标准出版社 出版发行
北京市朝阳区和平里西街甲 2 号（100029）
北京市西城区三里河北街 16 号（100045）
网址 www.spc.net.cn
总编室：(010)68533533 发行中心：(010)51780238
读者服务部：(010)68523946
中国标准出版社秦皇岛印刷厂印刷
各地新华书店经销
*
开本 700×1000 B5 印张 14.5 插页 1 字数 245 千字
2015 年 9 月第一版 2015 年 9 月第一次印刷
*
定价：**58.00** 元

如有印装差错 由本社发行中心调换
版权专有 侵权必究
举报电话：(010)68510107

编　委　会

主　编　黄小路

副主编　刘　刚

主　审　钱仲裘

副主审　刘放鸣

编　委　王雪芬　封春荣　张丽虹　史燕君

戴　昇　孟　凯　华　希　周星录

朱梓明　李　坤　贾　佳

前 言

2013年《上海市质量发展规划2010—2020》正式颁布，提出到“2020年把上海打造成具有国际竞争力质量高地”的奋斗目标，并提出了实施“质量教育工程”，其中，加强政府有关人员的质量素质和能力培养是该工程的重要内容之一。为了适应新的形势和经济社会发展要求，上海市质量技术监督局在总结上海市多年质量管理经验的基础上，组织了一批优秀的质量专家编写了《全民质量教育系列图书》。

本书为系列图书之一，共有六章，包括宏观质量管理概述，基于经济学视野的质量管理，基于法治视野的质量管理，基于国际视野的质量管理，基于文化视野的质量管理及基于数据视野的质量管理。参与编写与审稿工作的单位有：上海市质量技术监督局、上海市质量技术应用统计学会、上海质量技术监督培训中心。本书由上海市质量技术监督局黄小路局长任主编，上海市质量技术监督局质量管理处刘刚处长任副主编，原上海市质量技术监督局钱仲裘局长任主审。其中，第一章由钱仲裘、刘刚撰写，第二章由张丽虹撰写，第三章由朱梓明、李坤、封春荣撰写，第四章由史燕君、华希、贾佳、孙建英撰写，第五章由王雪芬、戴昇撰写，第六章由刘放鸣、孟凯、周星录撰写。全书由黄小路、刘刚、刘放鸣编纂定稿。

由于时间仓促，书中错漏疏误之处在所难免，恳请广大读者批评指正，以便持续改进。

编 者

2015年7月

目录

第一章

宏观质量管理概述

第一节　宏观质量管理面临的形势

质量发展是兴国之道、强国之策。质量反映一个国家的综合实力，既是企业和产业核心竞争力的体现，又是国家文明程度的体现；既是科技创新、资源配置、劳动者素质等因素的集成，又是法治环境、文化教育、诚信建设等方面的综合反映。质量问题是经济社会发展的战略问题，关系可持续发展，关系人民群众切身利益，关系国家形象。

质量的竞争同样关系国家经济发展、人民生活。21 世纪以来，尤其是美国金融危机后，世界大国对实体经济特别是制造业的发展都十分重视，已经或者正逐步上升为国家战略。《德国工业 4. 0 计划》《美国再工业化》《日本机器人战略》以及《中国制造 2025》无一不是国家战略，随着这些战略的实施并取得成功，世界经济发展的格局将彻底改变。但是，无论是工业 4. 0 还是再工业化，制造业最后的竞争必定是质量的竞争。质量将成为改变世界经济格局的核心要素。党中央国务院提出，着眼于保持经济中高速增长和迈向中高端水平“双目标”，打造大众创业、万众创新和新增公共产品、公共服务“双引擎”是全面建成小康社会目标的关键之举。经济发展必须讲求质量和效益，推动经济发展，提质、增效、升级，必须全面提升质量竞争力。科技创新是提升质量竞争力的第一驱动力；持续改进和优化管理则是提升质量竞争力的两个轮子。本节我们将一一介绍，并结合《中国制造 2025》展开分析。

一、发达国家工业战略介绍

1. 德国工业 4. 0 计划战略

2011 年，在德国汉诺威举办的工业博览会上德国政府正式提出工业

4.0计划。该计划的核心是将德国工业未来生产的组织方式向定制化、分散化和融合化转变，打破工业企业和互联网企业的边界，同样，生产企业和服务企业的边界也将变得越来越模糊。智能化生产时代开始到来，智能设备、智能生产线组成一个实现自律分散型系统的智慧工厂，互联网、云计算将成为智慧工厂的工具，生产制造、物流配送的中枢是智慧工厂系统，掌握了智慧工厂系统就掌握信息数据，也就掌握核心竞争力。目前的互联网体系将再造，由此质量也需要有新的定义。

纵观德国工业发展战略历程，可以看到：

工业1.0计划是机械生产取代手工劳动，以蒸汽机为代表的机械制造时代。同时带来的是工业产品的质量检验。

工业2.0计划是生产电气化，零部件生产和产品装配成功分离，开始产品批量生产新模式。同时，质量管理开始使用统计技术，并开创了统计质量管理时代。

工业3.0计划是生产高度自动化，信息技术得到充分运用的时代。质量管理开始进入全面质量管理阶段，标准化充分应用。随着贸易全球化，第三方合格评定大量涌现。

工业4.0计划开始智能化生产，人、设备、产品可以实时联通，互联网技术广泛应用，基于物联网的智慧工厂和互联网服务成为生产主流。质量管理开始从统计技术进入大数据时代，基于网络技术的实时管理技术也将得到广泛应用。智能制造将实现产品质量的自我修复和持续改进。

2. 美国再工业化战略

2007年美国发生金融危机，美国人在分析产生危机的原因时认为，其关键因素之一就是美国经济出现了虚拟化甚至是金融化的倾向，服务业和金融业在美国经济中所占比重过大。美国的制造业占其国内生产总值的比重从20%下降至11.2%，而服务业在国内生产总值的比重上升至70%以上，金融业在其中的比重更是接近20%。因此许多专家认为，美国金融危机的根源在于近十年来美国经济的“去工业化”。为此美国总统奥巴马提出了所谓“新经济战略”，也就是美国的“再工业化”战略，主要包括：

——美国经济要转向可持续的增长模式，即出口推动型增长和制造业增长；

——要让美国回归实体经济，应重新重视国内产业尤其是制造业的发展。

应当看到，美国提出“再工业化”战略是一种现实的考量。尽管制造业在美国经济中的比重只有12%左右，但由于经济总量巨大，美国制造业在全球依然是第一制造业大国。现在，美国力图通过“再工业化”重振本土工业，一方面是防止制造业萎缩失去世界创新领导者的地位，一方面是要通过产业升级化解高成本压力，寻找像“智慧地球”一样能够支撑未来经济增长的高端产业，而不是仅仅恢复传统的制造业。

美国再工业化对于我国实施《中国制造2025》和质量强国战略，既是挑战也是机遇。

美国再工业化三大基石：3D 打印技术应用、制造自动化和页岩石油气开发。

目前看来美国再工业化也将面临各种困难。第一，制造业空洞化，美国制造业比重近年来急剧下降；第二，3D 打印产品原材料、工艺和质量水平提升问题；第三，原油价格急剧下降、世界各国经济发展滞后等也将给美国再工业化带来问题。影响美国再工业化进程有以下 4 方面因素。

（1）原油价格急剧下降

根据美国能源署（EIA）的数据，从 2008 年到 2014 年美国页岩气（油）产量增长了 3.5 倍，达到日产量 450 万桶。而据高盛公司估计，美国页岩油气行业成本在 85 美元/桶，因此目前油价跌至 60 美元/桶以下，将严重影响美国页岩油气开发，给美国再工业化的前景打上阴影。图 1－1 是 2010—2014 年原油价格走势图。

图 1－1　2010—2014 年原油指数变动 K 线

（2）全球经济持续放缓

原油价格的下跌已经严重影响了俄罗斯经济，近期卢布价格急剧下降，最低下跌至80卢布兑1美元（前期基本稳定在35卢布兑1美元）。如图1-2所示。日本的经济近年来也没有任何起色，在2014年底日本央行决定继续推行大规模的量化宽松货币政策，努力实现通货膨胀率2%的既定目标，但效果有限，日本经济仍在低位徘徊。

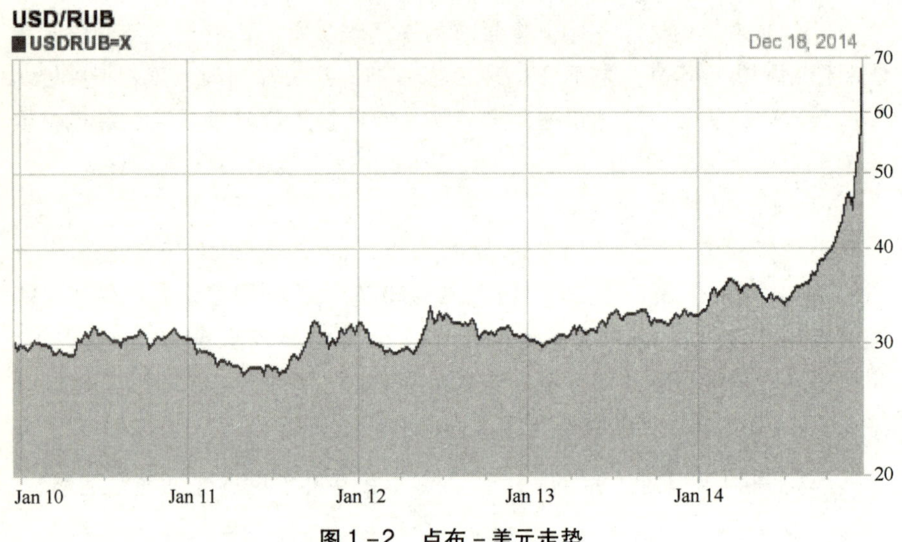

图1-2　卢布-美元走势

（3）欧盟经济面临的严峻挑战

①主权债务危机仍在持续。根据欧洲统计局数据显示，2012年，欧盟27国债务水平出现进一步上升，有14个成员国超过警戒线，而且大多呈上升态势。

②失业率居高不下。欧盟的失业率一直高于美国和日本，最为严重的希腊和西班牙失业率达到30%。年轻人失业率尤为严重，过去十年，欧盟年轻人失业率约为总人口失业率的两倍。根据国际货币基金组织预测，到2016年欧元区失业率也不会有明显降低。

③人口老龄化问题严重且呈加速态势。2010年，欧洲65岁以上人口占比高于美国，仅次于日本。人口结构老龄化加大了欧盟财政负担，并且这种负担不可能一下解决。

④经济发展不平衡，内部利益协调难度大。欧盟成员国发展极不均衡，从人均年收入达5万美元的发达国家到新入欧盟人均年收入1.3万美元的中东欧国家，不同梯队人均年收入呈现成倍差距。

（4）美国能否继续保持互联网优势

在以德国为首的智慧制造持续发展的时候，现在的互联网技术可能仅是智慧制造的工具而非核心，每个智慧工厂都将成为一个数据中心，未来的竞争将是数据的竞争，谁有能力整合数据谁就占据核心地位。而美国传统互联网优势将受到德国智慧制造的挑战。德国率先提出工业4.0计划是经过深思熟虑的，是早有准备的，已经在新一轮竞争中抢得先机。

3. 日本机器人新战略

2015年1月23日日本政府公开了《日本机器人新战略》。作为机器人第一大国，日本机器人产业占全球份额的50%，安装机器人数量占全球份额的23%，制造机器人的主要部件（如精密减速机、伺服电机、重力传感器等）占全球市场份额的90%以上。但是，日本仍然有竞争的压力。美国是2011年公布的《国家机器人计划》，该计划对人工智能、语音图像识别等领域机器人的基础研究每年补贴数千万美元；欧盟SPAEC创新项目，每年计划出资7亿欧元，用于制造业、农业、运输、家庭等领域机器人的开发和研究。因此，日本为了让机器人能够更为广泛的应用，对机器人供应商、系统集成商、用户关系重新定义，让三者形成一种共赢关系并共同致力于提升机器人研发竞争力。日本通过成立"机器人革命促进会"，进一步强化"产、学、官"的合作，瞄准国际标准实施国际标准战略，并通过示范项目强化机器人竞争，同时不断加强国际间合作、加强人才培养，通过支持机器人应用政策来引领世界机器人革命。

二、中国工业战略形势

1. 新常态带来的新变化

面对新形式和新挑战，中国必须积极应对。2014年底召开中央经济工作会议，会议明确指出："我国已进入经济发展新常态，认识新常态、适应新常态、引领新常态是当前和今后一个时期我国经济发展的大逻辑。"

2014年亚太经合组织工商领导人峰会于11月9日在北京国家会议中心举行，国家主席习近平出席开幕式并发表题为《谋求持久发展 共筑亚太梦想》的主旨演讲。对中国经济呈现出新常态作了详细的解读。

中国经济呈现出新常态，有几个主要特点。一是从高速增长转为中高速增长。二是经济结构不断优化升级，第三产业、消费需求逐步成为主体，城乡区域差距逐步缩小，居民收入占比上升，发展成果惠及更广大民众。三是从要素驱动、投资驱动转向创新驱动。新常态将给中国带来新的发展机遇。

新常态下中国经济变化的主要表现有：第一，新常态下，中国经济增速虽然放缓，实际增量依然可观。经过30多年高速增长，中国经济体量已今非昔比。2013年一年中国经济的增量就相当于1994年全年经济总量，可以在全世界排到第十七位。即使是7%左右的增长，无论是速度还是体量，在全球也是名列前茅的。

第二，新常态下，中国经济增长更趋平稳，增长动力更为多元。有人担心，中国经济增速会不会进一步回落、能不能爬坡过坎。风险确实有，但没那么可怕。中国经济的强韧性是防范风险的最有力支撑。我们创新宏观调控思路和方式，以目前确定的战略和所拥有的政策储备，我们有信心、有能力应对各种可能出现的风险。我们正在协同推进新型工业化、信息化、城镇化、农业现代化，这有利于化解各种“成长的烦恼”。中国经济更多依赖国内消费需求拉动，避免依赖出口的外部风险。

第三，新常态下，中国经济结构优化升级，发展前景更加稳定。2014年前3个季度，中国最终消费对经济增长的贡献率为48.5%，超过投资；服务业增加值占比46.7%，继续超过第二产业；高新技术产业和装备制造业增速分别为12.3%和11.1%，明显高于工业平均增速；单位国内生产总值能耗下降4.6%。这些数据显示，中国经济结构正在发生深刻变化，质量更好，结构更优。

第四，新常态下，中国政府大力简政放权，市场活力进一步释放。简言之，就是要放开市场这只“看不见的手”，用好政府这只“看得见的手”。比如，我们改革了企业登记制度，前3个季度全国新登记注册市场主体920万户，新增企业数量较去年增长60%以上。

同时，我们也清醒认识到，新常态也伴随着新矛盾新问题，一些潜在风险渐渐浮出水面。能不能适应新常态，关键在于全面深化改革的力度。

2. “三个转变”的新要求

2014年5月9日至10日，习近平总书记在河南考察时强调，“推动中国制造向中国创造转变、中国速度向中国质量转变、中国产品向中国品牌转变。”对于这一重要论述，国家质检总局局长支树平指出，这是总书记对党的十八大关于“将推动经济发展的立足点转到提高质量和效益上来”的深入阐释和具体拓展，为建设质量强国、实现中国梦指明了方向，这既是对质量工作莫大的鼓励鞭策，也是质检系统的重大机遇和努力方向，更是新时期质量工作明确具体的行动纲领。

3. 首届中国质量（北京）大会

2014年9月15日，以“质量、创新、发展”为主题的首届中国质量（北京）大会在人民大会堂隆重召开，国务院总理李克强出席会议并作重要讲话。来自美欧等国家和地区及国际质量组织负责人，中外企业家和专家学者等600多人出席。9月16日，国务委员王勇出席总结会议并作重要讲话。

李克强总理指出，中国经济正处于“爬坡过坎”的关键时期，要保持中高速增长、迈向中高端水平，质量极为关键。中国经济要再创奇迹、再创辉煌，就必须着力在提升质量上下功夫，以质量的提升“对冲”速度的放缓，把经济社会发展推向“质量时代”。强调通过“放、管、治”提升质量水平，在质量工作中更好地发挥市场配置资源的决定性作用、政府监管的有效作用、社会共治的积极作用。实现中国经济整体质量的提高和产品服务质量的提高，做到“双提高”；不仅要使中国产品和服务让国内消费者喜爱，而且在国外声誉良好，做到“双满意”。

4. 中国“工业4.0”

在2015年第一期《求是》杂志上，工业和信息化部部长苗圩发表专文《打造新常态下工业升级版》，这个升级版意味着中国“工业4.0”的到来。苗圩指出：“发展智能制造，探索信息化条件下生产新方式”必须坚持把发展智能制造作为战略重点，抓住新一轮产业变革浪潮和信息化发展趋势，探索智能制造生产方式，建立信息化条件下的工业生态体系。要支持工业云服务平台建设和大数据技术应用，鼓励发展基于互联网的众包设计、柔性制造、个性化定制、智慧物流等新型制造模式。形成“大众创业、万众创新”新格局。

国务院总理李克强2015年3月25日主持召开国务院常务会议，部署加快推进实施“中国制造2025”，实现制造业升级。

“中国制造2025”是升级版的中国制造，体现为一条主线、四大转变和八大战略对策。

（1）一条主线

以体现信息技术与制造技术深度融合的数字化网络化智能化制造为主线。

（2）四大转变

①由要素驱动向创新驱动转变。

②由低成本竞争优势向质量效益竞争优势转变。

③由资源消耗大、污染物排放多的粗放制造向绿色制造转变。

④由生产型制造向服务型制造转变。

2015年5月8日国务院正式印发了《中国制造2025》。通过实施九大战略任务，力争在十大重点领域实现突破，确保五大工程顺利完成，最终打造具有国际竞争力的中国制造。

(3) 八项战略对策

推行数字化、网络化、智能化制造；提升产品设计能力；完善制造业技术创新体系；强化制造基础；提升产品质量；推行绿色制造；培养具有全球竞争力的企业群体和优势产业；发展现代制造服务业。

三、我国经济基本情况概述

经济发展需要质量，质量是经济发展的基础。通过产品质量、服务质量的提升，实现品牌价值最大化，提升经济发展质量进而促进经济增长。按支出法计算国内生产总值（GDP）包括消费、投资和净出口三部分，构成总需求的三个要素。投资、进出口和消费也被称为拉动经济增长的三驾马车。质量影响投资、进出口和消费。质量因素影响宏观经济生产函数、影响消费函数来影响消费增长。比如，影响生产函数的科技创新正是提升质量的重要途径；而有质量的投资才能产生有效增长，低水平重复投资带来的是产能过剩、质量低劣；劳动者素质同样是影响生产函数的关键因素，有素质的劳动者才能促进生产，人才的竞争是核心，包括科技创新人才、各类能工巧匠，有素质的人才同样是质量竞争的核心。这些又都影响宏观经济生产函数。反过来宏观经济发展又要求与之相适应的宏观质量管理。质量因素同样影响消费函数，高质量产品将影响边际消费倾向，从而促进消费。

下面我们列举基础经济数据供研究。

(1) 国家统计局统计数据显示，2004—2013 年国内生产总值和指数见图 1-3、图 1-4。

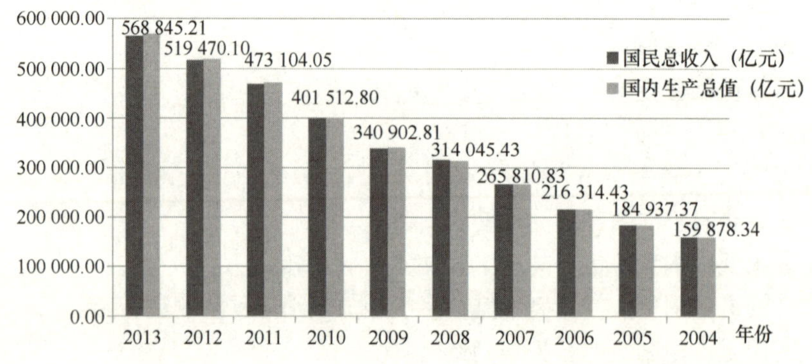

图 1-3 2004—2013 年国内生产总值与国民总收入

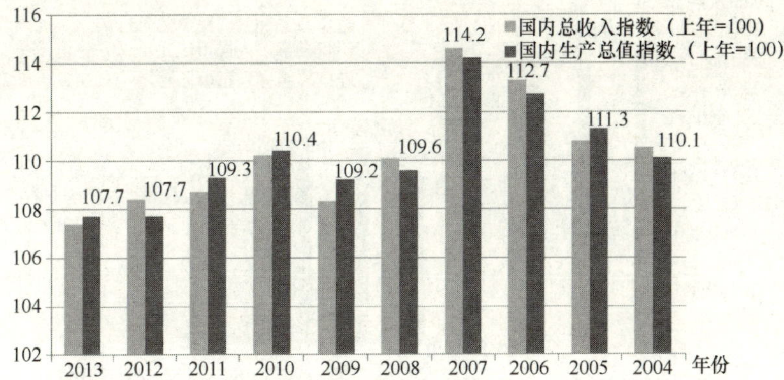

图1-4　2004—2013年国内生产总值指数与国民总收入指数

近年国内生产总值指数呈现下降的趋势，2014年仅107.4，2015年上半年为107。

（2）国家统计局统计数据显示，2004—2013年全社会固定资产投资见图1-5。

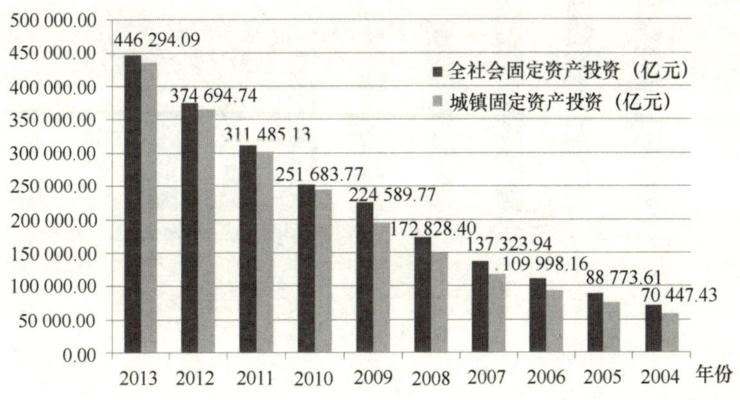

图1-5　2004—2013年全社会固定资产投资

全社会固定资产投资增幅=（当年投资-上年投资）/上年投资×100%，从2011年开始逐年下降，到2013年投资增幅下降到19.11%，投资拉动经济增长明显趋缓。

（3）国家统计局统计数据显示，2004—2013年进出口总额和社会消费品零售总额数据见图1-6、图1-7。

进出口总额增幅从2010年的33.90%下降到2013年的5.74%，进出口拉动经济增长的效应明显下降。

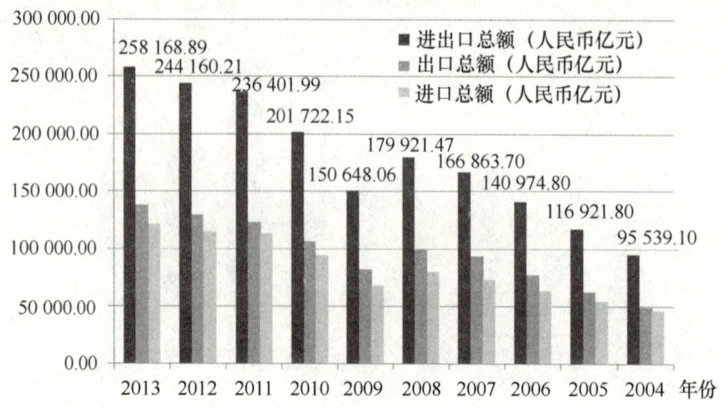

图 1－6　2004—2013 年进出口总额

图 1－7　2004—2013 年社会消费品零售总额

根据国家统计局统计数据显示，2014 年最终消费支出对 GDP 增长的贡献率为 51.2%，比上年提高 3%。

（4）根据第三次全国经济普查公报的数据，中国经济单位基本情况如下。

①法人单位

2013 年末，全国共有从事第二产业和第三产业活动的法人单位 1085.7 万个，比 2008 年末（2008 年是第二次全国经济普查年份，下同）增加 375.8 万个，增长 52.9%；有证照个体经营户 3279.1 万个，增加 405.4 万个，增长 14.1%。

2013 年末，在第二产业和第三产业法人单位中，位居前三位的行业是：批发和零售业 281.1 万个，占 25.9%；制造业 225.3 万个，占 20.7%；公共管理、社会保障和社会组织 152 万个，占 14%。在有证照个体经营户中，位居前三位的行业是：批发和零售业 1642.7 万个，占 50.1%；交通运输、仓储和邮政业 878.6 万个，占 26.8%；住宿和餐饮业 240.8 万个，占 7.3%。

2013 年末，全国共有第二产业和第三产业的企业法人单位 820.8 万个，比 2008 年末增加 324.9 万个，增长 65.5%。其中，内资企业占 97.5%，港、澳、台商投资企业占 1.2%，外商投资企业占 1.3%。内资企业中，国有企业占全部企业法人单位的 1.4%，私营企业占 68.3%。

2013 年末，全国第二产业和第三产业法人单位从业人员 35602.3 万人，比 2008 年末增加 8290.8 万人，增长 30.4%。有证照个体经营户从业人员 9013.4 万人，比 2008 年末增加 818 万人，增长 10%。

在法人单位从业人员中，位居前三位的行业是：制造业 12515.1 万人，占 35.2%；建筑业 5320.6 万人，占 14.9%；批发和零售业 3315 万人，占 9.3%。在有证照个体经营户从业人员中，位居前三位的行业是：批发和零售业 4166.6 万人，占 46.2%；交通运输、仓储和邮政业 1674.5 万人，占 18.6%；住宿和餐饮业 1069.4 万人，占 11.9%。

②企业资产总计

2013 年末，全国第二产业和第三产业企业资产总计 466.8 万亿元。其中，第二产业企业资产总计占全部企业资产总计的 26.1%，第三产业企业资产总计占 73.9%。

③小微企业

2013 年末，全国共有第二产业和第三产业的小微企业法人单位 785 万个，占全部企业法人单位 95.6%。其中，位居前三位的行业是：工业 234.2 万个，占全部企业法人单位 28.5%；批发业 169.8 万个，占 20.7%；零售业 103.1 万个，占 12.6%。

小微企业从业人员 14730.4 万人，占全部企业法人单位从业人员 50.4%。其中，位居前三位的行业是：工业 7403.6 万人，占全部企业法人单位从业人员 25.4%；建筑业 1675.4 万人，占 5.7%；批发业 1457.8 万人，占 5%。

小微企业法人单位资产总计 138.4 万亿元，占全部企业法人单位资产总计 29.6%。其中，位居前三位的行业是：工业 40.8 万亿元，占全部企业法人单位资产总计 8.7%；租赁和商务服务业 36.8 万亿元，占 7.9%；房地产开发经营 18.7 万亿元，占 4%。

第二节　宏观质量与宏观质量管理

一、如何理解质量

在社会生活中，我们经常会发现一些有意思的现象。了解、分析这些现象对我们理解什么是质量、什么是宏观质量、如何开展宏观质量管理十分有益。

现象一

老百姓经常会把产品的主要外观特征当作判断质量好坏的标准。比如，色泽麦黄、略有光泽的腐竹是好的腐竹；咸鸭蛋蛋黄红润出油是好的咸鸭蛋；大米表面光洁、呈半透明状是好米，等等。这些判断是建立在对产品传统的了解上，更是建立在诚信的基础上。在这样的前提下，老百姓这些判断简洁、快速并且好使。

但是，这也给不法分子带来了所谓“商机”。比如，苏丹红咸鸭蛋案例，把陈米抛光并打蜡冒充新米案件，等等。

现象一反映的不法分子行为，其实不是质量问题而是违法的问题。这类问题应该更适合公检法来处理，该抓的抓，该判刑的判刑。

现象二

出过国的人可能都有印象，在国外的超市里中国生产的产品遍地开花，据说有的超市卖的商品中中国制造超过70%，有点在国内超市的感觉。但是前些年我们也曾听到各种议论，比较多的议论是中国的产品质量不好，假冒伪劣多。

实际上这是一个悖论，一方面中国的产品十分畅销，另一方面又在说中国产品质量不好。确实国外专卖店或者精品店出售的中国产品还很少，但在超市这类中低端市场占有率却很高。这个现象值得我们重视并分析研究。

现象二反映的是相对质量和绝对质量的问题。绝对质量是产品特性最高水平，而相对质量是综合考虑产品特性和价格成本相对关系的质量，在产品特性不变的情况下价格成本越低，相对质量越高，或者在价格成本不变的情况下增加了产品特性，相对质量就高。

1. 质量的定义

我们说，不同的人从不同的角度来看质量会有不同的理解。

（1）从最初用于产品，逐步扩展到服务、过程、体系和组织，尽管质量的定义有许多种，但主要还是从符合性、适用性、广义性等几个方面来反映的。

①符合性质量：就是产品符合技术标准的程度。“符合标准”就是合格的产品质量，“符合”的程度反映了产品质量的一致性。“规格”和“标准”有好坏之分，过去认为是好的现在看不一定好了，甚至有可能落后了。标准水平不高，产品百分百合格也不表示好，判断产品好坏必须先看标准水平，再看符合程度，只有高水平的标准且符合度高的产品才是好的产品。但是，符合性质量有其局限性，不可能把顾客的需求全部规定出来，尤其是隐含的需求与期望。

②适用性质量：就是产品适合顾客需求的程度。适用性概念要求人们从“使用要求”和“满足程度”两个方面去理解质量的实质。质量从符合性向适用性发展，意味着顾客的需求越来越重要了，顾客被放在首要位置上了。

③广义质量：即全面的质量定义，是产品质量本身以及成本和服务。质量的定义从“小质量”向“大质量”扩展，且广泛地被人接受。宏观质量讨论的是大质量范畴。

（2）朱兰博士从收益导向和成本导向提出两个重要的质量定义：

①收益导向的质量：意味着能够满足顾客的需要从而使顾客满意的那些产品特征。这种高质量的目的旨在实现更高的满意，从而实现收益的增加。要实现更高的满意就需要有更多的投入，从而导致成本上升。

我们因此可以理解提高质量是要成本的。技术进步、科技创新是提高质量的有效手段，这些项目都必需要有投入、要有成本。

②成本导向的质量：意味着免于不良。没有那些需要重复工作（返工）或会导致现场失效、顾客不满、顾客投诉等的差错。做对每件事，从而实现“花费更少”。

从这个定义来看，质量是免费的。你只要第一次把事情做对，没有返工、没有维修，也就没有成本投入，质量就成为免费的午餐。通过提升质量管理水平可以获取免费质量。

（3）刘源张院士讲质量是一个很广的概念，简单说，是事物的质量。这里有物品也有事情。物品包括产品和工程，事情就多得很，有服务、有工作、有生活、有经济运行，还有社会发展的种种不同范畴的东西。

（4）这里我们再介绍几种质量的定义：

①质量工程学定义：产品质量是指产品离开企业后直到产品报废，给他人和社会带来的损失的总和。

②GB/T 19000—2008/ISO 9000：2005 的定义：一组固有特性满足要求的程度。特性包括固有的和赋予的，要求可由各个方面提出来。特性满足要求的程度就是质量。

③政治经济学定义：产品质量就是产品自身所具有的使用价值，即产品自身所具有的能够满足人们某些方面要求的实际效用。

2. 质量的特性

从上述具有代表性的对质量的定义，我们可以看到：

（1）尽管产品质量的定义有收益导向和成本导向，但基本上还是从企业生产、产品本身和用户出发，具有微观的特性，不容易与宏观经济运行质量建立直接联系。

（2）产品质量的定义是对产品的一种质的规定性，要靠用户通过使用、维修加以识别，具有滞后的特性。这就需要企业事先的研发、管控和检测，包括第三方中介机构的检测。

（3）产品质量的定义不排斥用户对质量需求的多元化，性价比体现质量与价格相关性，但质量的底线是符合国家对质量、安全、能耗、环保等的法律规定。

（4）产品质量问题的社会化，产品进入市场流通和用户使用，就会涉及人身安全和其它财产侵权责任。恶性的质量事故和大量质量问题的积聚会影响社会的安定。行业、地区的产品质量竞争力高低会影响经济的发展，这就是微观质量的宏观化，不能不引起政府的关注，进而采取相应的质量监管和质量发展的措施。

二、如何理解宏观质量和宏观质量管理

现象三

2001 年俄罗斯根据 WTO 技术性贸易壁垒协定的相关规定，出台了一项重要法律《技术调节法》（On Technical Regulating）。该法案对俄罗斯国家标准化体制进行了根本性的改革，并规定有关人员、动物和生态安全方面的要求，将由相应的技术法规加以规定，国家标准今后将是自愿采用的。

现象三反映的情况对我国标准化管理是否有借鉴作用呢？我国的标准及其管理体制始于 1956 年，当时在国家科学技术委员会内设立标准局。1957 年提出结合我国具体情况，以学习苏联国家标准为基础，并吸取世界先进经验来建立我国的标准化制度体系。

现象四

非洲国家采取了两种不同的方式来保护大象：

一是规制行为。比如肯尼亚、坦桑尼亚等国家规定猎杀大象并出售象牙是违法行为。但是，这些法律没有很好效果，违法行为依然严重，而且这些国家大象种群也在继续减少。

二是市场手段。比如津巴布韦、博茨瓦纳等国家，允许人们捕杀大象，但只能捕杀自己土地上的大象，这一市场手段激励土地主更加爱护大象，合理的利用大象。结果是这些国家的大象种群数量在不断增加。

现象四反映我们可以转变思路，可以用市场的手段解决问题就不用行政的手段，在市场有效的时候让市场充分发挥作用，只有市场机制失灵政府看得见的手才更起作用。

关于宏观质量目前还不能给出一个完全统一的、具有社会共识的定义，有人认为宏观质量就是大质量，有人认为宏观质量有别于微观质量，也有人认为宏观质量就是政府质量，等等。要探索宏观质量问题，我们就需要了解宏观质量的一些论述和背景。

1. 基于全面质量管理理论的大质量观

质量管理专家学者提出，质量不仅包括产品质量，还应包括成本、交货期和售后服务，即全面质量的概念。又提出，用人的质量保证工作质量，进而保证工序质量和产品质量。还提出产品质量不仅是企业的质量，还是产业链的质量、全公司的质量。

2. 基于部门、行业的大质量观

从政府各主管部门的质量工作实践中提出，包括产品质量、工程建筑质量、商业服务质量、交通运输质量、人居质量等等。

3. 基于社会经济运行的大质量观

有学者提出大质量应包括经济运行质量、教育质量、社会管理质量、民生质量、医疗质量、环境质量，等等。也有学者提出，这样宽泛的大质量观能引起全社会对质量的重视，但落实到具体部门的质量工作还应适当回归，无所不包的质量很难由一个政府质量主管部门来管理。

根据国务院《质量振兴纲要（1996—2010年）》和《质量发展纲要（2011—2020年）》的表述，宏观质量主要是产品质量、工程质量和服务质量。各省市对此的表述也不尽相同，《上海市质量发展规划（2011—2020年）》把宏观质量定为产品质量、服务质量、工程质量和人居质量，首次把人的生活质量纳入宏观质量范畴。实际上通过政府的政策激励和引导可以大幅提升宏观质量水平，这里讲的政府不是指的某一个政府部门而是指一级政府。宏观质量管理也需要政府各部门齐抓共管，通过各政府部门质量数据共享，实现宏观质量共治从而提升宏观质量水平。

三、宏观质量管理

如何理解宏观质量管理呢？让我们先简要回顾总结一下我们目前实施的几项重大宏观质量管理的制度和措施。这些制度在当时都发挥了应有的作用，但现在都需要改进和进一步完善，甚至需要重新设计。

1. 现行的宏观质量管理制度

（1）强制性标准和推荐性标准制度

我国的标准体制在《中华人民共和国标准化管理条例》实施期间，国家实行计划经济，“标准是组织现代化生产的重要手段，是科学管理的重要组成部分，是国家的一项重要技术经济政策，即标准是从事生产、建设工作以及商品流通的一种公用技术依据”、“标准一经批准发布，就是技术法规，各级生产、建设、科研、设计管理部门和企业、事业单位都必须严格贯彻执行，任何单位不得擅自更改或降低标准，对因违反标准造成不良后果，以至重大事故者，要依据情节轻重，分别予以批评、处分、经济制裁，直至追究法律责任”。标准就是技术法规，是组织生产的手段，“违反标准、依法追究”是计划经济下标准属性的特征。进入20世纪80年代，我国的经济体制进行了改革，从计划经济逐步转轨为社会主义市场经济，国家的政治体制、政府职能也开始改革。1988年12月，全国人民代表大会常务委员会第五次会议通过了《中华人民共和国标准化法》（以下简称《标准化法》），使标准化工作纳入了我国的法制轨道，从法律上规定了标准的属性分别为强制性标准和推荐性标准。

我们理解，这里讲“标准一经批准就是技术法规”，同真正意义上的技术法规还是有本质区别的。即使是后来的《标准化法》规定的强制性标准，也只能是类似技术法规，本质上讲仍不是技术法规。这也是为什么俄罗斯要出台《技术调节法》的原因之一。

百度的解释也耐人寻味：强制性标准具有法属性的特点，属于技术法规，而这种法的属性并非强制性标准的自然属性，是人们根据标准的重要性、经济发展等情况和需要，通过立法形式所赋予的，同时，也赋予了强制性标准的法制功能，即：制定法律、执行法律、遵守法律这三个方面的功能；而推荐性标准不具有法属性的特点，属于技术文件，不具有强制执行的功能。

从百度的解释来理解，强制性标准虽然具有法的属性，但还需要通过立法形式赋予。

（2）产品质量监督抽查制度

《中华人民共和国产品质量法》（以下简称《产品质量法》）第十五条明确："国家对产品质量实行以抽查为主要方式的监督检查制度"。这项制度的建立要追索到20世纪80年代中期。在《朱镕基讲话实录》"关于质量管理和技术监督工作"一文中写到："记得在1984年的时候，经济过热，产品质量大大下降，假冒伪劣产品充斥市场，这种状况一直延续到1985年。""我记得在那一年的第三季度，国家经委采取了一系列措施来扭转产品质量下降的状况，特别是第一次建立了国家监督抽查产品质量制度，这个制度一直保持下来了，而且发挥了作用"。

产品质量监督抽查制度建立在1985年的计划经济年代，针对假冒伪劣充斥市场的情况下开展的，发挥了积极作用。但是，进入21世纪，无论中国经济总量还是产品种类都发生了质的变化，这项制度也应该伴随着新常态新要求进一步完善和改进。

（3）工业产品生产许可证和强制性产品认证制度

工业产品生产许可证制度同样是建立在20世纪80年代。

2003年实施的《中华人民共和国认证认可条例》（以下简称《认证认可条例》）（2001年质检总局印发了《强制性产品认证管理规定》，2009年修改）和2005年实施的《中华人民共和国工业产品生产许可证管理条例》（以下简称《工业产品生产许可证管理条例》）是目前这二项制度的法律保障。

其中，2005年公布的《工业产品生产许可证管理条例实施办法》第二条规定："国家对重要工业产品实行生产许可证制度管理"并规定质检总局负责全国工业产品生产许可证统一管理工作（统一产品目录、统一审查要求、统一证书标志、统一监督管理）。

2009年修订实施的《强制性产品认证管理规定》第二条规定："为保

护国家安全、防止欺诈行为、保护人体健康或者安全、保护动植物生命或者健康、保护环境，国家规定的相关产品必须经过认证。”同时规定，国家对实施强制性产品认证的产品，统一目录，统一技术规范的强制性要求、标准和合格评定程序，统一认证标志，统一收费标准。

两项制度有许多相似规定。工业产品许可证制度是在计划经济时期探索建立的制度，同样发挥了应有的作用；强制性认证制度则是一项国际通行的有效制度，以欧盟 CE 认证最有名。在新常态新要求下，两项制度若不改革就会阻碍生产力的发展，但如何完善和改进确实要有破釜沉舟的勇气。

（4）缺陷汽车产品召回制度

由国家质检总局、国家发改委、商务部和海关总署联合制定，2004 年 10 月 1 日实施的《缺陷汽车产品召回管理规定》正式开启了我国产品监管新历程，具有里程碑的意义。经过近十年的实践并取得巨大成功，国务院在此基础上颁发了《缺陷汽车产品召回管理条例》并于 2013 年 1 月 1 日实施。据了解，缺陷汽车产品召回制度建立并实施十年来召回汽车数千万辆，近两年每年都突破 500 万辆，全部由企业主动召回，充分显示了企业作为产品质量责任主体的含义。政府通过制度的建立实现了企业的自我管理，极大减少了政府监管成本，提高了政府监管效率。这项制度值得认真总结和推广。

上述制度是我国改革开放以来政府质量管理几项重要的制度，在监管产品质量方面发挥了重要的作用。但同时我们也不能否认，有些制度同目前的新常态新目标新要求是不相适应的，必须改革和完善。

《质量发展纲要（2011—2020 年）》提出，完善符合社会主义市场经济发展要求，具有中国特色的质量管理体制。健全地方政府负总责、监管部门各负其责、企业是第一责任人的质量安全责任体系，构建政府监管、市场调节、企业主体、行业自律、社会参与的质量工作格局，充分运用经济、法律、行政等手段维护质量安全，充分发挥市场和企业在促进质量发展中的能动作用。对宏观质量管理作了总体的概括。这段概括在今天看来还不够完美，还有值得商榷的地方，比如“地方政府负总责、企业是第一责任人”的表述，实际上是不够严谨的。有关产品质量的责任本质上都是企业的责任，这一点《产品质量法》是有明确规定的。这也是我们调查食品生产企业“食品质量出问题谁该负责任”，回答应该政府负责任的比例高达 70% 的原因之一。

2. 专家、学者观点

我们要开展宏观质量管理就必须定义宏观质量管理。但如何定义宏观质量管理，有各种不同的观点，主要包括：

（1）国际著名质量管理专家的观点

1）朱兰博士认为，宏观质量管理是指主管机构为一些选择得很严格，十分有限的目标进行的质量管理。政府对质量管理的基本方面主要包括：计量、标准、涉及公民安全和健康的产品和活动、涉及国家安全、诸如货币铸造、出口、政府采购、维护用户利益等，政府部门的管理以安全健康为主。他认为可以采取的管理措施包括：

①法令。

②标准的制订与实施。

③对独立实验室的认可。

④对重点产品的检测与评价，如药品、飞机。

⑤实行产品认可标志。

⑥制裁，有权检查、调查、收回已售出的产品，向用户通报产品的缺陷，发布停止生产与销售的命令。

⑦出口管制。

他还提出以下有益的建议：

①管理适用性，而不管规格的符合性。

②集中精力对付少数重大的质量问题。

③集中精力对付一帮“坏蛋”，即那些一贯地违犯规定的人们。

④采用监督的办法，而不是重新试验的方法。

⑤公布记分表，说明提高质量方面已取得的那些进展。

⑥在产品适用性方面，避免承担各行业的基本责任。

2）瑞典桑德霍姆认为，政府在提高产品方面所起的作用还包括：政府参与质量改进活动，如质量计划，质量月活动，质量教育培训，组织国家间、企业间的交流与援助，支助学术机构等。

3）A·哥特努（意）、A·比利（意）提出“国家策略的质量”概念，对世界各国政府开展的质量活动归纳为：质量月或质量年活动，建立国家质量信息中心，建立国家质量奖，颁发质量白皮书，电视广播质量培训的组织，对质量现状的研究等。

4）B·A 高兹拉戈夫（苏）认为，苏联标准化委员会制订和提高本国产品质量的政策，确定这些方面的战术和战略，社会团体和组织有不可估量的潜力，建立社会—国家质量体系势在必行。

（2）国内学者的意见

1）清华大学石永恒教授认为：质量宏观管理有别于质量微观管理，

是对一个国家、或一个区域、或一个行业的总体质量状况进行分析和监管，促进质量发展，塑造整体质量形象，他指出：质量宏观管理关乎经济振兴，关乎国运民生。如果说市场是看不见的手，那么质量宏观管理就是看得见的手。看不见的手自下而上抬高质量，看得见的手自上而下推引质量水平。

2）北京理工大学郎志正教授：质量宏观管理应建立在大质量概念的基础上，要关注发展质量。质量宏观管理不能光考虑经济，还要考虑社会。质量宏观管理的重要任务是对企业的引导。就是要引导企业走向优良和卓越。质量宏观管理的研究应该是数量化的方法和非数量化的方法相结合。

3）武汉大学程虹教授：微观质量管理研究个别质量现象，主要是企业或其他单一组织对个别质量管理的方法与手段。相对于微观质量管理而言，宏观质量管理研究一个区域内的总体质量现象，主要内容是政府和社会对总体质量管理的方法和手段。宏观质量管理体制由三个体系共同构成：市场质量监管体系、社会质量监管体系和政府质量监管体系。

程虹教授认为宏观质量管理体制就是以市场质量监管为主体、社会质量监管为基础、政府质量监管为主导。宏观质量管理的一个基本目标，就是要促进区域内总体质量的长期可持续发展。

综上所述，我们认为宏观质量管理应包括质量安全和质量发展两个部分。

质量安全是生产者和消费者互相影响的结果。质量安全重点应该是涉及公民（包括动植物）安全和健康的产品和服务，影响环境的产品和服务，影响国家安全的产品和服务等。质量安全主要采取规制、强制手段，通过法律法规包括技术法规和严格执法来现实。

质量发展的核心是提升质量竞争力，这也是宏观质量管理的重点。影响质量竞争力的因素主要包括：质量（标准水平和符合程度）、成本（质量损失）、品牌、质量创新、人员素质（质量教育）、资金投入、管理等。

质量发展的基础是数据、计量和标准。手段包括政府激励引导、宣传教育、资金投入、示范试点等。随着技术的发展，大数据将改变宏观质量管理理念、方式方法。

3. 政府质量管理

我们理解大质量其实质就是宏观的质量，目前来看包括产品质量、工程质量、服务质量和人居质量四大类，对大质量进行组织协调的活动也就是政府质量管理。

政府质量管理的主要手段是政府看得见的手，重点是质量发展，基础是质量安全。与之对应的是企业的质量管理，也就是我们讲的微观质量管理，其手段是市场这个看不见的手。质量管理的方法论，均存在于宏观质量管理和微观质量管理之中。

一般认为，政府质量管理主要是宏观质量管理的范筹，是在大质量方面，以政府为主体，主要运用非市场手段，指挥和引导组织的一系列活动。

（1）政府质量管理是政府战略，以政府为主体，是政府看得见的手、“有形的手”。与此对应的是企业质量管理，是企业战略，以企业为主体，是市场看不见的手、“无形的手”。政府质量管理包括制定法律法规、质量政策、方针，制定区域质量战略和规划，开展质量教育包括全社会质量意识教育、青少年质量素质教育和企业职工质量能力教育，建立质量基础数据库推进质量信息化建设，组织质量统计分析评价和奖励等。

根据 N. Gregory. Mankiw（美）所著的《经济学基础》经济学原理之一“政府行为有时可以改善市场结果”。当市场不能有效配置资源的时候，政府政策可以改善市场配置。市场失灵属于外部性的一般范畴（当一个人从事一种影响旁观者福利，而对这种影响既不付报酬又得不到报酬的活动时，就产生外部性。如果对旁观者的影响是不利的就产生负外部性，反之就是正外部性）。污染环境带来的是负外部性，而教育会产生正外部性。政府可以通过对有负外部性的活动征税而非管制来纠正，对有正外部性的活动提供补贴来使外部性内在化。比如，对质量教育、质量创新进行补贴促使外部性内在化。这部分内容在第二章再做详细介绍。

（2）政府宏观质量战略是政府推进宏观质量管理首先应该考虑的问题。从宏观质量管理职能上讲，宏观质量战略包括国家战略、区域战略和地区战略，具体讲有国家层面的、省市层面的和区县层面的质量战略。

从国家层面讲主要是宏观质量管理，包括研究制定法律、法规、国家质量战略、各类质量制度设计，质量奖励、质量统计分析等。比如，我国政府提出的质量振兴规划、质量发展规划，日本政府提出的“质量救国”战略，美国政府提出的定点超越战略，等等，都属于国家质量战略，是引导该国中长期质量发展的政策。

省市层面以宏观质量管理为主、微观质量管理为辅。制定《上海市标准化发展战略纲要（2007—2020 年）》是宏观质量管理的范畴，开展企业标准备案则是微观质量管理的工作。制定《上海市质量发展规划（2011—2020 年）》《上海市政府质量奖管理办法》是宏观质量管理的范畴，推动企业开展重点产品质量攻关则是微观质量管理的工作。

区县政府职能部门宏观质量管理和微观质量管理互相存在，既有宏观的也有微观的。同样是标准化工作，省市主要是制定本区域标准化发展战略、规划并监督执行；而区县则是制定本区县的标准化发展计划、目标，组织本区域的标准化战略在本区县的实施。比如，采用国际标准、消灭无标生产、企业标准备案等，都是微观质量管理的范畴。区县也有宏观质量管理的内容，比如，质量强市、质量强区等都是战略层面的东西，运用宏观质量管理方法来统筹区县的质量管理工作，统计分析发布本区县质量水平指数（《质量白皮书》），涉及一个地区、一个县的质量竞争力，区域质量教育同样是区县政府宏观层面的工作。

四、宏观质量管理体系

1. 宏观质量管理特性

宏观质量管理作为政府质量管理的重要组成部分，具有战略性、开放性、协同性、服务性、法制性和学习性。

（1）战略性。各级党委、政府重视，把质量工作摆在经济工作的突出位置上抓。

（2）开放性。宏观质量管理不是政府质量主管部门一家的封闭体系，它必须向政府相关部门开放，向中介机构、企业开放，向全社会开放。

（3）协同性。这是质量具有综合性、社会性的特点所决定的，应该与政府相关部门大力协同，与各行业大力协同，形成对质量齐抓共管的局面。

（4）服务性。不游离于宏观经济、社会管理之外，要主动为政府宏观经济调控、社会管理服务，为社会主义市场经济主体的企业服务。

（5）法制性。重视质量法律建设，依法对质量进行监管，运用法律、经济、行政手段对质量问题进行综合管理。配合司法部门处理涉及质量、侵权的犯罪案件。

（6）学习性。面对新情况、新问题要善于学习，克服习惯做法，摒弃固有思维，完善宏观质量管理体制。注意研究科学发展、转型发展对质量工作提出的新要求，研究经济全球化、信息化对宏观质量管理的影响。

2. 借鉴国外质量管理的做法

（1）日本

战后日本产品质量问题非常严重。20 世纪 50 年代，日本政府倡导全国性的学习国外质量管理的长期活动。从1951年起率先设置“戴明奖”，1960年起，每年11月定为全国质量月活动，对部分产品实施JIS（日本标准）认证。日本1956年颁发《机械工业振兴临时措施法》，涉及占机械工业总产值8%的19类产品，包括工作母机、测试设备、通用基础部件等企业，目标是提高工业基础产品、技术水平和质量。1971年颁发《特定电子工业和特定机械工业振兴临时法》，涉及的机电产品扩大为96大类，重点是赶超世界先进水平，提高质量、降低成本。1978年颁发《特定机械情报产业临时措施法》，涉及激光加工技术、计算机、大型集成电路、原子能设备、成套设备等。三个《临时措施法》一是体现政府宏观政策和导向；二是法律、经济、行政手段并用，有强的约束力；三是事先作了详尽的调查分析，有强的针对性；四是措施具体而可操作，避免了一般号召。以上措施使日本“质量救国”口号落到实处，质量提升令全世界瞩目。

（2）美国

1970年起及时进行产业结构调整，1983年制造业占21.9%，第三产业达到75.4%，加速产业结构高级化，高新技术增长是工业增长速度的二倍。为应对日本产品的质量挑战，在20世纪80年代美国政府提出：“若想在世界上处于领导地位，获得质量领域的领导地位是至关重要的，经济上的成功取决于质量。”1982年，美国在全国开展强化质量意识活动，1987年，里根总统签署《质量促进法案》，批准设立国家质量奖。美国的标准是自愿的，但有5万个（次）标准被相关法律法规引用而具有强制性。

（3）原苏联、东欧计划经济国家

1）自上而下层层设置质量主管部门。

2）由政府部门组织、制订标准，作为生产、交货依据，强制执行。

3）对企业产品进行质量评定，常分为三等，优、良、合格。

4）制订质量政策，如质量与税收挂钩的政策。

5）制订质量改进计划，交由企业实施。

6）组织国家质量验收。原苏联为解决不合格品居高不下问题，曾组织3.8万名专家进行跨行业的“国家验收”，除检查产品质量外，还要查技术、管理工作。但由于受到企业“顽强的抵制”，不久就中止了。

3. 探索建立具有中国特色的宏观质量管理体制

改革开放前，我国实行的是计划经济条件下的宏观质量管理体制，围绕建立具有中国特色的社会主义市场经济体制，实施改革开放，政府职能转变，全国和地方通过30多年的实践，努力探索适合中国特色的宏观质量管理体制。

第三节　探索构建宏观质量管理体制

现象五

新华每日电讯2015年2月1日3版以“阿里会因假货风波在美惹官司吗?”为题进行了报道。该报道的副标题是“美国律师往往一看到知名公司股价大跌，就会像鲨鱼闻到血一样行动起来”。

在美国，律师事务所对上市公司进行证券集体诉讼很常见，每年都会有几百起。通常律师可以获得和解费的三分之一作为酬劳，因此律师有很大动力。

阿里巴巴近来因假货风波股份发生巨大波动，两天损失市值1000亿人民币。见图1－8。

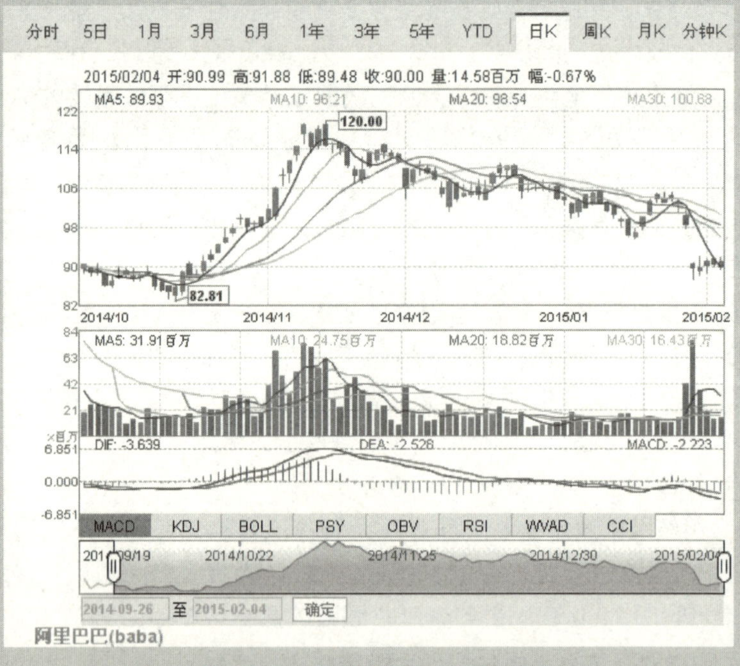

图1－8　2014—2015年阿里巴巴股价变化图

现象五很好的反映了美国在制度设计中充分考虑发挥市场的作用，让市场参与各方相互监督，同时制度也鼓励各方相互监督。律师在这个监督中因为有奖励因素所以动力更足。

什么是大质量，大质量需要什么视野？

林修齐作为一名老质量工作者在谈到学习十八大精神体会时说：“质量是社会文明的表征，是人类共同的期盼，是科技智慧的硕果，是时代风尚的方向。”林修齐的这句话较好地表达了大质量的内涵，质量发展的目标和手段。

中共十八届三中全体会议通过《中共中央关于全面深化改革若干重大问题的决定》，决定指出：“紧紧围绕使市场在资源配置中起决定性作用，深化经济体制改革，坚持和完善基本经济制度，加快完善现代市场体系、宏观调控体系、开放型经济体系，加快转变经济发展方式，加快建设创新型国家，推动经济更有效率、更加公平、更可持续发展。”经济体制改革的任务是“推动生产关系同生产力、上层建筑同经济基础相适应，推动经济社会持续健康发展”，核心问题是“处理好政府和市场的关系，使市场在资源配置中起决定性作用和更好发挥政府作用”。通过深化经济体制改革，让政府的归政府、市场的归市场，进一步明确政府和市场的边界，充分发挥市场对资源配置的决定性作用，更好发挥政府宏观调控、市场监管、公共服务、社会管理、保护环境的作用，使“有形之手”和“无形之手”各司其职、相得益彰，经济体制改革红利就能充分释放，形成牵引各领域、各方面改革的强大能量。

国务院2012年颁发的《质量发展纲要（2011—2020年）》指出，质量发展是兴国之道、强国之策，质量反映一个国家的综合实力。2013年制定的《上海市质量发展规划（2011—2020年）》明确“优化市场调节、企业主体、行业自律、政府监管、社会参与的质量工作格局”。这个规划给我们描述了全社会质量治理机制，包括企业、消费者、社会和政府，围绕质量安全和质量发展，完善质量工作机制、强化质量法制、落实质量责任、创新质量文化，把上海打造成具有国际竞争力的质量高地。构建全社会质量治理机制是一项全社会、全员参与的事业，涉及企业、社会、消费者、政府等方方面面。如何厘清企业、社会、消费者和政府相互间关系，市场做什么、政府做什么？如何构建全社会参与的质量治理机制，促使质量真正成为国家、城市的核心竞争力，是我们每个人必须认真思考的，也是本书所要探究的重要内容。

一、构建全社会质量治理机制

美国质量管理大师朱兰曾经把现代社会生活描写为“质量大堤下的生

活”，在现代社会，大量的人群将其安全、健康甚至日常生活的幸福都置于许多保护性的质量控制“堤坝”之下。在质量大堤上有许多的微小损坏，这些损坏小则带给人们烦恼，大则引起重大决口造成重大事故。不只是个人，各个国家以及它们的经济也都危险地栖身于质量大堤之下。

质量首先是“产”出来的，质量也是“管”出来的。政府参与质量管理的目的就是为了保护公民的安全和健康，保卫和改善国家经济，保护顾客免受欺骗，让人们安全地生活在质量大堤之下。构建全社会质量治理机制是政府参与质量管理的重要举措，而政府质量管理机制又是全社会质量治理机制的有效组成部分。

1. 质量管理的发展

一百年来，质量管理大概经历了三个发展阶段。首先是质量检验阶段，质量检验是在成品中挑选废品，以保证产品质量，但这种事后检验无法起到预防和过程控制的作用。随着休哈特将统计原理应用于质量管理中，统计质量控制阶段来临。直到现在统计质量管理仍得到普遍应用。1961 年菲根堡姆提出了全面质量管理的概念，即以质量为中心，以全员参与为基础，旨在通过让顾客和所有相关方受益而达到长期成功的一种管理途径。进入新世纪，质量管理开始进入一个所谓后全面质量管理阶段。尤其是大数据时代的来临，质量管理开始真正有了数据说话的软硬件条件，我们认为质量管理开始构建以大数据为基础的“全社会质量治理机制”。包括社会、消费者、企业和政府等各个方面都将参与到质量中来，并为之努力。

2. 全社会质量治理机制和要素

全社会质量治理机制包括企业、消费者、社会组织和政府四大要素。如图 1-9。

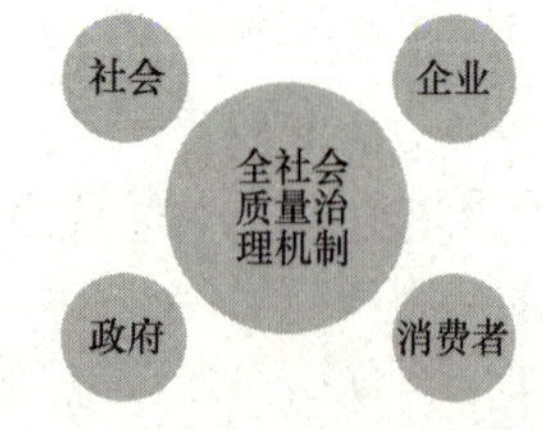

图 1-9 全社会质量治理机制

（1）企业。企业是全社会质量治理机制的关键，因为企业是质量主体。无论制造业、服务业还是建筑业，质量始终存在于每一个环节、过程或者工序，质量是企业的生命。质量发展的基础、源泉和动力在企业，企业应对其提供的产品（服务）质量负责，应对员工、消费者、投资者、合作方、社区和环境等利益相关方负责。这种责任是天生的，与生俱来的。

（2）消费者。消费者享受质量带来的乐趣。质量工作的起点是消费者，落脚点也是消费者。消费者的合理需求要尽量满足并做好。产品（服务）质量也应该树立消费者观点，以消费者满意为前提，充分保护消费者权益。20 世纪 70 年代兴起的消费者权益保护运动，促使政府更加重视消费者权益的保护。同时，要加强消费者质量教育，因为调查发现许多产品出现质量安全问题是由于消费者没有正确地使用商品而引起的。

（3）社会组织。社会由行业组织、新闻媒体、中介机构等方方面面组成。行业协会是企业和政府、消费者之间的桥梁和纽带，行业协会是全社会质量治理机制中的关键一环和润滑剂。政府转变职能，行业协会能否承接至关重要，否则，政府转变职能就成为一句空话。据 2012 年调查显示，上海目前有 70% 的行业协会还难以承接政府转移的职能，因此，加强行业协会建设迫在眉睫。

新闻媒体是社会的重要组成部分，舆论监督是全社会质量治理机制的重要一环，要充分发挥舆论监督的作用，维护正义和公正，保护消费者权益。

（4）政府。质量也是“管”出来的，这个“管”应该包括两个方面的含义。一是管制，让企业感受到法律的威慑，尊重法律、敬畏法律，让法律之剑高悬在企业的头顶上，逼迫企业去提高质量水平；二是管理，通过激励的政策引导企业实施以质取胜战略、标准化战略和名牌战略，并主动地改进质量、提升质量。

随着市场经济体系的建立和不断完善，目前政府质量监管体系也同样需要改变和创新，以适应市场经济发展新要求。尤其是在大数据时代，政府质量监管体系的重构需要有改革精神、创新精神，需要有壮士断腕的决心和意志。上海作为改革开放的前沿城市，探索建立质量大数据监管体系势在必行。

二、探索构建大数据质量监管体系

政府监管质量可追溯至秦始皇统一度量衡时代，度量衡的统一实现了计量单位的统一和量值的准确可靠。早在春秋战国时期，政治家、思想家就把度量衡看作权力和社会公正的象征。《礼记·明堂位》记：“周公制礼作乐，颁度量，而天下大服。”《管子·七法》记：“尺寸也，绳墨也，规矩也，衡石也，斗斛也，谓之法。”把统一度量衡作为治国的方略。到了近现代，由于经济呈现高速发展，产品更是呈几何级的增长，科技含量更高，一般消费者已经很难完全了解产品的特性或者生产过程的控制。同时，消费者越来越了解生产者、销售者的法律义务，消费者权益越来越受到保护。这两方面都将使得政府质量监管变得越来越重要。我国政府质量监管从20世纪50年代初就开始了，以1993年颁布的《产品质量法》为标志，我国政府质量监管体系基本形成。

1. 产品质量国家监督历史沿革

产品质量监督，是指由产品质量监督机构、有关组织和消费者，按照技术标准，对企业的产品质量进行评价、考核和鉴定，以促进企业加强质量管理，执行质量标准，保证产品质量，维护用户和消费者利益。产品质量监督包括国家监督、行业监督和社会（群众）监督。

对产品质量实施国家监督，以适应社会主义经济建设的需要，在我国是同整个经济的发展同步进行的。早在20世纪50年代初，为适应国家对私营企业加工订货的需要，国家在一些城市成立了工业产品检验所，开展产品质量检验工作。第一个五年计划以来，又相继恢复和建立了药品检验所、纤维检验局、船舶检验局、锅炉压力容器监察局和进出口商品检验局等质量监督机构，对有关安全健康产品、进出口产品和影响国计民生的重要产品实施监督。党的十一届三中全会以来，党和政府把工作重点转移到经济建设上来，质量监督工作也进一步得到了国家的重视。1979年国务院颁布的《中华人民共和国标准化管理条例》中提出在全国开展质量监督工作，并设置全国质量监督管理机构，从此，我国的质量监督工作正式有组织、有计划地开展起来。

1985年，国民经济呈现快速发展，产品供不应求矛盾凸显，“重产出、轻质量”的现象抬头，一些基础工业产品质量出现严重下滑。党中央、国务院、全国人大对此高度重视。时任国家经委副主任的朱镕基同志代表国家经委向国务院和全国人大作了《关于扭转部分工业产品质量下降状况的报告》，提出了遏制产品质量滑坡的9项措施，其中之一就是实行产品质量国家监督抽查制度，国务院决定从1985年第3季度开始实施。1985年3月15日，原国家标准局发布了《产品质量监督试行办法》（国标发〔1985〕38号）；同年9月，国家经委下发了《关于实行国家监督性的产品质量抽查制度的通知》（经质〔1985〕556号）。1985年第3季度，原国家标准局组织对几百家企业的33类数百种产品实施了首次国家监督抽查。第一批17类产品质量抽查结果在《国家监督抽查产品质量公报（第一号）》上公布。朱镕基同志还专门撰写了《加强监督抽查，狠抓产品质量》的文章，对第一次监督抽查情况进行了介绍和分析，阐述了产品质量国家监督抽查的意义，要求各级经委对抽查中发现的问题不能手软、殉情、不了了之。自此，产品质量国家监督抽查制度作为国家对工业企业进行产品质量监督管理的一项重要制度被确立下来。1986 年，国家经委发布《国家监督抽查产品质量的若干规定》。1991 年原国家技术监督局发布了《产品质量国家监督抽查补充规定》。2001 年国家质检总局发布了《产品质量国家监督抽查管理办法》。监督抽查制度实施 23 年来，国务院产品质量监督部门直接组织对 23 万家企业的 27 万多种产品质量进行了国家监督抽查。地方产品质量监督部门也有计划有步骤地开展了地方监督抽查，目前每年抽查达数万家企业 20 多万批次产品。

时任国家质检总局产品质量监督司司长纪正昆谈到国家监督抽查 20 年在我国经济和社会生活中发挥的重要作用时，他用了如下三句话来描述。

（1）产品质量国家监督抽查的有效性不断提高

这种有效性表现在以下六个方面：第一，通过监督抽查把握产品质量和行业状况，为宏观经济决策提供参考。促进了区域质量问题治理解决，推动了食品质量安全市场准入制度的建立，促进了国家免检制度诞生。第二，突出重点，有效维护社会主义市场经济秩序稳定。不断扩大抽查的力度和覆盖面，有效遏制了不合格产品流入市场。对产品质量不合格企业开展跟踪抽查，促使企业提高产品质量水平。第三，围绕经济建设中心工作开展监督抽查，提高重要工农业产品质量。持续开展农资产品的监督抽查，提高了农用生产资料产品质量，维护了农民利益。开展重要工业生产资料的监督抽查，为保证我国基础工业的运行质量服务。开展信息类产品的监督抽查，促进信息产业的健康快速发展。第四，关注群众利益和百姓生活，为提高人民生活质量、扩大内需服务。主要针对生活日用品、消费热点产品、时令产品开展监督抽查。第五，针对突发事件创建快速反应机制，维护社会稳定和经济秩序。确保了防“非典”产品质量，消除了“苏丹红”隐患，平息了“甲醛啤酒”风波。第六，不断改革完善后处理工作，依法惩劣扶优。严格和完善通告、公告、曝光制度，依法查处和撤免厂长，举办培训班和质量分析会，强制收回质量问题严重的产品。

（2）产品质量国家监督抽查工作不断创新

主要实现了五个转变：由 1985 年的“查一儆百”“查一点带一面”，到后来实现的“抽查一类产品，整顿一批企业，提高一个行业整体质量水平”；由生产、流通领域并重，到侧重源头抓质量，事先保证与事后监督相结合；由计划经济下对企业主要采取行政干预手段，转变到市场经济条件下的依法行政；由过去简单统一、注重监督的数量，转变到突出监督有效性、注重监督的质量，建立监督工作机制的思路，由以前实行大包大揽的监督方式，转变到突出重点、分类监管。

产品质量国家监督抽查工作在发挥“六性”上迈出了创新实践的有力脚步：一是突出重点，确保有效性。二是加大后处理力度，强化权威性。三是专项抽查和专项调查相结合，增强针对性。四是加大跟踪抽查的力度，提高可比性。五是积极开发利用抽查资源，扩展社会性。六是加强对地方监督抽查工作的协调指导，实现统一性。

（3）产品质量监督抽查工作不断完善

主要有以下五个方面：一是强化国家监督抽查力度，确保重要工业产品质量。二是建立质量风险分析和预警，确保社会稳定和人身健康安全。三是利用信息化手段，整合抽查资源。四是进一步完善强制收回制度，净化竞争环境。五是立足“科技兴检”，加快科技创新。

纪正昆的评价客观、真实，对总结和反思质量监管制度以及探索质量大数据监管体系具有重大的指导意义。

2. 大数据质量监管体系

现象六

有企业反映自己通过监测系统发现产品缺陷问题并公开召回相关缺陷产品，这原本是一件企业实现自主管理的好事，但有个别部门却以此作为产品质量问题的案件来源，以《产品质量法》进行调查处理，让企业很难理解。类似的还有把产品质量抽查不合格企业直接纳入信用黑名单，产品质量不符合标准原因有很多种且质量本身具有波动性，产品质量监督抽查不符合标准不能反映企业存在主观恶意，直接纳入黑名单显然不合适。

现象六反映的问题值得我们认真研究。

质量也是“管”出来的，关键在于怎样管。放在当前大数据背景下，建立中国特色社会主义市场经济，政府监管质量如何“管”值得认真反思。我们总结过去的成功经验和反思存在的问题及不足，对我们探索和完善大数据时代市场经济条件下的质量监管理论和方法也是十分必要的。

首先，我们认为现有的质量监管理论基本上是建立在产品质量检验理论基础上的，需要进一步完善。

产品质量检验就是通过观察和判断，适当时结合测量、试验所进行的符合性评价。一般认为，产品质量检验具有鉴别、把关、预防、报告功能。包括查验原始质量凭证、实物检验和派员进厂（驻厂）验收等几种形式。

其次，政府质量监管的实践或者说目前的基本形式也是产品质量检验

（监督抽查）。《产品质量法》第15条明确规定：国家对产品质量实行以抽查为主要方式的监督检查制度，对可能危及人体健康和人身、财产安全的产品，影响国计民生的重要工业产品以及消费者、有关组织反映有质量问题的产品进行抽查。政府监管的几种形式包括索证索票、产品实物抽查检验、驻厂监管等。

但是，从目前的情况看尤其是大数据时代的来临，和经济呈现的高速发展态势，这项制度已经很难适应市场经济发展的需求。从生产层面讲，技术进步十分迅速，产品日新月异，涉及产品质量的数据不计其数；从消费层面讲，随着生活的极大丰富，消费者的要求越来越高，满足消费者需求不再是一句空话，而是实实在在的消费者权益保护，消费者对产品质量申投诉的数据也是海量的；从政府质量监管层面来讲，监管的数据也是如此。各地反映这方面存在问题时用得比较多的一个词是所谓“人机不匹配”，另一个词是“监管全覆盖”。

所谓“人机不匹配”是说监管的人员和被监管的对象（设备）不匹配，监管的对象增量远远大于监管人员的增量，监管人员的编制可能还是10年、20年以前确定的，而这10年、20年监管对象已经发生了巨大的变化，形成所谓“人机不匹配”。比如，上海的电梯数量目前已经接近20万台，号称全球城市最大饱和量，但是监管的人员（含检定人员）还是15年前确定的那些编制，按人工定额计算，远远不能满足需要。这也从另一个角度提醒政府进行反思，从另一个侧面要求监管人员转变监管思路。

“监管全覆盖”是说把监管对象全部纳入监管范围，实现全部监管，即所谓全覆盖，一个不漏。愿望是好的，但要实现全数检验是不可能的，也是没有必要的。上海食品企业大约生产5万个产品，要实现全覆盖就是定期对这5万个产品进行全数检验。有必要吗？即使是实现了全覆盖抽查，也不能保证产品100%合格。

美国调查也发现，实施强制性定期检验的州并不比没有实施强制性检验的州汽车安全性高，这些州车辆的事故率也没有更低。实际上，美国高速公路事故只有2%～6%的原因是机械故障引起的，更多的是使用过程引起的。

我国目前的监管制度难以持续的原因，首先是物质生产的极大丰富，国家难以投入巨大经费以达到抽样样本的要求，更不要谈全覆盖抽查检验；其次是有限的政府公共财政不必投入大量经费进行检验，按照监管效果投入产出比，如果投入巨大而效果微乎其微那就必须反思和改变了；最后，也是更为重要的是产品质量检验（即符合标准）是否真是政府要管的问题？这里还有一个必须弄清楚的问题，就是如何区别政府管理什么，市场管理什么的问题。

《缺陷汽车产品召回管理条例》明确缺陷是指：普遍存在的不符合保障人身、财产安全的国家标准、行业标准的情形或者其他危及人身、财产安全的不合理的危险。这里讲的普遍存在实际上就是系统性问题，且是涉及人身财产安全的系统性问题。而《家用汽车产品修理、更换、退货责任规定》则是为了保护消费者合法权益，解决个别产品质量早期失效问题，明确销售者修理、更换、退货责任的。二者的处理方式方法都不相同，见表1－1。

表1－1 《缺陷汽车产品召回管理条例》和《家用汽车产品修理、更换、退货责任规定》相关内容对比

对比内容	《缺陷汽车产品召回管理条例》	《家用汽车产品修理、更换、退货责任规定》
系统性	是	否
法律关系	行政	民事
处理方式	缺陷产品信息收集、整理、分析、验证和报告	质量争议处理、12315投诉
处理手段	缺陷产品召回	修理、调换、退货

第一个问题是系统性问题和非系统性问题。系统性的涉及安全、民生、健康、环境等是政府要管理的问题，涉及民事范畴的问题，应通过民事关系解决，也就是市场来解决的问题，政府负责确定好规则（制定完善的法律法规体系）。

系统性问题和非系统性问题发现的方式方法、解决问题的措施都不一样。发现系统性问题的方式方法是建立在大数据基础上的数据收集、整理、分析、报告和共享，解决系统性问题的措施则包括风险管理、信用管理和缺陷产品召回管理等。而发现非系统性问题的方式方法包括产品质量检验，解决方式包括质量争议处理、消费者权益保护等。

第二个问题是符合性和合法性的问题。见图1－10。符合检验标准规范，但不一定合法。最典型的案例是三鹿奶粉，检验都是合格的（其中还有一个免检制度），但在奶粉中掺假（三聚氰胺）则是违法的犯罪行为。其次，即使其产品符合标准也不能减少或者免除因产品缺陷造成伤害的责任。反之，不符合检验标准规范，也不一定不合法。最典型的案例是海南工商局处理农夫山泉矿泉水的案例。另外，从质量的基本规律来讲，质量是波动的，在工序都正常的情况下也可能出现不合格的产品，但他并不是违法行为。所谓零缺陷 6σ 水平，其缺陷率仍达到 3.4 个/100 万，也就是说 100 万个样品最大允许的缺陷数为 3.4 个。

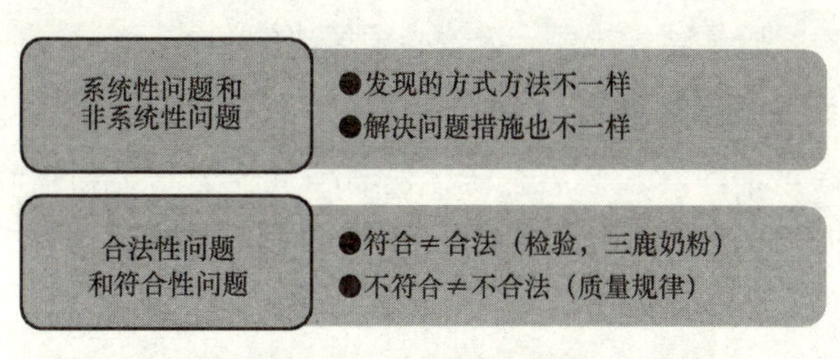

图 1－10　质量问题分类

这就引出一个问题：政府该做什么，市场该做什么？

我们认为，政府要做的主要是发现解决系统性问题，尤其是涉及安全、健康、环境、民生等方面的系统性问题，对合法性加以认定，若不合法，则予以纠正，进行处罚。这也是大多数国家采取技术法规而非标准（强制性标准）的原因所在。因为技术法规是法的范畴，是法律的问题，其制定的程序都遵循法律的程序；而强制性标准在标准的范畴内，是技术性问题，其制定的程序都遵循技术的程序。

质量大数据监管体系至少应由 4 个子系统构成，见图 1－11。包括法律体系、信息体系、工作体系和评价体系。首先是法律体系，现有的产品质量法律体系需要进一步完善。《产品质量法》涉及行政监管、产品责任、消费者保护和质量促进等多个方面事项，若要把各个方面的关系完全调整到位是很难的。比如，产品责任如何落实，如何实现严格责任原则和惩罚性赔偿，如何让法律之剑高悬在从业者的头顶上，产生法律应有的威慑力，让人们尊重法律、敬畏法律。因此有必要构建起大数据时代背景下的质量监管法律体系。其次是信息体系，大数据就是一个信息体系，质量数据也是海量的，如何建立起质量数据收集、整理、分析、处理和共享的系统是大数据质量的基础，是大数据监管体系的关键。最后，大数据质量评

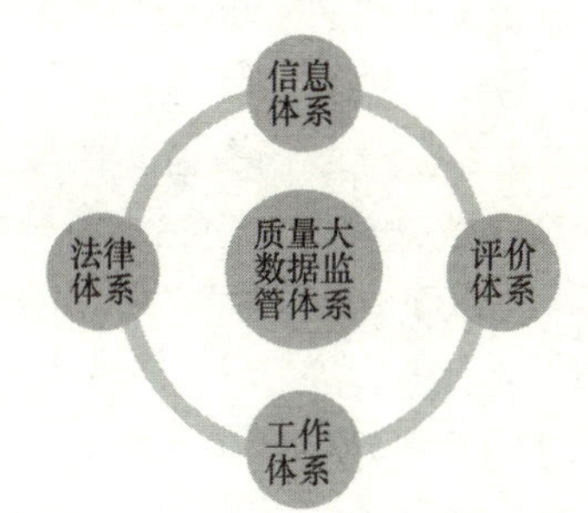

图 1－11　质量大数据监管体系框架

价体系和质量工作体系的建立同样重要。深圳早在几年前就探索大质量监管工作体系，成立市场监管局；2014 年 1 月 1 日上海市浦东新区市场监管局成立。说明落实地方政府质量责任初见成效。但是如何建立更加有效的政府监管，可能还要在理论上突破、在实践中探索，从其他国家做法中吸取经验。同样，评价宏观质量水平，尤其是服务质量水平评价体系如何建立，是评价政府质量监管效果、绩效必须解决的问题。

3. 质量大数据信息体系

质量数据包括数字、信息、音频视频和其他资料，如何收集、整理、分析质量数据，构建质量大数据监管系统，见图 1－12。

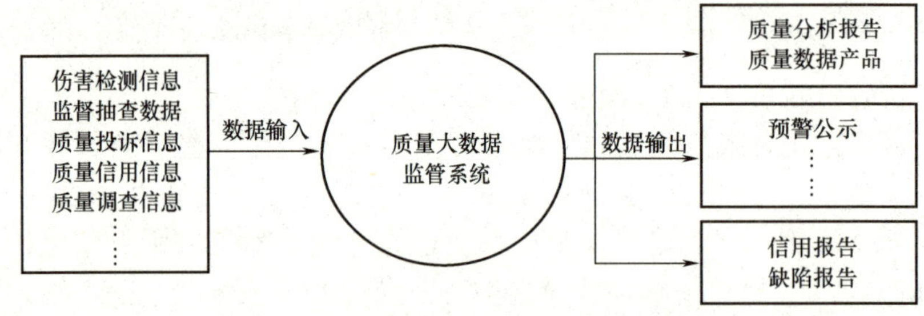

图 1－12　质量大数据监管体系示意图

（1）数据输入，包括伤害监测信息、产品监督抽查数据、质量投诉信息、质量信用信息、质量调查信息等。伤害监测即包括医疗伤害监测系统信息，也包括社区伤害监测信息。

（2）数据输出，包括质量分析报告、预警报告、质量信用报告、产品缺陷报告以及其他数据产品。形成的数据产品是基于各类质量评价体系模型的基础上建立的。

（3）质量数据的输入是基于组织机构代码和产品条形码。

（4）政府监管的方式方法则转移到发现系统问题上来，通过质量大数据信息系统来发现产品质量系统性问题；通过信用管理、风险管理和缺陷产品管理等手段（当然也包括行政处罚和刑事责任）来纠正系统差错，防止系统性问题的出现。目前汽车产品的监管非常有代表性，也是运用大数据监管的成功案例。

三、质量大视野

打造全社会质量治理机制需要构建质量大数据质量监管体系，这需要监管者具有宏观视野、经济视野、法律视野、文化视野、国际视野和统计视野，用全新的视野来看待新形势下的质量问题。

1. 宏观视野

（1）宏观质量特性主要是安全特性、经济特性、法治特性。政府监管质量首先关心的是安全特性，涉及安全的质量问题是政府必须优先解决的问题。经济发展同质量的关系十分紧密。宏观经济涉及的生产、消费、投资、进出口、技术创新、人才等都包含有质量因子，质量的影响随处可见。影响生产函数的投资、技术和人才，投资质量的高低、技术水平的高低和人才素质高低都涉及质量因子，因此，质量对生产函数有重大影响。消费函数同样如此，边际消费系数高低同样受到质量因子的影响，从而会影响总消费水平。但是影响投资、技术、人才甚至边际消费系数的质量因子如何确定，它同宏观经济发展的函数关系如何建立仍是一项艰难的工作，还有待进一步研究。

（2）宏观质量如何评价？尤其是整个地区、整个区域的质量水平如何评价？产品质量、工程质量、服务质量和人居质量水平的评价是非常复杂综合的一项工作，有很多人作了探索，但都很难成为一个质量水平的全面评价方法。比如，用顾客满意度来评价服务质量的问题。影响顾客满意度水平的因素非常多，而且基本上都是主观因素、人为因素，因此很难评价整体水平，更无法实现各个地区水平横向比较。顾客满意度测评原本是为了发现和解决质量问题而研究出来的一项质量管理工具，而非质量水平评价指标，更难以作为综合水平评价指标。问题就摆在我们的面前，宏观质量如何评价？仍然是需要进一步努力的工作。

（3）政府质量管理的内涵。政府质量监管管什么？在进一步完善质量监管法律体系的基础上还应该包括政府对质量工作的领导、战略规划、质量资源管理或者分配、质量教育以及质量数据（信息）的统筹等。

（4）宏观质量管理的基础。在大数据时代政府质量监管一项重大任务就是对质量数据（质量信息）的收集、整理、分析、处理和共享，实现“事前管理放开、事中事后管理加强”的职能转换。这里面同样涉及许多制度的改进和完善。比如，减少行政审批项目就会涉及许多新制度的出台。如何让政府转变的职能成为企业的自觉行为，成为社会组织实现行业管理的自律行动；如何让消费者更加成熟、理智，懂得用法律维护自身的权益；在政府转变职能以后如何不出现监管真空期和真空地带。

2. 经济视野

了解经济学基础，了解市场运行，了解供给与需求的关系，用经济学家的思维方式思考宏观质量问题。

（1）产业政策适应经济发展。目前的经济出现一定程度的结构性衰退，投资和消费失衡，造成多个行业产能过剩，生产的产品卖不出去。一般认为，伴随产能过剩该行业会出现恶性的竞争，在价格恶性竞争的环境下，产品质量、环境甚至安全都会出现问题。因此调整产业结构，转型发展是十分必要的。比如，目前钢铁行业全国的产能接近10亿吨，实际需求不足8亿吨，总体看钢铁行业过剩产能高达2亿吨以上；有报道说2013年上半年整个钢铁行业平均销售利润率仅为0.13%，亏损面仍达到23.4%。在这种情况下，钢铁的质量、生产环境和安全状态就很难保证。调查发现CPI指数和产品质量投诉量成某种相关性，比如，汽油价格高的时候加油机的投诉量就明显增加，当黄金价格达到350元/克以上时，投诉黄金饰品短斤缺两的人明显增加。产业经济学的理论认为在一定程度上提高市场的垄断程度，对提高产品质量有一定的促进作用。

（2）政府奖励积极引导。首先是财政补贴政策的引导，建立质量发展专项资金对企业提升质量将会产生直接影响。我们原来财政补贴政策一般是对结果进行补贴，如出口退税。这同WTO/TBT协议要求有差距，我们也因此经常被国外提出申诉。如果我们把对结果的补贴转为对过程的补贴，尤其是对改进影响产品安全、居住环境和人体健康质量指标的过程进行补贴，更符合WTO/TBT的规则。政府引导还包括政府质量奖励政策，比如美国1987年出台的质量促进法案，催生了美国政府质量奖，从而引导美国企业追求卓越的质量，为20世纪90年代克林顿黄金10年打下了坚实的发展基础。

（3）质量经济性问题。我们说提升质量是要有成本的，无论是技术创新带来的质量飞跃，还是质量改进带来的质量提升都需要投入、需要成本。但是我们还有一句话，质量是可以免费的，通过我们过程的控制，提高过程的准确率，第一次就把事情做好，做“对”的事情，就会给我们带来免费的质量，因为我们返工的成本消失了，废次品消失了，人工成本节约了。有关质量成本包括预防成本、鉴定成本、内部损失成本和外部损失成本在微观经济学中有大量的研究，这些研究为我们质量经济性的研究提供了很好的参考。

3. 法律视野

（1）质量立法应该充分体现消费者导向。保护消费者是政府立法的出发点，也是时代发展的要求，更是执政为民的体现。《消费者权益保护法》和《消费品安全法》充分体现政府维护消费者权益的决心和信心。当我们从计划经济向市场经济发展的时候，质量立法开始出现滞后，《标准化法》《计量法》等基本上是计划经济时代的产物；《产品质量法》虽然体现了市场经济的要求，但更多地仍然保持计划经济的色彩，从立法的视角看，《产品质量法》立法视角是企业，尤其是对国有企业的保护，从而冲淡了保护消费者权益（后来专门出台《消费者权益保护法》，2013 年又进行了一次大的修改）。同时，随着市场经济的不断发展和完善，国有经济比重逐渐下降，其他经济比重持续上升，《产品质量法》没有及时修改，使得其他经济成分企业充分地享受了《产品质量法》带来的所谓“经济红利”，这也是假冒伪劣产品屡禁不止的原因之一。因此质量立法的视角应该完全转向保护消费者权益的立场上来，对企业（包括国有企业）应该实施更为严格的要求和处罚。

（2）质量立法应以专项法律为主导。《产品质量法》是一部综合性的法律，涉及企业的产品责任要求、政府的激励政策、行政处罚、消费者保护等多项法律关系，要在一部法律中调整如此多的法律关系是很难做到的。质量立法应该以专项法律为主，比如产品责任法、质量促进法、质量信息法（质量数据和信息导向）、质量行政法、消费者权益保护法和消费者安全法等。

（3）企业法律制度。企业作为一个社会单元，企业的运行同样需要内部的制度。企业内部制度法律化有助于企业提高管理水平，提高企业管理的有效性。一是企业内部制度必须同企业内外部环境变化相联系并保持一致，当环境发生变化，企业的制度也应同时调整以适应环境的变化。二是企业内部制度的建立应有外部专家介入，以提高制度制定的有效性。2013 年国家质检总局出台《家用汽车产品修理、更换、退货责任规定》，汽车行业面临的外部环境发生了重大变化，企业的内部制度就应该相应调整，以适应新的环境要求，这是生存法则。上海通用汽车为此调整了企业内部制度 138 项。

4. 文化视野

（1）城市文化酝酿质量文化。上海城市精神是“海纳百川、追求卓越、开明睿智、大气谦和”，上海城市价值取向是“公正，包容，诚信，责任。”其中，追求卓越品质是上海质量文化最重要的精髓。这种追求卓越的品质，体现于上海城市发展中所表现出来的勇于争当世界第一的精神中；这种追求卓越的品质，在上海改革开放发展的进程中日益彰显。

（2）质量是上海的生命。1990 年 5 月 22 日中共上海市委发文《全党重视抓好质量的意见》（沪委〔1990〕10 号文）明确提出“质量是上海的生命”，“质量上，则上海兴；质量下，则上海衰”。明确提出要更新观念，树立“质量第一”的思想。确立提高质量要依靠全社会齐抓共管的思想，依靠社会质量意识的提高。2015 年上海市人民政府再次在《关于进一步加强质量发展工作提升本市质量竞争力的若干意见》中明确提出“质量是上海发展的生命”。

（3）企业质量文化建设。企业要建立包括“数据说话、持续改进、包容创新、追求卓越”内容的企业质量文化。努力形成政府重视质量、企业追求质量、社会崇尚质量、人人关心质量的良好氛围，不断提升质量文化软实力。

5. 国际视野

（1）质量监管的国际接轨。随着经济全球化、贸易一体化持续发展，世界各国也在相互了解和学习，政府质量监管制度也在学习借鉴的过程中逐步完善，为我所用。比如，美国质量监管包括了完善的法律体系（如《美国统一产品责任法》《消费品安全法》）、分产品的监管工作体系（如消费品安全委员会 CPSC、联邦贸易委员会 FTC、食品药品监督管理局 FDA）、有效的监管手段（如召回制度）和监管基础（消费品安全法就明确建立产品伤害信息交换中心，收集、分析和发布伤害数据和信息，从而建立了国家电子伤害监测系统 NEISS）。欧盟同样如此，除了建立完善的产品责任法律体系、工作体系、产品缺陷报警与监管系统外，欧盟还特别强调合格评定的作用，充分发挥第三方在监管中的作用。比如，欧盟的 CE 认证（强制性认证包含企业自我声明部分）、自律性监管等。德国作为欧盟经济第一强国，更是强调认证的作用，德国的 GS 认证虽然是自愿性的，确是欧洲市场公认的安全认证，是被欧洲广大顾客接受的安全认证标志。

（2）积极研究 WTO/TBT 规则。合格评定程序是指任何用以直接或间接确定是否满足技术法规或标准有关要求的程序（技术性贸易壁垒协议，简称：TBT 协议），涵盖产品、过程和服务。TBT 协议的“合格评定程序”要评定的不仅是与标准的符合性，更重要的是与技术法规的符合性。在质量监管的过程中如何借鉴国际经验，实现监管方式的转型，上海在这方面进行了一些探索，比如“上海名牌”的合格评价程序，实现了上海名牌推荐的社会化、标准化、规范化。在自贸区同样可探索服务质量的合格评定程序，来综合评价服务行业质量水平。

（3）中国（上海）自由贸易区质量监管思考。“前端放开，后端管紧”是中国（上海）自由贸易区政府监管改革的总体思路，前端放开的让市场来调节，后端管紧主要是政府监管，该管的管紧。质量监管沿用这项改革思路，在自由贸易区将大有可为。一是质量监管的国际接轨，前端放开后引入合格评定程度，加强企业自律和自我管理能力。完善3C认证体系和产品许可证许可制度，探索3C和产品许可分类目录（类似欧盟CE认证目录），对安全要求低的采取企业自我声明形式使用3C认证标志和生产许可证，企业自我声明、自担责任，实现企业的自我监管。二是后端管紧，首先是建立质量信息数据平台，实现质量数据收集、整理、分析、使用和共享，加强质量风险预警管理、组织及从业人员的质量信用管理、产品缺陷召回管理，使该管的管紧、管好。实现自由贸易区先行先试的制度可复制、可推广。

6. 统计视野

质量监管的基础是数据。数据的收集、整理、统计、分析、使用是质量监管的基本手段，掌握质量统计方法对从事政府质量监管也是必不可少的，同样重要。

（1）什么是大数据。Gartner指出：“大数据是大容量、高速率、多形态的信息资产，且需要成本效益、信息处理来增加洞察力和决策创新形式”；麦肯锡在一份研究报告中讲：“大数据是指大小超出了典型数据库软件工具收集、存储、管理和分析能力的数据集”；维基百科给出的定义是：“大数据或者巨量数据、海量数据、大资料，指的是所涉及的数据量规模巨大到无法通过人工，在合理时间内达到截取、管理、处理，并整理成为人类所能解读的信息”。

（2）大数据战略。大数据应用将推动整个信息技术产业新一轮发展，2014全球大数据直接和间接拉动信息技术支出达到1200亿美元。2009年美国政府推出数据开放平台：Data. com，发布《大数据研究和发展计划》。日本也设立了“ICT基本战略委员会”，预计日本的大数据应用将带来20万亿日元的经济效益。联合国在2012年也发布了《大数据开发：机遇与挑战》的报告。上海2013年发布《上海推进大数据研究与发展三年行动计划2013—2015》，迎接大数据时代的挑战。

（3）实施大数据战略需要大数据视野。要提升质量竞争力，大数据应用不可或缺。要有大数据的意识和战略眼光，第一是要有数据法治意识，数据立法首当其冲，我们现在还没有一部专门的质量数据法或者质量信息法来规范质量信息、质量数据各个环节的行为，如何保护和奖励信息提供者都应纳入法律的轨道。其次要有互联网意识，现在已经进入互联网时代，“互联网+”比比皆是，谁掌握数据谁掌握核心竞争力。另外还要有数据产品的意识，大数据收集、整理、分析，最后形成数据产品。

需要说明的是本书各章节将从专业的角度、不同的视野和开放式讨论来阐述宏观质量管理的重大问题，探讨面临的问题和解决问题的思路或者提供我们的一些思考。这些思考因为视角不同、观点不同，难免存在不一致性，但这并不影响我们的探索和追求。

第二章
基于经济学视野的质量管理

经济学是一门研究资源配置问题的科学，主要研究产品生产、分配、交易过程中的各种规律性，以优化资源配置、提高效率、解决分配公平。当前，随着中国经济的高速增长，人民生活、消费需求的不断提高，质量已成为经济社会发展中的一个重大问题。有关质量的定义等，前面章节已有叙述，本章不再赘述。本章将简要介绍微观经济学、产业经济学、宏观经济学等有关产品质量的研究，并在此基础上，提出我国产品质量发展的若干政策建议。

第一节　微观经济学中的产品质量

微观经济学是研究给定资源稀缺程度或生产力条件下，个体消费者和个体企业决策行为的一门学科，其核心理论是价格理论，即在商品与劳务市场上，消费者追求效用最大化、生产者追求利润最大化，消费者和生产者的抉择均通过市场上的供求关系表现出来，通过价格变动进行协调，通过市场这个“看不见的手”实现有效率的资源配置。其中，有关产品质量的研究，包括从生产者角度开展的产品质量经济性研究，从消费者角度开展的消费者收入水平对产品质量影响的研究，以及从生产者供给和消费者需求角度开展的产品质量供需均衡研究等。

一、生产者与产品质量

俗话说，“产品是企业生产出来的”，生产者对产品质量有重要影响。微观经济学中有关生产者与产品质量的研究，主要集中于产品质量的经济性，即产品质量成本与质量收益的比较。1951 年朱兰（Juran）在其《质量手册》[1]中提出质量经济性概念，认为质量对企业的成本和收益都有影响，并阐述了质量与成本、收益的关系及如何确定最佳质量水平。此后，不少国内外学者对质量成本、质量收益及质量的经济性进行了深入系统的研究，提出了质量成本模型等一系列理论学说，如我国学者郭克莎（1992）[2]也研究分析了质量经济学的一系列范畴和原理。有关研究如下：

1. 产品质量的成本

传统经济学中生产者利润最大化分析并未考虑产品质量对价格、销量和生产成本的影响。20 世纪 50 年代初费根堡姆（Feigenbaum）首次提出质量成本概念，认为降低质量成本对提高企业经济效益具有很大作用。1951 年朱兰提出质量成本的一般性论述及著名的“矿中黄金”比喻，将因质量控制失败而产生的损失喻为“待开发的矿山”，将因质量控制而减少质量费用损失喻为“从矿山中提炼黄金”。

1960 年费根堡姆在其《全面质量管理》一书中系统阐述了质量成本的概念，提出著名的质量成本模型，认为质量成本包括预防成本、鉴定成本、内部损失成本和外部损失成本，其中，预防成本是在结果产生之前为达到质量要求而进行的活动的成本，包括质量管理活动费、质量教育培训费、质量信息费等；鉴定成本是在结果产生之后为评估结果是否满足质量要求而进行的活动的成本，包括材料费、工序费、成品检验费，检测设备维修费和折旧等；内部损失成本指产品出厂前的废次品损失、返修费、停工损失费和复检费等；外部损失成本指产品出售后由于质量问题而造成的索赔、违约和“三包”损失等。其中前二者属于为确保与质量要求符合或一致所做工作的成本，也叫一致成本，后二者属于由于不符合质量要求而引起的工作的成本，也叫不一致成本；各成本要素之间存在相互制约关系，如随着产品质量提高，预防成本、鉴定成本相应增加，内、外部损失成本相应减少。

1961 年美国质量协会成立质量成本委员会，开展了一系列有关研究，出版了相关书籍、论文集等。1978 年美国质量协会主席哈林顿（Harington）在其《不良质量成本》中进一步研究提出，“不良质量成本”不但包括预防、鉴定、内部损失和外部损失等直接不良质量成本，还包括用户损失、企业因用户投诉而致的声誉损失等间接不良质量成本，企业也要注重减少间接不良成本等。

有关产品质量的成本研究表明，加强质量管理、降低质量成本、提高产品与质量要求的符合性，对提高企业经济效益非常重要。

2. 产品质量的收益

如前所述，由于产品质量对产品的生产成本、价格、销量等有重要影响，因此，生产者有关产品质量的收益包括降低成本和增加销售收入两方面：一方面，从生产者或企业内部来讲，质量收益即包括因降低产品单位成本而带来的收益，也包括因减少产品质量问题而带来的成本损失方面的收益；另一方面，从生产者或企业外部来讲，质量收益即包括因提高产品质量、增加产品销售而获得的经济收益，也包括因企业声誉和顾客满意度提高、产品市场占有率扩大、市场竞争力提高而带来的收益等。

此外，产品质量的改进也能带来收益。1979 年克劳斯比（Crosby）[3] 在其《质量免费》一书中提出，提高产品质量的边际成本总是小于边际收益，因此，产品质量的改进能带来收益，企业应注重提高产品质量。但是，产品质量的提高不一定能带来同比例收益的提高，因为产品质量同时是产量、成本和均衡价格的重要影响因素，也许产品质量的提高虽带来了产量或价格的提高，但成本的上涨快于产量或价格的提高，或产品质量的提高反而降低了产量，导致收益没有提高甚至下降。在其他条件不变的情况下，企业要提高产品质量会增加成本，使得产品质量的经济性降低；但随着技术进步、新材料的使用和质量管理水平的提高等因素，生产者有可能在成本不变甚至降低的情况下提高产品质量水平，从而提高质量经济性。

综上所述，质量经济性是人们获得质量所耗费资源的价值量的度量，在质量相同的情况下，达到某一质量水平所需要的成本越低或损失越少，质量经济性越高，反之，质量经济性越低。1998 年国际标准化组织颁布 ISO/TR 10014 质量经济性管理指南（GB/Z 19024—2000 等同采用[1)]，提出用质量成本/收益比来评价质量活动的经济性，质量成本/收益比大于 1，表明质量活动是有效的。

二、消费者与产品质量

消费者也是产品质量的重要影响因素，包括消费者的收入、消费者的偏好、消费者对未来的预期等。其中，消费者的收入水平是影响产品质量的主要因素之一。1936 年凯恩斯在其《就业、利息和货币通论》中指出：

1）现已修订为 GB/T 19024—2008 质量管理 实现财务和经济效益的指南，代替 GB/Z 19024—2000。

总消费是总收入的函数，随着人们收入的增加，消费也随之增加；消费者不仅追求某种消费品消费数量的增加，还可能在多种同类产品的供应选择中，选择最适合本人愿意消费的产品，提高自身福利水平。Chatterjee 等[4]（2004）研究表明，垄断市场上之所以同时存在低质量和高质量的产品，其中重要的影响因素和现实条件是消费者收入的不平等；如果消费者之间收入差距过大，低质量的产品退出市场会影响低收入群体的福利。Acharyya（2005）进一步研究提出，在消费者收入约束的条件下，垄断厂商可能对不同收入水平的消费者提供不同质量水平的产品，即采取产品质量歧视措施，以实现其总收益的最大化。Simon fan（2005）研究指出，消费者收入水平越高，对质量水平越高的产品需求越大。何立华（2009）[5]也认为，消费者收入不同导致“收入－质量”边际替代率不同，收入低的消费者具有较低的质量偏好。此外，一些有关研究[6,7]也表明：当人们的收入足以维持较高生活水平时，市场上假冒伪劣产品的消费现象会减少，也即质量水平较高产品的消费比例会随着消费者收入的增加而提高，当消费比例达到一定水平时，假冒伪劣产品或质量水平较低产品的消费会减少，也即商品消费的“吉芬现象”1)。

三、产品质量的供需均衡

微观经济学的经典供求分析中，基本假定是“产品同质”，即关于产品供给与需求的分析主要从产品数量变化的角度进行，而忽视产品质量的差异。但事实上，生产者供给和消费者需求的产品，总是一种数量、质量的供给。Lancaster[8]等提出，一个产品至少包含数量与质量两种属性，产品质量即未标价属性的总和。Barzel 也提出，一种商品具有多种属性，由于商品质量的不同，同一种商品即使数量相同也会存在质量差异；消费者基于需求产品所包含的数量、质量两种属性，购买和使用这些商品，将其属性转化为效用。这些研究改变了有关“产品同质”的基本假定。下面在这些研究的基础上，简要分析市场供求、价格机制对市场上产品质量均衡发展的影响。

1. 影响产品质量需求的因素

价格机制对市场上产品质量的需求会产生重要影响。一般情况下，在其他条件不变时，一种产品的质量上升，产品价格相应提高，会使得消费者相应减少对此产品的需求；相反，一种产品的质量下降，产品价格相应

1）“吉芬现象”即随价格上涨而购买增加的现象。

下降，会使得消费者相应增加对此产品的需求。由此，消费者对产品质量的需求曲线，表现为一条向右下方倾斜的线（见图2－1）。

影响产品质量需求的因素，除价格因素外，还包括消费者因素、相关产品的价格、人口结构的变动以及政府的消费政策等。如随着消费者收入的增加，对高质量产品的需求增加，需求曲线向右上方移动；而随着消费者收入减少，对高质量产品的需求也相应减少，需求曲线向左下方移动（见图2－1）。

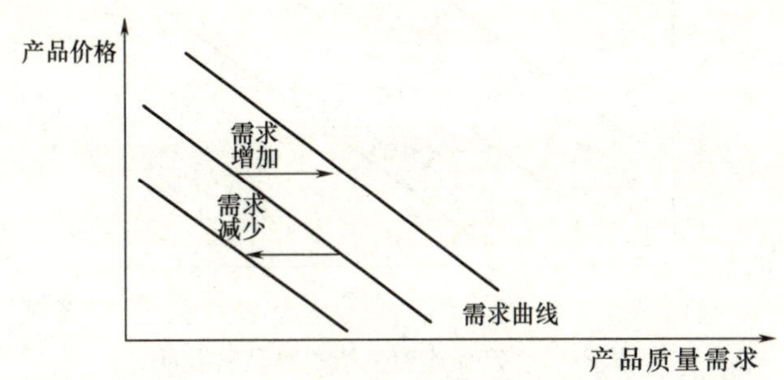

图2－1　产品质量需求曲线及其变动

2. 影响产品质量供给的因素

价格机制对市场上产品质量的供给会产生重要影响。一般情况下，在其他条件不变时，一种产品的质量上升，产品价格相应上升，生产者有关该产品的收益增加，会相应增加对高质量产品的供给，从而使产品质量供给结构逐步优化，进而使产品质量供给总体水平逐渐上升；反之，一种产品的质量下降，产品价格相应下降，生产者有关该产品的预期收益会减少，会相应减少对该产品质量的供给，从而使产品质量供给结构逐步恶化，进而导致产品质量供给总体水平逐步下降。由此，生产者对产品质量的供给，是一条向右上方倾斜的直线，即随着产品质量的提高，生产者对产品的供给增加（见图2－2）；

影响产品质量供给的因素，除价格因素外，产品质量供给方，即生产者的因素，也是影响产品质量供给的主要因素，如随着生产者的技术创新或技术进步、员工素质提升、设施设备改良、管理水平提高等，可相应提高产品设计、研发、生产、检验、销售等过程的质量，进而提高产品质量，并促使对高质量产品需求的增加、生产者收益的增加，及生产商对高质量产品供给的增加，使得供给曲线向右下方移动；而随着生产者在技术、员工素质、设施设备、管理水平等方面的退步，会导致产品质量的下降，进而导致生产者收益的减少，及生产者对高质量产品供给的减少，使得供给曲线向左上方移动（见图2－2）；影响产品质量供给的因素，除上述价格因素、生产者因素外，还包括生产要素的价格、生产商对市场的预期、政府产品质量监管的完善程度、社会信用体系的建立及公民道德素质状况等。

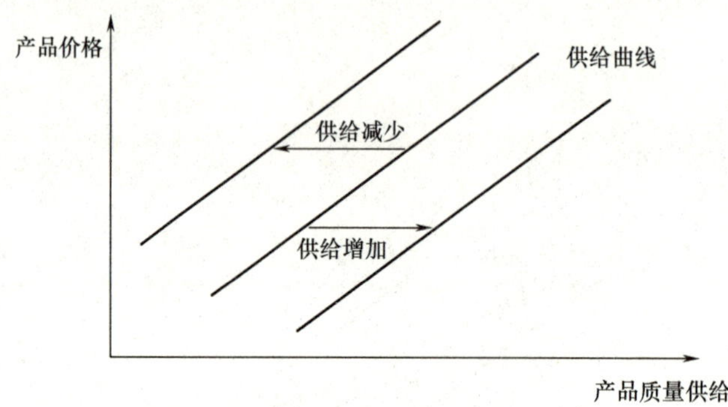

图2－2　产品质量供给曲线及其变动

3. 产品质量需求与供给的均衡

根据均衡价格理论，供求和价格机制对市场上产品数量的均衡发展有着重要影响；同样，由于产品的数量与质量两种属性同时存在，供求和价格机制对市场上产品质量的均衡发展也有着重要影响。假定在总量供求机制和价格机制的调节下，其他条件不变，只有产品自身质量的变化，当产品质量供给水平较高时，产品价格相应较高，会给生产者带来高利润，刺激生产者增加产品质量供给，从而造成“产品质量过度供给”，而“供过于求”会促使消费者减少对该产品的需求，使产品价格下降，从而使生产者减少对该产品质量的供给，使其趋于产品质量供需均衡点；当产品质量供给水平较低时，产品价格相应较低，使生产者获利减少，缺乏产品质量供给的动力，造成“产品质量供给不足”，而“供不应求”会增加消费者对该产品的需求，使产品价格上升，从而使生产者增加对该产品质量的供给，使其趋于产品质量供需均衡点。当市场上生产者供给的产品质量满足消费者需求的产品质量时，产品质量供需达到均衡（见图2－3）。但如果生产者技术水平、消费者收入等其他条件发生变化，会引起产品质量供需的变动，导致市场上产品质量的供需均衡发生相应变化，形成新的均衡。在均衡条件下，产品质量越高，其市场价格也越高。

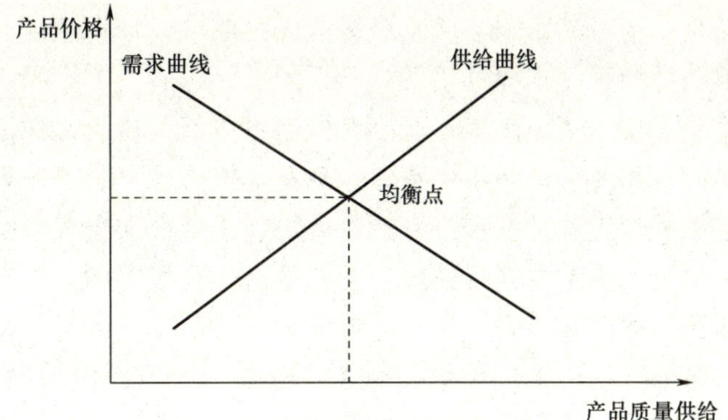

图2-3　产品质量需求和供给均衡

如前所述，影响产品质量供给和需求曲线的因素很多，有关政府政策对产品质量供给和需求曲线的影响包括：

（1）鼓励创新：政府通过制定鼓励技术创新的政策，对通过技术创新提高产品质量等予以激励，会使得供给曲线向右下方移动，移动量等于补贴量（见图2-4）。其中专利保护是一种鼓励创新的方法，通过赋予企业对其发明的产权来使外部性内在化。

（2）补贴教育：政府通过补贴教育，包括生产者质量教育、消费者质量教育等，对提高产品质量予以促进，当受质量教育的生产者、消费者增多时，会促进质量管理知识、技术创新等得以扩散，进而提高劳动生产率，并刺激消费者对高质量产品的需求，使产品质量需求曲线向右上方移动，移动量等于补贴量（见图2-4）。

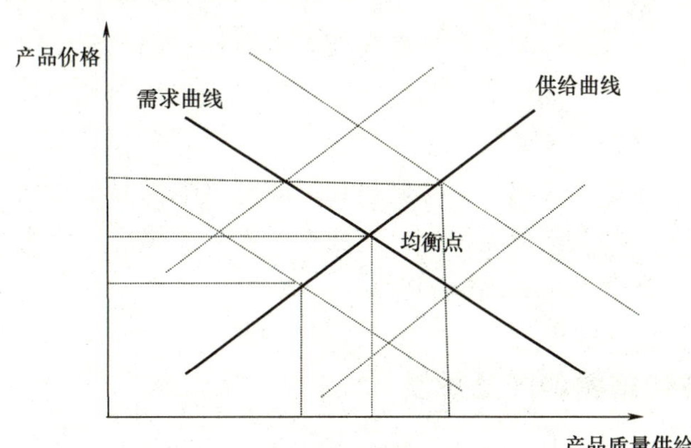

图2-4　产品质量需求和供给均衡

（3）征税：政府可以通过对某些具有负外部性的活动，如高污染、高能耗的产品生产征税来影响该产品质量的供给曲线，使得供给曲线向左上方移动，移动量为税收规模（见图2－4）。

（4）管制：政府可以对某些具有负外部性的行为或活动采取限制或禁止等管制措施，如对生产危害消费者人身安全的产品，如“三聚氰胺”奶粉等，制定相关禁止这种生产行为的法律法规或最低质量安全标准，减少对该产品的供给，供给曲线相应向左上方移动（见图2－4）。

综上所述，微观经济学中，通过市场这只“看不见的手”的价格、供求机制等，影响产品质量的供给和需求，形成“优质优价”的导向功能，促使生产者不断提高产品质量、追求质量效益型发展。阿里巴巴因假货风波，股份发生巨大波动，两天损失市值1000亿人民币，[9]体现了市场对产品质量的反应。而对于具有负外部性的或公共性质的活动，通过政府这只“看得见的的手”，制定相应税收、补贴、管制等政策措施，以此激励市场主体——企业、生产者等积极开展技术创新、不断提高产品质量，获得良性发展。

第二节　产业经济学中的产品质量

产业经济学是揭示经济发展中产业的发展与变化、产业内企业组织结构变化及产业间关系结构等产业自身特有经济规律的一门科学。其核心理论——产业组织理论主要研究产业内企业的规模经济效应与企业间竞争活力的冲突，即所谓的“马歇尔冲突”，自20世纪30年代产生以来就一直对西方国家产业政策的制定产生着重要影响。产业组织理论以企业的市场结构、市场行为和市场绩效为研究对象，其中，市场结构包括集中度、产品差别、进入壁垒、成本（费用）等，市场行为包括价格策略、广告、销售、研发、并购等，多与产品质量有着不同程度的联系或影响。随着经济全球化的迅猛发展及国际竞争的日趋激烈，产品质量已成为影响一国产业竞争力或产业竞争优势的关键因素。

一、市场结构与产品质量

市场结构是影响企业利润进而影响产品质量的关键因素。[10]1936年经济学家张伯伦（E. Chamberlin）和罗宾逊（J. Robinson）提出颇具影响的垄断竞争理论，认为由于存在产品差别，现实经济活动中典型的市场结构是处在完全竞争和完全垄断两种极端之间的“垄断竞争”模式，即厂商数目众多但规模相对较小、进出市场不受限制、同一产业内相互竞争的企业生产并销售的同类产品是“相近的替代品”或具有差别等。

其中，产品差别主要包括水平差异和垂直差异，水平差异（横向差异）仅考虑在产品质量不变的前提下，产品不同特征的组合变换，如手机的不同款式；垂直差异（纵向差异）也称质量差异，指在产品空间中，消费者对产品质量偏好的次序一致，较高质量的产品更受消费者欢迎。文启湘等（2004）认为，产品差异核心竞争力的内涵就是企业从形成横向产品差异和纵向差异两个方面使更多消费者对本企业产品产生偏好，并且使消费者的偏好能长期维持。

从发达国家现实情况考察，厂商之间进行着价格和非价格（质量、服务和广告等）的竞争，大量的垄断竞争是非价格竞争，即主要是产品质量的竞争和产品销售活动的竞争。Shaked、Sutton（1982）[11] 和 Tirole（1988）等研究认为，在市场垄断程度较高的条件下，为追求高质量产品带来的高利润，无论提高产品质量的生产成本递增、递减或为零，寡头博弈会使厂商选择生产高质量的产品，因此，一定程度上提高市场垄断程度，有助于推动产品质量水平的提高。平新乔等（2000）[7] 也认为垄断可以减少假冒伪劣情况的出现。

周黎安等（1996）[6] 研究认为，我国过于分散的市场结构和特定的企业产权制度导致了生产者和销售者视野过短、对声誉投资缺乏关注，使得产品假冒伪劣问题愈演愈烈。余时飞（2010）[10] 认为，我国产品质量问题不是由于熊彼特所描述的企业通过技术创新或管理创新等所导致的有效率的垄断，而是由于国家行政配给等人为、低效率的垄断所导致的超额垄断利润，使得产品质量不但没有得到很大提高，反而产生大量假冒伪劣产品。

但在垄断竞争的市场结构中，垄断者的产品质量选择并不一定是社会最优的。短期中，垄断竞争可带来产品的差异化，更好地满足消费者的需求，有利于技术进步；但长期中，厂商具有的一定的决定价格的“市场力量”，如微软、Intel 等国际垄断企业占据垄断地位，使其他厂商无法自由进入市场与其竞争，从而阻碍新产品的研发和技术进步，甚至阻碍产品质量的提高。

以我国手机市场为例，截至 2014 年年底，我国手机用户已超过 12 亿，智能手机用户超过 5 亿。美国高通公司掌握 3G 、4G 行业重要专利技术，国内手机企业较依赖于高通公司的芯片，国内已上市或即将上市的3G或4G手机基本都采用高通芯片。高通公司除向中国国内手机厂商收取芯片或解决方案费用外，每部采用其芯片的手机还要额外收取售价2%～6%的专利许可授权费，一台手机售价的近20%都被高通获取。[12]高通公司在中国占有40%的市场份额。2012财年，高通的专利授权费收入约为67亿美元，在总营收中的占比超过三成，其中42%来自中国大陆。[13]因此，单靠市场机制的自发作用不足以实现资源的最优配置，必须由政府出面对垄断势力加以干预，才能确保市场的适度竞争。2015年2月10日中国国家发展和改革委员会宣布对高通处以人民币60.88亿元罚款，此次处罚也成为迄今中国反垄断最大一笔罚款。1)

二、市场行为与产品质量

在激烈的市场竞争中，品牌、信誉等市场行为不仅具有产品质量信号的发送功能和甄别功能，同时具有信用抵押功能，对一个企业树立竞争优势至关重要。

1. 广告与产品质量

在企业竞争日趋激烈的过程中，通过广告来发送产品质量信号，形成良好市场信誉已成为竞争的主要途径之一。[14]广告对于产品质量的作用包括：一是说服性，可以影响消费者的偏好、建立品牌忠诚度，使得广告产品的需求弹性变小、市场集中度提高；二是互补性，即将其看作与其他产品同时消费的互补品，增加广告这种“产品”的消费者，会提高消费其他产品的边际效用；三是信息性，即当消费者在购买对其产品质量并不知情的产品时，广告可作为一种传递产品质量的信号机制，使得消费者相信广告产品是高质量的产品。

鉴于广告可以传递产品质量等有关信息，厂商可以借助非信息性广告传递产品高质量的信号进而形成质量差异。如可口可乐公司与百事可乐公司两个竞争对手在双方激烈的竞争中，充分利用广告来传递自身产品高质量信息。

2. 品牌与产品质量

Darby（1975）对垄断竞争市场的质量信誉开展研究，认为在垄断竞争市场上，消费者充分的信息互通会迫使厂商进行产品质量信誉方面的投

1）发改委对高通罚款61亿元 成中国最大反垄断罚单，新浪科技，2015。

入，如建立品牌、商标等，以维护自身产品质量声誉；品牌类似于一种对自身产品质量承诺的担保和抵押。Williamson（1983）认为，一旦产品质量有问题，意味着大量用于品牌的投资将成为沉没成本而无法收回，因此企业在品牌和信誉方面的投资实际上意味着向消费者发送产品质量信号。Wernerfelt（1988）认为，在信息不对称的情况下，品牌扩张可以视为产品质量提升的信号。Mailath 和 Samulson（2001）认为，在垄断市场上存在信誉短暂性问题，保持品牌的相对稳定会使消费者对厂商及其产品的评价相对稳定，有助于厂商维护产品信誉，进而解决产品质量问题。Rob 和 Fishman（2005）认为，越老的品牌越珍惜其来之不易的信誉，会加倍付出努力，其产品质量也会稳定提高。杜创（2009）[15]认为，不论市场结构如何，厂商愿意维护信誉的两个前提条件是产品价格要足够高（至少要高于成本），能够获取“信誉溢价”，贴现因子不能太低，即厂商要有足够长远的眼光，不是追求短期行为。

品牌的积累是一个长期缓慢的过程，许多品牌都是百年老店；而品牌的损耗却非常迅速，品牌企业一旦出现非信用行为，将使品牌价值迅速缩水。如 2006 年中国知名奶粉品牌“三鹿”经中国品牌资产评价中心评定，其品牌价值达 149.0 亿元，而 2008 年 9 月“三聚氰胺”毒奶粉事件后，“三鹿”品牌价值迅速缩水。

未来的竞争实质上是各国技术、质量和品牌的竞争。虽然改革开放以来，随着经济全球化的深入和发达国家制造业的转移，中国制造业迅速发展，2010 年中国制造业产值占全球的 19.8%，居世界之首，我国已成为名副其实的“制造大国”。但相比美国、德国、日本这些昔日的“世界工厂”，我国制造业大而不强。尽管我国有 200 多种制品产量居世界第一，但有国际竞争力的品牌很少。2014 年美国《福布斯》杂志进行全球 100 强品牌评估，美国、德国、日本的苹果、微软、宝马、丰田等品牌包揽全部，中国品牌无一入选。中国的出口商品中 90% 是贴牌生产，拥有自主品牌的不足 20%，有学者估算：“贴牌生产”外国人拿走了 92% 的利润、中国最多拿到 8%。没有品牌的国家和企业，处于价值链的低端，在国际竞争中处于劣势。

而德国、日本跨国公司成为全球价值链分工的主导力量，靠的就是技术、质量和品牌。美国在“去工业化”之后仍能保持其第一的经济地位，靠的就是其之前已经树立起来的品牌。在未来低成本优势难以为继的大背景下，“中国制造”要想提高国际竞争力，就必须建立成本领先之外的竞争力，下大气力提高质量水平，向质量要效益，走转型升级之路。企业要树立质量优先、质量就是生命的理念，建立完善的质量管理体系，积极实施品牌战略，以提高质量为根本，以塑造具有自主知识产权的品牌来赢得竞争优势。政府必须强化产品质量安全监控体系，运用国家创新体系大力支持质量和品牌建设。有关部门和行业协会等也应积极行动起来，树立“中国制造”的品牌形象。

三、产业竞争力与产品质量

产业竞争力，亦称产业国际竞争力，根据比较优势理论，即一国某一产业相对于他国同一产业在向市场提供产品或服务时所体现的竞争能力。1985 年世界经济论坛（World Economic Forum，简称 WEF）在其《关于竞争力的报告》中明确提出，国际竞争力是企业在目前和未来在各自的环境中，以比它们国内和国外的竞争者更有吸引力的价格和质量进行设计、生产、销售货物及提供服务的能力，国际竞争力最终体现在产业竞争力上。

Domingo（2002）在其《借助全面质量获得全球性竞争力》一文中提出，全球性竞争力始于质量竞争力又终于质量竞争力；企业在努力寻求价格竞争力、成本竞争力和技术竞争力之前，必须首先获得质量竞争力。Garvin（1984）认为质量与国家的竞争力密切相关，并且是国际贸易中的决定性因素。

美国哈佛大学商学院迈克尔·波特（Michael E. Porter）教授先后出版了著名的竞争“三部曲”：《竞争战略》《竞争优势》《国家竞争优势》，其中前两部研究的是企业，后一部重点分析了国家。波特教授认为企业的竞争优势一般可分为低成本竞争优势和差异性竞争优势，后者即企业向用户提供与竞争者不同质量的产品与服务，且企业走低成本优势也必须保证产品的基本质量和服务。[16]波特教授将企业竞争的思想引入国际贸易中，提出国家竞争优势概念，认为竞争优势就是各国或各地区相同产业在同一国际竞争环境下所表现出来的不同的市场竞争能力，也即产业竞争力；构成竞争优势的因素包括：价格因素和非价格因素；其中，质量是非价格因素中的主要方面，是国际贸易中的决定性因素，是理解贸易不平衡和贸易竞争力的关键。

产品质量对一个国家产业竞争优势具有重要影响，是一个国家的名片，是产业竞争力的功能性要素。李唯滨等（2008）分析认为，在市场竞争中，高质量的产品在市场销售、价格、利润等方面占据竞争优势地位。德国是当今世界重要的制造业大国，“德国制造”享誉世界，但在 19 世纪时，德国产品曾被视为劣质廉价品。为区分产品优劣，1887 年英国《商标法》规定，德国出口到英国的产品必须标注“德国制造”，“德国制造”由此得名。经过 100 多年的发展，“德国制造”如今已成为高质量的代名词。德国能在 100 余年的时间里崛起为世界强国，重要原因之一是德国始终坚持质量为本。[17]德国企业非常重视产品质量，质量已成为德国企业文化的核心理念。德国重视产品质量的做法包括：建立法律法规、标准体系及严格的产品质量监管体系；形成完整的产品质量监控程序；通过企业自检、第三方机构检验、政府抽查检验等方式层层把关；建立配套的检测、认证等中介服务体系。此外，德国具有对产品质量精益求精的质量文化。德国制造业可几十年、上百年地专注于某一产品领域，力求在此领域做到最精最强。德国很多中小企业为百年老店，都是高度专业化、技术领先的企业。据调查：20% 的德国中小企业是其行业领域世界范围内的领先企业，17 个德国机械制造业行业在其总共 31 个行业中占据全球领先地位。[18]德国产品质量享誉世界是其保持国际竞争优势的重要保障。综上所述，重视质量是“德国制造”保持在国际贸易竞争优势的重要因素之一。

近年来，中国产品在国内外遭遇“质量门”的事件时有发生，有损国家信誉和形象，阻碍中国制造业国际竞争力的提升。我国产品质量总体水平还不高，与发达国家在产品性能、可靠性、稳定性、使用寿命及安全、卫生、环保等方面仍存在一定的差距。“中国制造”的传统比较优势已经明显减弱。我国国家质检总局自 1999 年开始开展全国制造业质量竞争力指数1) 研究与发布工作，其中，2013 年全国规模以上制造业（以下称制造业）质量竞争力指数为 83.14，比 2012 年小幅提高 0.08，质量升级平稳推进。2) 2009—2013 年全国制造业质量竞争力指数增幅分别为 1.18%、0.52%、0.38%、0.22%、0.10%，呈现出增速放缓态势，质量竞争力提升压力增大。[19]

波特教授通过对美、日、英、德等 10 个国家上百种产业发展历史的研究，提出著名的“钻石”理论，认为一个国家某一产业是否具有国际竞争优势取决于生产要素、需求条件、相关产业和企业战略四个基本因素，以及机遇和政府两个辅助要素，这六个要素相互影响，构成一个类似钻石的菱形图形，又称“钻石模型”。其中，生产要素是一个国家某一产业所具备的人力、物力、知识、资本和基础设施等要素条件；需求条件是国际市场对该产业的需求状况；相关产业指该产业相关产业是否具备国际竞争力；

1）用于反映我国制造业质量竞争力整体水平，包括 2 个二级指标，6 个三级指标和 12 个统计指标。

2）2013 年中国制造业质量竞争力指数为 83.14［EB］，中国经济网，2014.7.30。

力；企业战略是企业参与竞争的条件等；政府主要是创造良好的制度环境、确保强有力的竞争、提供高质量的教育与培训等，以促进本国竞争力的提升。如何提高“中国制造”的产品质量，提高我国产品的国际竞争力，还需要企业、行业、政府等各方而做出更多努力。

第三节　宏观经济学中的产品质量

宏观经济学研究整个经济的运行方式与规律，考察就业总水平、国民总收入等经济总量，其核心理论是国民收入决定理论，及失业与通货膨胀理论、经济周期理论、经济增长理论等。Brust 和 Gryna（2002）认为产品质量与宏观经济存在五个方面的关系：一是出口产品的质量提高与出口竞争优势有关，由于产品可以被模仿，保持出口竞争优势的最好方式是持续地提高产品质量；二是提高产品质量，包括减少返工率等，能够以同样的价格提供更为优质的产品，吸引更多顾客的购买，从而减少消费不足、国内贸易赤字；三是提高产品质量可以节约成本、增加收益，进而促进经济增长；四是提高产品质量可使顾客获得更多的效用，提高顾客满意度，进而促进经济增长；五是采用国际通用的技术标准能够提高产品质量、促进出口。基于此，本节简要介绍经济增长、技术标准等与产品质量的关系。

一、经济增长与产品质量

经济增长理论探讨影响各国经济增长的因素，其渊源可追溯到 18、19 世纪的古典政治经济学，其代表人物亚当·斯密（Smith，1776）认为，经济增长就是人均产出的提高或劳动产品（社会纯收入）的增加。以马歇尔（Marshall，1920）为代表的新古典经济学则强调企业的外部经济与内部经济对经济增长的作用；熊彼特（Schumpter，1934）提出，经济增长是由内生因素即生产要素和生产条件“新组合”引起的一种“创造性破坏”过程。其后，哈罗德-多马、索洛-斯旺、卡尔多和琼·罗宾逊及丹尼森和库兹涅茨等现代经济增长理论也对影响经济增长的因素进行了分析。20 世纪 80 年代以来，知识在现代经济中的地位日显重要，Romer（1986）和 Lucas（1988）等新经济增长理论代表者认为，决定经济增长的知识或技术进步同资本和劳动一样，也是一种生产要素，而且是经济系统的“内生变量”，因此，新经济增长理论又称内生经济增长理论。

内生经济增长理论指出经济增长的动力源于技术进步与创新，间接指出了产品质量对于经济增长的重要性。因为，技术进步与创新指以同样的劳动和资本耗费，生产出质量更高或数量更多的产品；技术进步不一定导致产品质量提高，但产品质量提高一定离不开技术进步。德国、日本产品质量过硬的背后，是技术进步、技术创新和知识积累。

内生经济增长模型包括 AK 模型[1)]、外部性模型[2)]、R&D 模型[3)]等。其中，以 R&D 为基础的内生经济增长模型，主要有两类：一类是将技术进步理解为产品品种的增加，研究产品品种增加和经济增长的关系；一类是将技术进步理解为产品质量的改进或升级，研究产品质量改进与经济增长的关系。无论是产品品种增加，还是产品质量升级，这两类经济增长模型都认为经济增长是经济行为主体为追求利润最大化而不断进行技术创新及进行 R&D 投入的结果；经济增长不仅表现为产品品种数量的持续增加，而且表现为产品质量的不断提高。

二、产品质量阶梯模型

如上所述，以 R&D 为基础的内生经济增长模型，包括研究产品品种增加、产品质量升级和经济增长关系的二类模型。其中，后者又称产品质量阶梯模型（Quality Ladders Model），或产品质量升级型内生增长模型，它假定技术进步体现为产品质量的不断提高，考察在垄断竞争假设下经济增长的决定因素，主要包括以下两类模型：

1. 格罗斯曼和赫尔普曼（Crossman－Helpman）模型

格罗斯曼和赫尔普曼于 1991 年发表《质量阶梯与产品周期》一文，提出格罗斯曼和赫尔普曼模型。该模型在垄断竞争的框架下，考察产品质量导致内生经济增长的内在机制。假设经济中存在众多部门，生产函数是 D－S 型，产品种类数保持不变，每个部门生产一种产品，技术进步表现为产品质量的提高，每一种产品的质量可以无限次被提升，产品在质量阶梯上攀升的动力来自于 R&D。在每一部门内，新的更高质量的产品因其可提供更多的生产性服务或效用，因而优于旧产品。在产品质量升级模型中，

1）AK 模型又称凸性模型或线性模型。

2）外部性模型包括阿罗的干中学模型、罗默的知识溢出模型、卢卡斯的人力资本模型、巴罗的公共品模型等。

3）R&D 模型包括迪克西特—斯蒂格利茨（D－S）模型、格罗斯曼和赫尔普曼模型、阿格亨－豪伊特模型等。

质量水平高的产品会替代质量水平低的产品，因而技术进步的过程中将伴随着旧产品的淘汰及新产品的产生。

格罗斯曼和赫尔普曼基于该理论模型研究提出的政策主张为：①当创新规模为外生给定时，分散经济的均衡增长率可能高于也可能低于社会最优增长率；为使经济达到帕累托最优，政府必须根据不同情况相机采取对策。若对创新的激励过大，政府的最优政策是向研发厂商征收适度的税收；若激励不足，政府的最优政策是向研发厂商提供适当的补贴。②当创新规模、幅度、大小由经济系统内生决定时，均衡增长率一般低于社会最优增长率，政府向产出提供补贴或向研发提供补贴都不会影响经济的均衡创新规模；为使经济政策能影响厂商的创新规模选择，政府必须对较大规模的创新提供更大的激励，如采用加强重大创新保护力度的专利政策、要求产品具有不低于某一最低程度新颖性的专利政策等，促进创新规模或幅度的提高，进而提高经济增长率和改善社会福利。[20]

2. 阿格亨－豪伊特（Aghion－Howitt）模型

阿格亨－豪伊特模型假定最终品只有一种，中间品有 N 种，每一种中间品质量的进步是阶梯型的；当质量改进的研发成功时，质量才会改进；均衡时，只有最高质量的中间品才能生产。每次质量改进的研发者都获得了生产对应质量水平中间品的垄断权；对于不同质量的产品，企业的利润随其质量的提高而增加。创新者对其之前的创新者具有比较优势，而对未来的创新者具有比较劣势。

阿格亨－豪伊特模型分析了技术进步对经济产生影响的情形，认为经济周期与经济增长不可分，二者都是创新的结果，反映了技术进步的不同侧面；经济的动态均衡不仅可能表现为平衡增长路径，也可能表现为非增长陷阱；厂商对未来时期创新密度过高的预期将导致厂商根本不从事创新；研发生产率的提高并不必然导致经济增长率的提高，较好体现了熊彼特的“创造性破坏”思想。由于创新具有破坏效应，较高的研发生产率将使其他研发产品遭淘汰的危险加大，从而有可能削弱整个社会的研发努力，导致经济增长率下降。

综上所述，产品质量阶梯模型从产品质量持续提高的角度理解技术进步，明确地将产品质量改进纳入经济增长的分析框架，提出经济增长的动力来源于技术进步和创新，经济增长表现为产品质量的提高，经济增长的潜力与增长的持续性以产品质量为前提，突破了传统的将经济增长等同于产品数量增加的思路，将产品质量提高到促进经济增长的角度来考虑，充分体现了产品质量对经济增长的重要性。

三、技术标准与产品质量

1. 从技术标准角度对产品质量概念的理解

技术标准是对技术的规范化过程，从技术标准到产品，是一个生产实践的过程。这一过程，对于技术转化生产力而言，同样重要。因为并不是每一项技术的应用，都可以达到技术本身所设定的目标（即技术标准），在技术标准与产品之间始终存在一个差异。这一差异的取值范围是：[0，∞]，其中，两个极值分别表示为“与技术标准的完全符合”和“与技术标准完全不符”。这一个范围内的差异度，构成了产品质量的概念。即从狭义的角度来说，质量就是表示产品与技术标准之间差异的程度。在数学意义上讲，产品质量成为一个具有表征意义的系数，代表产品满足其技术标准的程度，其取值范围是：[0，1]。其中，“1”表示产品质量完全达到标准的要求，“0”表示产品质量完全没达到标准的要求。而不断提高产品的质量，即提高产品满足技术标准的程度则成为生产中的一个首要任务。这一过程构成了所谓的质量控制，即实现质量目标的技术。因此，可以说，生产力在一定程度上取决于技术的应用程度以及与技术标准的差异程度。

2. 技术标准与产品质量密切相关

技术标准与产品质量有着非常密切的联系，具体表现为两方面：

（1）技术标准是产品质量的保障，产品质量以标准为衡量依据。产品为满足市场、消费者需求，必须具备一定的质量特性，这些特性包括产品的适用性、可靠性和经济性等。技术标准是衡量产品是否满足要求的技术依据，是保证、促进和提高产品质量的重要技术基础。制定与实施技术标准的目的就是为了保证重复生产的产品的性能和规格一致，确保产品满足这些特性要求，也即保证产品质量。一般来说，技术标准是企业进行产品设计和组织生产的前提，为保证产品质量，厂商都制定有一系列严格的技术标准，明确规定产品质量特性的具体技术指标，以控制产品生产过程的每一个环节，如以工艺流程标准控制生产流程的每个环节，以检测标准检测原材料、确保材料供应的一致性，以方法标准检测半成品及成品。通过技术标准，使生产者按照标准组织生产并达到标准规定的要求，提高产品质量、便利出口。同时，通过技术标准的不断修订、完善，促进厂商不断提高产品质量及产品在国际市场的竞争力。

（2）技术标准能够解决信息不对称的问题。技术标准以其特有的规范化语言和表达形式描述市场和顾客的要求以及产品应具有的质量特性，可使消费者及厂商更好地掌握产品信息，降低因“信息不对称”而造成的搜寻成本，提高产品质量特性的透明度。技术标准既帮助消费者区分不同的质量，确保顾客能在知情的情况下做出选择，又能促使企业确保产品的质量。正因为技术标准能够平衡供需双方的信息了解程度，减少交易中的信息不对称，降低道德风险和顾客的购买风险，从而防止商品生产者利用信息优势降低产品质量，确保市场正常运行。

此外，技术标准在保证生产产品质量的基础上，通过规模经济及网络效应，加快技术创新的速度，促进技术创新成果的扩散，是推动技术创新成果产业化发展的重要环节。

3. 德国的技术标准与产品质量

当今世界，“德国制造”已成为高质量产品的代名词。德国能在100余年的时间里崛起为世界强国，在全球金融危机的背景下一枝独秀，重要原因之一是德国坚持制造业，并始终坚持质量为本[17]、标准为先。德国企业非常重视产品质量，对产品质量精益求精的质量文化已成为德国企业文化的核心理念。技术标准在德国的经济和政治中也扮演极其重要的角色，对德国工业短时期内从无到有，从有到强的工业崛起发挥了积极的推进作用，其具体技术标准政策措施包括：

（1）制定标准战略。为迎接经济全球化和欧洲统一市场带来的挑战，2003年底德国组织来自各界的代表共同商讨德国的标准化战略，2005年1月正式发布德国标准化战略，包括将标准作为德国经济和社会成功的战略支撑，通过标准确保德国工业领先地位，通过标准放松政府管制、通过标准促进技术融合、通过标准机构提供有效工具等五项目标，以及相应的23项措施，[21]以发挥标准对德国经济与贸易的积极影响。

（2）标准体系高度协调。德国标准化学会DIN是唯一的国家权威标准制定机构，下设约80个标准技术委员会，管理近3万项标准，并负责德国、欧盟及国际标准事务的协调。尽管德国还有近140个各类组织涉及标准制定，但只要DIN发布一项新的标准，德国国内相关标准一律废除；德国法律法规也广泛引用DIN标准，从而使得DIN标准具有相当的权威性。

（3）标准维护国家利益。根据1975年DIN与德国联邦政府签署的协议，DIN承诺其标准体系必须有利于维护并促进德国的国家公共利益，保护消费者的健康与安全，促进经济增长、增强德国产品与产业的国际竞争力。联邦政府对DIN的承诺进行法律监督并给予DIN一定的财政扶持，包括缴纳国际标准组织会费等。据研究，德国标准对德国经济的贡献率为国民生产总值的2.7%。

（4）积极参与国际标准制定。德国作为出口导向型国家，对于使用及参与国际标准制定、开拓国际市场非常积极。DIN 承担了国际标准化组织 ISO 下设的 187 个标准技术委员会（TC）中的 30 个、532 个标准分技术委员会（SC）中的 96 个，以及 357 个工作组（WG）的秘书处工作，[22]位列世界各国前列。80% 以上的 DIN 标准上升为欧洲和国际标准，[23]为“德国制造”占据国际贸易竞争优势奠定了良好的基础。

第四节　规制经济学与产品质量

规制经济学是对政府规制（Goverment Regulation）活动进行的系统研究。市场经济条件下，政府规制大致分为宏观调控和微观规制两方面。宏观调控通常指中央政府（广义）利用财政、货币等政策手段平抑经济周期、促进宏观经济平稳运行。微观规制通常指各级政府部门按照相关法律法规规定，对微观经济和非经济活动的主体——企业的商品质量、价格、数量、时间及其他经济行为进行监督管理等更为直接的干预，并最终实现某种经济目标或社会目标。本节中的政府规制主要指微观规制。在我国，政府规制一般被称为政府监管。

有关产品质量的政府规制，主要为产品质量安全规制，也即产品质量安全监管，是政府为保护消费者利益、最大限度地降低产品质量安全风险而实行的规制。产品质量安全规制的主要原因是由于信息不对称、公共物品、外部性、垄断问题等市场失灵的存在，破坏了市场配置资源的机制，损害了消费者利益，从而需要政府进行规制。政府规制是解决市场配置资源缺陷的不可或缺的制度安排。

一、传统经济下的信息不对称与产品质量

信息不对称是指市场交易双方所掌握的有关交易的信息非对称分布的情形。经济学表明，存在市场交易的地方就存在不同程度的信息不对称。现实中，许多经济活动建立在信息不对称的前提条件下，如：①生产者与生产资料供应者之间存在信息不对称；生产者无法从生产资料供应者一方全面了解生产资料的质量、真伪等信息；②生产者、销售商与消费者之间存在信息不对称；销售商无法从生产者一方全面了解产品生产信息，消费者无法从销售者一方全面了解产品信息；③生产者、消费者与政府之间存在信息不对称，上级管理者（委托人）与下级管理者（代理人）之间存在

信息不对称等。

传统的新古典经济学假定市场是完全竞争市场，商品不存在质量的差异，市场均衡水平所确定的价格代表了商品质量的高低；假定信息完全，即买方拥有商品质量的所有信息，买卖双方之间不存在信息不对称问题。但在现实经济社会中，更多的是垄断竞争市场，同一行业内商品之间的相似性使企业、厂商间的竞争非常充分，同一种类商品间存在质量的差异，不同的均衡价格水平对应不同质量的商品；买卖双方存在信息不对称。

根据消费者对产品质量信息的可获得性，Nelson（1970）[24]等学者把产品分为搜寻品、经验品和信任品三类。其中，①“搜寻品”指消费者在购买时，凭对产品的形状、色泽等外观特征的观察可直接判断其质量优劣的商品，此类信息事前探测成本很小；②“经验品”指消费者在购买前不能准确评价，只有在购买、消费后才能获悉其质量信息的商品，此类信息事前探测成本较高、事后探测成本低，并直接影响消费者的再次购买行为；③“信任品”指消费者即使在购买、使用后也可能无法判断或知道其全部质量信息的商品，如食品的营养成份、农药残留等，此类信息的事前、事后探测成本都很高，消费者无法承担。

根据Akerlof（1970）的研究，[25]由于产品的“经验品”和“信任品”特征容易造成信息不对称，一方面会引起生产者的“道德风险（Moral Hazard）”行为，即生产者为追求利润最大化，会凭借自己占有信息多的优势，违背道德规范，过分夸大、隐藏、歪曲甚至误导产品质量信息，使自己获利而消费者利益受损，造成全社会效率损失；另一方面会导致消费者的“逆向选择（Adverse Selection）”行为，即消费者由于不能察知卖方商品的质量，以及获取质量信息的成本较高，总是优先购买低质量的商品，使得高质量的商品被低质量的商品驱逐出市场，出现所谓“劣币驱逐良币”的“柠檬市场”（lemon market），最终导致产品质量问题的发生。冯海等（2005）研究表明：产品质量信息导致的逆向选择问题，是困扰产品质量问题的主要原因。[26]

研究表明：市场机制在调节搜寻品、经验品、信任品三种不同类别的产品质量问题时存在着巨大的能力差异。其中，①对于搜寻品，消费者可凭经验直接从市场上获得相关信息，信息不对称问题几乎不存在。②对于经验品，虽然消费者在每次购买时所掌握的信息都不完全，但消费者在购买后能很快认识到产品特性或通过购买经验判断出其特性。Grossman（1990）认为，这种情况下，通过信誉机制形成一个独特的高质量高价格的市场均衡，可以取得与市场信息充分状态下一样的结果。即企业通过建立信誉，可消除信息不对称；但在涉及产品安全的情况下，需要政府通过建立信息披露制度等来解决信息不对称，进而解决产品安全问题。③对于信任品，由于消费者事先无法做出判断，购买后也需要很长时间才能掌握相关质量信息或根本不可能掌握的情况下，一方面生产者也很难在这种情况下建立质量声誉，需要由令消费者足够信任的第三方介入市场、开展独立的第三方质量认证等；另一方面，Antle（2001）研究表明，对于消费者在重复购买后仍不能观察到其质量的商品，政府有必要进行干预。政府需要做出一些规制性的制度安排，如建立标识标签管理制度等，有效地将信任品转换成经验品甚至是搜寻品，来保证生产者向外界传达信息的真实性和准确性，以解决市场失灵问题。

二、网络经济下的信息不对称与产品质量

当今社会已进入信息化社会，网络经济[1)]日益发达。相比较传统经济，网络经济，一方面减少了信息不对称，如消费者要购买某一种商品，可通过网络查询到众多有关该种商品的信息，包括本地、全国乃至全世界有关该商品的性质、内容、厂商、价格、数量等各类信息，包括该商品的用户评价、第三方评价等信息，从而减缓了传统经济中生产者、经营者、消费者之间存在的信息不对称；但另一方面，网络经济也带来了新的信息不对称，这是由网络经济的快捷性、直接性、虚拟性、边际效益递增性、外部经济性、可持续性等特点决定的。

网络经济带来的新的信息不对称，表现在：①信息优势方——商品生产经营者，为获得更大的市场份额、利润最大化，可能通过广告、用户评价等各种方式制造商品虚假质量信息，包括通过一些方式隐藏商品真实信息、掩饰商品质量问题或瑕疵、索取用户好评、雇佣网络水军制造虚假好评等，欺骗消费者；②信息劣势方——消费者，出于效用最大化原因，可能通过网络掌握了商品的很多信息，购买一些商品质量信息被过度宣传的商品，反而使未过度宣传的商品不能很好销售；可能由于用户评价信息的误导而购买到并不符合自己需求的商品；可能在网络上购买到价格较实体店便宜很多、实物质量也差导很大的商品；甚至购买到不合格、不安全的

1）网络经济即基于网络特别是因特网所产生的所有经济活动的总和，是以高新技术为基础，以数字化技术为支撑，以信息化进行要素配置，以互联网为载体，整合各种经济资源，促进“虚拟与现实、传统与现代、技术与商业”相结合，实现经济高速增长的一种经济形态和经济运行模式。

商品，对消费者身体健康或财产造成伤害或潜在风险，严重影响市场的正常运行。

总之，在信息化社会，在网络经济日益发达、网络商品对消费者日常生活影响日益重要的今天，商品的质量信息提供日益成为网络交易的重要前提，商品质量的重要性也超过经济利益本身，迫切需要有新方法解决新形势下的新问题。

三、产品质量规制

根据美国经济学家Akerlof研究，信息不对称可导致“劣币驱逐良币”，最终出现市场失灵。为减少信息不对称导致的市场失灵，以及实现消费者福利最大化，传统的经济学处置方法是通过一些手段促进信息优势方的信号传递与信息劣势方的信息甄别。如卖方，即商品生产经营者，主动披露商品的质量信息，提供质量承诺，对一定期限内可以出现的商品质量问题负责；或提供由第三方机构出具的商品质量鉴定证明；在造成纠纷等的情况下，申请第三方仲裁介入等。消费者通过对商品的对比等进行区分；但在网络上销售的商品，消费者仅通过图片、文字、用户评价等信息进行商品质量甄别还存在很大局限，往往到消费者手中的商品与网络上所宣传商品的质量差异很大，甚至一些知名品牌网络平台销售的商品也存在此问题。此外，第三方提供的信用报告，也非常有助于解决网络交易双方存在的信息不对称问题。

如前所述，当市场机制不能调节时，就需要政府的产品质量规制或安全规制。为保护消费者利益或保护环境等目的，尤其是涉及健康、安全、环保等的商品，政府监管部门有必要对商品的质量进行监督管理，对于生产者的“道德风险”和消费者的“逆向选择”问题，也需要政府通过政策设计来进行规制，以避免信息不对称对市场造成危害。[27]这些政策既包括利用市场机制的一些方案，如通过产品质量认证、商标、税收、广告等建立企业信誉机制，也包括利用行政和立法的一些手段，如颁布产品责任法等法律法规、制定最低质量安全标准、制定标签管理制度、建立信息披露制度、建立监管机构或开展消费者教育等。具体如下。

（1）法律法规是保护消费者权益、缓解市场失灵、实行商品质量监管的主要制度保障。我国《产品质量法》《消费者权益保护法》等有关商品质量、消费者权益等方面的法律法规要求商品的生产经营者对所售商品质量负责，对因商品缺陷和瑕疵给消费者所带来的危害承担法定责任。这些法律制度，加大了对问题商品责任者进行惩罚的力度，提高了违法成本，即是对商品生产经营者事前不负责行为的警示，也是对因质量问题造成危害后对其实施严厉制裁的制度依据，也是相关政府部门进行商品质量监管的基础。

（2）最低质量标准。Leland（1979）研究提出，政府通过设置最低质量标准，缩小厂商产品质量决策的选择空间，有助于提高产品质量，从而提高整体社会福利。Pick（2003）指出，如果产品的质量特征不能被消费者有效观察，可能导致市场失灵，为避免或减少市场失灵，政府有必要建立质量标准并进行规制。Boom（1985）研究认为，一国提高其最低质量标准水平，会促进企业产品质量的提高，从而增加消费者福利。

（3）产品质量信息供给。Caswell（1998）研究认为，如果政府干涉市场是基于商品质量不能被观察，那么，政府应该将商品质量信息的提供作为规制重点。谢地、孙志国（2010）[28]认为，畅通产品质量信息传递渠道有助于产品质量监管者和消费者及时、正确地了解产品质量信息，对于产品质量发展具有重要作用。当今信息化社会，宜打造由多方共同参与的信息体系，弥补产品生产、经营、销售、消费等各环节和各利益主体之间的信息不对称缺陷，保障消费者利益，提高全社会福利。

（4）产品质量担保。Allen（1984）指出，外在制度的保障会约束主观的质量选择。即当产品质量可选择条件下，外在约束条件的变化将改变企业的利润函数，从而改变市场均衡的产品质量。如企业为其承诺的产品质量提供担保，如果一旦事后发现质量问题将赔偿所担保的数量，则将大大激励厂商如实事前承诺其产品质量。

第五节 有关提高产品质量的政策建议

产品质量与经济发展有着密切联系，影响着经济主体行为的选择以及所带来的经济效果。本节在介绍产品质量在微观经济学、产业经济学、宏观经济学、规制经济学等学科的分布及与其联系的基础上，提出相关促进产品质量发展与经济发展的政策建议。

一、发挥市场对产品质量提升的激励作用

市场竞争不但有利于将所有分散的信息都浓缩于商品和服务的价格之中，而且激励着每个行为主体在本领域对商品和服务技术、结构或组织做出改进，以更有效地利用资源，从而促进经济的整体发展。根据亚当·斯

密的《国富论》："人们通过追求（个人的）自身利益，常常会比其实际上想做的那样更有效地促进社会利益"；以及其《道德情操论》："人们还有另一种本性，就是获得社会的认可和尊重"，市场在充分发挥个体的自发能动性的同时，能够使得经济沿着良性发展方向前行。企业为在激烈的市场竞争中占有份额，获取超额利润，必须不断提升产品质量，获得消费者信赖。要充分发挥市场竞争的作用，激发企业的主体性和自律性，激励企业持续改进产品质量，提高市场竞争力。

二、加强政府对产品质量安全的监管作用

市场经济在解决资源配置问题上是一种比计划经济更有效率的经济体制。但由于产品质量安全的信息不对称、外部性、公共物品等原因导致市场失灵，需要借助政府这双"有形的手"来保护公平竞争、提供公共物品、维护市场的正常运行。尤其是中国的市场经济体制并不完善，在产品质量安全问题上，政府的监管作用就更加重要。应完善产品质量安全监管法律法规和标准体系，建立产品市场准入制度，产品质量安全风险分析、评估和预警制度，产品质量安全责任追溯制度等，做到有法可依、违法必究，加大惩罚力度，提高违法成本，培育良好的市场竞争环境。建立信息披露体系，加强对消费者产品质量安全信息的供给，建立消费者获取安全信息的渠道，通过向消费者提供足够、真实、准确的信息，解决产品质量安全信息的不对称，减少厂商欺诈行为，提高消费者对安全产品支付意愿，促进整个社会福利水平的提高。建立健全企业信用体系及严格的失信惩罚体制，使正规企业的良好行为进一步得到市场认可，使其所产生的正外部性得到部分补偿，对不法厂商的负外部性加以惩罚，加大其失信成本，维护市场秩序。

三、发挥企业技术创新及提高产品质量的主体作用

进入21世纪，全球贸易竞争的加剧，对产品质量提出了越来越严格的要求，产品竞争最终归结为产品质量的竞争，高质量的产品是取信顾客、立足市场、竞争取胜的根本保证。根据内生经济增长理论：技术创新是经济增长的源泉，产品质量是技术进步或创新的体现。目前我国制造业的普遍特点是中小企业多，产品质量水平不高、产品档次较低、技术创新不足。品牌企业少、产业集中度低，劳动生产率低、能源消耗高。根据当前情况，政府应加强引导扶持，改进、完善并切实落实支持自主创新的政策

措施，为企业技术创新等提供更具激励的、“公平、公正、公开”的外部环境。企业应高度重视自主技术创新，加大技术研发投入，吸收消化国外先进技术，真正做到“干中学”。提高生产效率、降低能源消耗，开发科技含量高、附加值高的优质新产品，实现产业优化升级。培养品牌意识，树立企业外在形象，以提高质量为根本，以塑造具有自主知识产权的品牌来赢得竞争优势。倡导诚信经营和品牌经营的行为。

四、提高第三方机构对产品质量的保障作用

在产品质量安全问题中，很大一部分因素是由于信息不对称。研究表明：市场机制下政府产品安全管理政策效能的高低关键取决于合适的信息制度，这些信息制度包括企业的质量声誉形成机制、产品质量检测体系等，这些需要由足够令消费者信任的第三方介入市场，有效地将信用品转换成经验品，来保证生产者向外界传达信息的真实性、准确性，消除公众消费疑虑。独立、专业的第三方检测机构基于社会对于产品及服务的质量、健康、安全、环保等的要求而产生，既是政府监管的有效补充，又能为生产商、销售商满足消费者需求、降低交易成本，提高交易效率提供客观、公正的质量检验服务。随着市场竞争的加剧和国际贸易的增长，第三方机构将对产品质量安全发挥更重要的作用。但同时，对第三方检测机构还应加强管理，在政府监管制度约束和行业自律的情况下，实行市场准入制度，明确检验标准及流程，让检验结果做到真实、可信。建立相应的违规惩罚措施。检测机构也应加强内部管理与质量控制，不断提高检测服务质量、提升整个行业的市场公信力。多方共同作用、确保产品质量安全。

五、引导消费者积极参与监督

消费者是产品质量安全最大的受益者，在产品质量安全问题的解决上不能缺少消费者的参与。应建立与加强产品质量安全的公众参与机制。在制定产品质量安全相关的法律法规、政策制度、标准规范时，要建立听取消费者意见的机制，消费者也要积极参与产品质量安全立法和管理决策，献言献策，发表意见，这样既使政策制度能保护消费者、社会公众的利益，也使得立法和决策的实施更有保障。要发挥消费者、社会公众的社会监督作用，建立畅通易获得的监督渠道，鼓励消费者对不安全的产品及时监督举报，维护自身合法权益，帮助监管打击违法行为。消费者也要善于

使用自己的监督权，对厂商“道德风险”行为进行监督与举报，从而促使企业和政府能更好的履行自己的职责，改善食品市场的信息不对称的情况。政府在加强产品质量安全监管的同时，也加强对消费者、公众对产品质量安全信息需求的宣传、教育，引导消费者在消费过程中尽量选择正规的厂商和有正规标识的商品，自觉选择安全健康消费，激励产品生产经营主体的安全意识和安全生产行为，限制或削弱不法厂商供给问题产品的动因，提高消费者满意度。消费者也应积极参与、自觉接受有关产品质量安全知识的宣传教育，提高自身的公众参与能力。

六、加强产品质量信息的传递

加强产品质量信息的传递是减少或消除产品质量信息不对称的有效途径，对产品质量监管机构及消费者都具有重要意义。一方面，产品质量监管部门掌握有产品质量及监管信息，除涉及商业秘密等不适宜向社会公开的信息之外，其余信息应及时向社会公众、消费者公布、传递，使消费者掌握更多有关产品质量的信息，有利于消费者辨别产品质量优劣，避免“劣币驱逐良币”的现象；另一方面，消费者是产品、商品最直接的用户，他们掌握有产品质量最直接的信息，如产品伤害信息等，消费者若能通过向政府部门投诉，或政府部门若能主动搜集有关信息，可对这些汇集的信息进行分析，采取有针对性的措施，对劣质产品进行查处、召回、对不法行为进行遏制等。通过加强政府产品质量监管部门与消费间产品质量信息的传递、互动，有利于产品质量安全的保障与提升。

参考文献

[1] 朱兰．质量手册［M］．北京，中国人民大学出版社，2003.

[2] 郭克莎．质量经济学概论［M］．广州，广东人民出版社，1992.

[3] 克劳士比．质量免费［M］．北京，中国人民大学出版社，2006.

[4] Chatterjee，T Raychaudhuri. Product Quality，Income Inequality and Market Structure［J］. Journal of Economic Development，2004（29）：51－84.

[5] 何立华．产品质量、不对称信息与市场均衡［J］．山东经济，2009（1）：34－38.

[6] 周黎安，崔兆鸣，等．从信息经济学看当前假冒伪劣现象［J］．北京大学学报（哲学社会科学版），1996（3）：29－35.

[7] 平新乔，郝朝艳．假冒伪劣与市场结构［J］．经济学（季刊），2002（1）：143－162.

[8] Kelvin J Lancaster. A New Approach to Consumer Theory［J］. Journal of Political Economy，1974（2）：132－157.

[9] 阿里会因假货风波在美惹官司吗？［N］．新华每日电讯，2015－2－1（3）.

[10] 余时飞．商品质量、企业利润与市场结构分析［J］．市场经济与价格，2010（3）.

[11] Shaked A，Sutton J. Relaxing Price Competition Through Product Differentiation［J］. Review of Economic Studies，1982（49）.

[12] 陈阳．手机反垄断风暴中的“专利战”：中国企业除了“忍”，还要靠什么？［N］．中国经济导报，2014－2－27（B01）.

[13] 齐力．2014年反垄断第一案：调查高通［J］．中国对外贸易，2014（3）：52－53.

[14] Nelson，P. Advertising as Information［J］，Journal of Political Economy，1974（82）：4－7.

[15] 杜创．信誉、市场结构与产品质量——文献综述［J］．产业经济评论，2009，8（3）.

[16] 迈克尔·波特．国家竞争优势［M］．李明轩、邱如美译．北京：华夏出版社，2002：36－38.

[17] 张丽虹．重视质量鼓励创新提高制造业国际竞争力——美国再工业化及德国、日本发展制造业对我国的启示［J］．质量与标准化，2014（2）：6－9.

[18] 商慕领．德国机械制造业及其对华出口［J］．装备制造，2008（Z1）：77－79.

[19] 林博亮，林爵权，制造业质量竞争力指数提升战略研究［J］．统计与决策，2014（8）：65－67.

[20] Grossman，Helpman. Innovation and Growth in the Global Economy［M］. Cambridge，MIT Press. 1991.

[21] 张明兰. 德国标准化战略 [J]. 上海标准化, 2006 (8): 32-36.

[22] 王竞楠. 德国标准化与德国崛起 [D]. 山东大学, 2013.

[23] 商小虎. 技术创新与国际竞争优势——美、德、日制造业竞争优劣势分析及我国的发展方向 [J]. 上海海关学院学报, 2013 (3): 7-15.

[24] Nelson, P. Information and Consumer Behavior [J]. Journal of Political Economy, 1970 (78), 311-329.

[25] Akerlof, G A. The Market of 'lemons': Quality Uncertainty and the Market Mechanism [J]. Quarterly Journal of Economics, 1970 (84): 488-500.

[26] 冯海, 王龙宝. 逆向选择、产品质量和信誉机制——对我国竞争性市场中产品质量问题的经济分析 [J]. 产业经济研究, 2005 (3): 39-44.

[27] Viscusi, W K. Consumer Behavior and the Safety Effect or Product Safety Regulation [J]. Journal of Law and Economics, 1985 (2): 527-553.

[28] 谢地, 孙志国. 监管博弈与监管制度有效性——产品质量监管的法经济学视角 [J]. 学习与探索, 2010 (2): 181-183.

[29] 泰勒尔. 产业组织理论 [M]. 张维迎总译校. 北京: 中国人民大学出版社, 1998.

[30] 王秀清, 孙云峰. 我国食品市场上的质量信号问题 [J]. 中国农村经济, 2002 (5).

[31] 石磊, 寇宗来. 产业经济学 [J]. 上海三联书店, 2003.

[32] 朱勇, 吴易风. 技术进步与经济的内生增长——新增长理论发展述 [J]. 中国社会科学, 1999 (1).

[33] 顾荷维. 产品质量与经济增长研究 [D]. 复旦大学, 2005.

[34] 彭岚. 产品质量与经济增长质量 [D]. 四川大学, 2005.

[35] 李志德. 中国产品质量发展的长效机制研究 [D]. 武汉大学, 2012.

[36] 吕志轩. 关于食品安全问题的研究综述——一个经济学的视角 [J]. 德州学院学报, 2009 (2) V25.1.

[37] 张蕾. 关于食品质量安全经济学领域研究的文献综述 [J]. 世界农业, 2007 (11).

[38] 钟真, 雷丰善, 刘同山. 质量经济学的一般性框架构建——兼论食品质量安全的基本内涵 [J]. 软科学, 2013 (1).

[39] 周应恒, 霍丽玥. 食品质量安全问题的经济学思考 [J]. 南京农业大学学报, 2003 (3).

[40] 豆志杰, 郝庆升. 信息经济学视角的农产品质量安全问题研究 [J]. 中国农机化学报, 2013 (5).

[41] 孙志国. 我国产品质量监管问题研究——一个法经济学的视角 [D]. 吉林大学, 2006.

第三章

基于法治视野的质量管理

质量法治是质量工作的基础，在保障质量安全，规范质量竞争，促进质量发展中发挥着重要作用，也取得了很大成效。质量法治已经在全社会形成基本共识。

案例一　网络商品监测的纷争

2014 年 8 月到 10 月，某局网监司委托消费者协会开展了网络交易商品定向监测活动；2015 年 1 月 23 日，公布了这一监测结果，其中，某宝网被监测 51 批次，正品 19 批次，正品率 37.3%。1 月 27 日，“80 后某宝小二”公开致信某局司长，质疑抽检程序，由此引发了某宝与某局的纷争。某局新闻发言人回应称，该局网监司一直秉承依法行政的原则开展网络市场监管执法工作，后又披露了 2014 年《关于对某集团进行行政指导工作情况的白皮书》，指出该集团网络交易平台存在 5 大突出问题。某宝网官方微博声明，针对该司长的不当行为向某局正式投诉；同时，该集团公司董事局主席表示，假货不是某宝造成的，解决假货和知识产权的问题就是解决某宝的生存问题，要设 300 人组成的“打假特战营”等。尔后，某局局长会见了该集团董事局主席，双方表示将共同探索网络经济管理模式，某局还辟谣称《白皮书》仅是“会议纪录”不具法律效力。至此，双方握手言和。

案例一反映出的问题，一是产品质量责任主体的问题。难道假货不是某宝造成的，某宝就不是质量责任主体？产品可是通过某宝网销售给消费者的。假冒伪劣不仅是某宝的生存问题，更是直接侵犯了消费者的合法权益，甚至生命财产安全，某宝应当依法承担质量责任。二是质量监测的依据是什么？监测主体、监测程序、监测结果处理等都需要有明确的法律规定。三是监测批次、样本大小、抽样方法是否符合合理性、公正性、科学性原则；四是“会议记录”怎么变成《白皮书》的？《白皮书》反映的内容是否构成法律事实？本次纷争反映出目前的产品质量治理体系还不能适应日益变化发展的市场机制，质量法治的体制机制还有很多需要改革完善的地方。

案例二　一条生命值多少钱?

2002 年，五岁女孩柯瑞娜（Kerriana）在美国圣彼得斯堡蒂龙广场购物中心的狄乐百货商场（Dillard’s）乘坐自动扶梯时，她的三个手指不幸被电梯缝隙完全夹断了。法院陪审团一致认定：狄乐百货商场疏忽过失罪成立，判决赔偿柯瑞娜 1120 万美元，赔偿其母亲罗莉 380 万美元，共计 1500 万美元。要不是陪审团认为罗莉也有一定责任，可能还会赔偿更多。（参考《美国民生实录》作者姚鸿恩，北大出版社 2014 年 7 月版。）

2012 年初，80 后艾女士在卖啤酒时，酒瓶意外爆裂，造成其右眼被“炸伤致残”。一审法院根据检测结果，确定被告啤酒生产厂家浙江喜盈门啤酒有限公司的啤酒瓶不符合国家标准，啤酒瓶的爆炸与其产品质量存在缺陷具有因果关系，而外力作用也与啤酒瓶的爆裂之间存在一定的因果关系。据此，法院确定被告对本次事故承担 70% 责任，判决被告赔偿艾女士 21 万余元；被告不服提起上诉，二审法院判决维持一审判决。（摘自 2014 年 8 月 8 日《新民晚报》）

《产品质量法》第四十一条规定：“因产品存在缺陷造成人身、缺陷产品以外其他财产损害的，应当承担赔偿责任。”对人身伤害的赔偿包括一般伤害、致残伤害和致人死亡三种情况。一般人身伤害指受害人通过治疗，能够恢复到受损前的身体状况，这种情况下，侵害人应当赔偿医疗费和因误工减少的收入。医疗费指受害人为恢复健康所花费用包括药费、手术费、住院费、护理费、交通费等。受害人因误工减少的收入是以收入的实际损失计算的，包括工资、奖金和补贴的减少等，如受害人没有工资收入，则赔偿标准以当地一般临时工的工资标准为限。致残伤害，加害人除赔偿上述以外还应赔偿残疾人生活补助费，如残疾人购置轮椅，定期更换假肢，以及必要的护理费、营养费等。致人死亡，加害人除上述费用外，还应支付死者的丧葬费、抚恤费及生前抚养的人必要的生活费等费用。

一般来讲，人的生命是无价的。但有的时候我们需要接受一个人的生命隐含价值的观点。如何来计算这种价值呢？目前《产品质量法》《侵权责任法》的赔偿原则显然存在不合理的地方。美国有经济学家提供了一个方法，认为评价人的生命价值是观察人们自愿冒的危险以及要给一个人多少钱他才愿意冒这种险。通过比较高风险职业和低风险职业的工资，美国经济学家计算出一个人的生命价值约为 1000 万美元。

上述两个案例反映我们质量法律突出存在的两个问题，一是网络交易质量责任问题，目前的质量法律制度仍存在较大的空缺，需要抓紧制定完善；二是质量责任赔偿问题，质量赔偿实质上又涉及产品责任原则，是过错责任原则及实际损失补偿机制还是实施严格责任原则加惩罚性赔偿机制？从案例分析看，我们感觉质量法律制度还有许多值得探讨和进一步完善的地方，这也是本章所要阐述的。

第一节 质量法治发展及存在的问题

一、改革开放以来的质量法规体系建设概况

改革开放以来，我国加快了质量监管法规体系建设，取得了显著成效。

1977 年 5 月 27 日国务院颁布了《计量管理条例（试行）》，1979 年 7 月31 日颁布了《标准化管理条例》，随后又相继颁布《工业产品生产许可证试行条例》《产品质量监督试行办法》《工业产品质量责任条例》《产品质量认证管理条例》《锅炉压力容器安全监察暂行条例》等一系列质量行政法规，初步形成了计量、标准化、产品质量监管、特种设备安全监察法规框架，改变了质量工作无法可依的状况。1982 年 11 月 19 日全国人大常委会颁布了《食品卫生法（试行)》，1985 年 9 月 6 日起，先后颁布《计量法》《标准化法》《产品质量法》等，修改颁布了《食品卫生法》，使质量监管法规全面上升到法律层面，为质量法治奠定了很好的基础。

1997 年，中共中央提出了依法治国。1999 年，国务院发布了《全面推进依法行政的决定》；2001 年 12 月 11 日，我国加入世界贸易组织，加快了建设社会主义市场经济体制和融入全球经济的进程。为了适应新形势，质量法规体系建设进入了调整充实的新阶段，全国人大常委会修改了《产品质量法》，颁布了《食品安全法》《特种设备安全法》等质量法律；国务院颁布了《认证认可条例》《工业产品生产许可证管理条例》《医疗器械监督管理条例》《棉花质量监督管理条例》《特种设备安全监察条例》（修改）《国务院关于加强食品等产品安全监督管理的特别规定》等质量监管行政法规。国务院各部门、各省、市、自治区也结合本行业、本地区实际，制定了相应的实施性法规规章。2011 年，国家质检总局副局长蒲长城

在全国质检系统依法行政工作会议上宣布，我国已经基本建成质量法规体系。围绕《产品质量法》，建立了由4件行政法规、18件相关部门规章、64件地方性法规规章组成的产品质量监管法规体系。基本形成了标准化、计量、食品安全、特种设备安全、认证认可、工业产品生产许可等法规体系，质量工作全面纳入法治轨道。

与此同时，《消费者权益保护法》《节约能源法》《反不正当竞争法》《环境保护法》《危险化学品安全管理条例》《饲料和饲料添加剂管理条例》等在内的相关监管法规，涉及产品质量的也规定了相关质量要求。此外，《民法通则》《合同法》《商标法》《侵权责任法》《刑法》等民事、刑事法律也从不同法律关系上明确了有关质量的权利义务，规定了质量违法行为的法律责任。这些法律法规与质量监管法规一起，构成了产品质量法规体系。

二、质量法治存在的主要问题

当前，我国正在全面建设社会主义市场经济体制，中国已经是世界第一制造业大国，世界第二大经济体，质量水平明显提升，有的已经接近发达国家水平，汽车等多项产品成为全球最大消费市场，货物出口连续六年居全球首位。然而，我国的质量发展基础还很薄弱，产品总体上档次低、国际竞争力不强；一些企业主体责任认识不清、责任不落实，质量诚信缺失，肆意制售假冒伪劣产品，质量安全特别是食品安全事故时有发生；少数部门不能运用法治思维和法治方式来处理质量突发事件。案例一也反映出质量监管体系还不能适应网络商品交易，网络商品经营者质量主体责任需要进一步明确，第三方交易平台经营者质量权利和义务需要作出相应规定。同时，仍然存在个别企业拒绝接受对其生产的产品进行国家监督抽查，严重违反《产品质量法》的情况；风险监测结果公布遭到有关行业协会强烈质疑，消费者无所适从的情况。消费者遇到质量争议，更多的是找行政机关解决，不使用法律武器通过司法途径维权，凸显了依法维权意识和能力的欠缺。由此可见，质量法治还有很多路要走。

我们认为质量法治存在的问题主要表现在下面几个方面。

(1)《产品质量法》的主体地位如何确定尚不能统一，高效的齐抓共管局面难以体现。

由于目前的质量法律体系尚不具备统一高效的特点，所以有专家认为《产品质量法》应当成为关于产品质量的根本法，是调整所有经过加工、制作，用于销售的产品，应该全面规定产品质量的监管体制和监管制度，明确生产者、销售者的权利、义务，违法行为的民事、行政和刑事责任，是产品质量立法、执法、监督方面的基本依据，其他的质量法律、法规、规章应当在《产品质量法》基础上制定；没有规定的，就要执行《产品质量法》。例如，《食品安全法》对伪造、冒用厂名厂址行为、违反规定使用食品添加剂、缺陷产品责任等没有作出规定，就应当执行《产品质量法》。反面的例子是2001年，曾经发生一起安装在病人身上的心脏起搏器因质量问题，没有达到约定的8年使用期限，5年就失去作用，由于《医疗器械监督管理条例》没有规定缺陷产品责任，最后不知道按什么法请求赔偿，消费者协会还专门为此组织研讨会，其实，完全可以按《民法通则》关于侵权民事责任的规定和《产品质量法》的缺陷产品责任制度进行赔偿。

当然，也有专家认为现行的《产品质量法》是一部综合法律，涉及质量促进、质量责任、质量处罚、消费者保护等多方面法律关系，这样一部法律很难协调各方的利益，所以应该出台各专项法律，比如，《质量促进法》《消费品安全法》，每个法律明确一个方面的法律关系，这样更便于产品质量立法和国际接轨，也更有操作性。

专家的观点也反映出我们对《产品质量法》的主体地位认识不足，《产品质量法》制定时规定了“法律对产品质量的监督部门另有规定的，依照有关法律的规定执行”，从实际操作来看，这条规定削弱了《产品质量法》主体地位，质量监督部门难以全面发挥质量监管部门的组织、协调作用，以致部门之间各自为政、职能交叉，有的产品你管我也管，造成重复监管，如网络商品，质量监督部门在管，工商部门也在管；有的产品你不管我也不管，变成无人监管，效力低下。甚至有的质量违法行为应当追究责任而没有追究。虽然，由17个部门建立了全国质量工作部际联席会议制度，但是，要“心往一处想，劲往一起使”，还得国务院加强协调。

《产品质量法》施行22年来，在中国质量法治建设中发挥了极其重要的基础和保障作用。但是，由于该法制定于社会主义市场经济体制建设初期，对市场经济体制的了解、研究不够，在制度设计上确实存在诸多不足，目前引起了广泛讨论，特别是将公法与私法集为一体的体例，有关私法范畴的制度细化欠缺，操作性不强，遭到专家诟病。《产品质量法》如何定位，是定位质量的根本法、基础法，还是按照有些专家的建议公法与私法内容分开，借鉴国际惯例，对缺陷产品召回、产品责任、消费品安全等制度单独立法，国家有关部门要切实抓紧研究，开展立法调研，进一步完善产品质量监管法律法规体系。

（2）法律法规严重滞后，与市场经济体制不相适应，与国际惯例接轨程度低。

《标准化法》《计量法》等是在20世纪80年代改革开放之初制定的，深受计划经济的影响，已经完全落后于当前经济社会发展形势。同时，《产品质量法》虽然经过2000年的大幅修改，仍然不能满足市场经济发展的要求。法律规范规定鼓励企业提高产品质量水平，但是缺少质量促进的规划和措施，在质量奖励、质量基础性研究和质量投入等方面都难以操作，即使推进了一些质量促进措施，由于缺乏制度性安排也常常被社会诟病；政府质量责任规定不合理，演变成“政府负总责、监管部门各负其责、企业是第一责任人”的责任机制，导致产品质量责任倒置，市场调节作用淡化，企业的主体责任难以落实。比如，缺陷产品责任制度，目前无论是范围还是体系建设与发达国家的产品责任制度相差甚远，既赔偿不到位，也无法起到警示作用。质量违法行为的法律责任与实际不符，处罚太轻，没有起到应有的惩戒作用。质量工作原则、质量诚信制度、风险监测制度、缺陷产品召回制度、产品责任保险、产品质量公共服务能力建设等都欠缺。特别是在调整对象方面，是否调整企业之间、企业内部的质量法律关系不明确，质量发生争议时无所适从。案例一和案例二也从一个侧面反映了质量法律法规体系的滞后。有关数据显示，2012年我国网购用户达2.47亿个，网络交易金额突破1.3万亿元。据中消协统计，2012年网络购物投诉20454件，占销售服务投诉量的52.4%。2013年上半年网络购物投诉18471件。由于网络销售是在以信息数据交换为媒介的网上虚拟市场进行，异地交易和无店铺交易是其常态，消费者面临起诉难、举证难、法律适用难等困难。国务院于2015年5月4日印发了《关于大力发展电子商务加快培育经济新动力的意见》，要求规范电子商务市场竞争行为，促进建立开放、公平、健康的电子商务市场竞争秩序，反映了质量法治体系亟需完善的内容之一。

目前，中国正在进行深刻的行政管理体制改革，要充分发挥市场在资源配置中的决定性作用，质量工作要进行“放、管、治”改革，质量法治要与时俱进。互联网的广泛应用，工业4.0的快速到来，大数据带来的数据革命，习近平总书记提出的“三个转变”等，都对质量及其法治体系提出了新要求。

质量工作的显著特点之一是国际化，无论产品质量，还是计量、标准化、认证认可、食品安全等都有大量的国际规则和惯例，有着相应的国际组织。但是，质量工作如何进一步与国际接轨，吸取国际经验，进而参与改变、制定国际规则，现有的质量法治体系显然不能适应。

（3）质量法规体系社会认知度低，民事手段调整产品质量责任不充分，社会共治格局尚未形成。

完整的质量法规体系，应当包括质量监管法规、民事法律和刑事法律中与产品质量相关的规定。消费者遇到质量问题，首先应该根据《民法通则》关于产品质量的规定进行处理，或者依据《产品质量法》关于修理、更换、退货和赔偿损失的规定追究民事责任；合同之间的质量争议，按照《合同法》处理；产品缺陷责任，依据《侵权责任法》《产品质量法》追究责任；假冒伪劣的，依法追究行政责任；构成犯罪的，追究刑事责任；执行标准不明确的，按照《标准化法》《民法通则》《合同法》确定。各类调整产品质量关系的法律法规，形成质量法治体系合力，共同保障质量法治和社会共治。

大多数国家在调整有关产品质量社会关系时都注重运用民事手段，仅有民事手段不足以调整时，才运用行政手段或者刑事手段。在我国产品质量社会关系中，民事手段运用严重不足，究其原因，一是质量司法维权意识欠缺，碰到产品质量问题首先想到行政监管，而我国行政手段的主动、快捷、强力等特点也助长了这种习惯。二是部分民事法律规范可操作性不强。如《产品质量法》第五十七条第二款规定："产品质量检验机构、认证机构出具的检验结果或者证明不实，造成损失的，应当承担相应的赔偿责任。"但迄今没有消费者如何追究相关责任的具体规定，导致该条规定形同虚设；又如缺陷产品责任，目前规定的赔偿费用，往往难以弥补消费者受到的实际损失。三是"维权"成本高阻碍了民事手段的运用。检验、检测、鉴定费用高，消费者对质量问题难以举证，维权常常无奈终止，即便新《消费者权益保护法》已针对维权成本作出了修改、调整，有关的律师代理费、差旅费及误工费等费用仍然不菲，显然不利于调动维权者维权的积极性。四是我们缺乏解决民事质量责任的第三方争议解决机制，缺乏类似美国柠檬法的法律规定。

当前，无论是质量监督部门还是生产者、销售者等质量法律关系主体，都缺乏对质量法治体系认识，你管你的监管，我做我的合同，没有形成质量法治体系的综合治理，出了质量问题都找质量监督部门解决。质量监督部门的责任和义务被强化，有限的行政资源过多地用于解决个性问题；认证机构只重视认证忽视认证后的监督，责任不落实；申诉举报处理投入大、成效少，难以培养消费者质量法治维权意识和能力；行政监管责任突出，民事、刑事法律责任弱化，缺陷产品责任制度作用不明显，"两法衔接"机制不畅，刑事责任制度没有充分发挥作用。一些媒体对质量法治体系了解不够或者责任不强，报道缺乏准确性和公正性。

（4）质量法律规范有部门化倾向，制度交叉，影响治理质量的效力。

由于立法起草部门不同，法律规范中部门利益突出。如《产品质量法》草案由原国家质量技术监督局起草，使用了“产品”一词。而《消费者权益保护法》草案由工商行政管理部门起草，使用了“商品”一词，与此类似的还有“产品质量监督抽查”与“商品质量监测”等。特别是大量的质量立法都是以部门规章形式出现。规章虽然对实施法律法规起到了有效的补充作用，但是，规章之间制度交叉、法制不统一、效果较差。如“著名商标”“老字号”与“名牌”，“认证标志”与“证明商标”，甚至还有农业部门、工商行政管理部门和质检部门各自牵头实施的“地理标志保护”等制度。这些类似的制度之间到底有什么区别、为何要那么多形式都值得思考。同时，给公众的直接感受就是政出多门，不同的部门吹不同的调，部门利益过于凸显，降低了立法的科学性、公正性，损害了法律的公信力，给法律的实施带来了不必要的麻烦，也给生产者、销售者、消费者等增加了不必要的负担。

（5）法律规定存在冲突，部分规定针对性差。

不同的法律从不同的角度对社会行为进行动态调整，法律规范之间的矛盾在所难免。《立法法》专门规定了“上位法优于下位法”“新法优于旧法”“特别规定优于一般规定”等法律适用规则，用以解决法律冲突。但是何为一般规定、何为特别规定有时难以判断。新的一般规定与旧的特别规定的冲突中，谁优先适用也难以取舍。具体到产品质量领域，法律规范间也存在着冲突。如《合同法》第一百五十八条规定：“当事人没有约定检验期间的，买受人应当在发现或者应当发现标的物的数量或者质量不符合约定的合理期间内通知出卖人。买受人在合理期间内未通知或者自标的物收到之日起两年内未通知出卖人的，视为标的物的数量或者质量符合约定，但对标的物有质量保证期的，适用质量保证期，不适用该两年的规定。”上述规定与《产品质量法》第四十至第四十三条的规定却出现了抵牾。《产品质量法》第四十条作如下规定：

“售出的产品有下列情形之一的，销售者应当负责修理、更换、退货；给购买产品的消费者造成损失的，销售者应当赔偿损失：

（一）不具备产品应当具备的使用性能而事先未作说明的；

（二）不符合在产品或者其包装上注明采用的产品标准的；

（三）不符合以产品说明、实物样品等方式表明的质量状况的。

“销售者依照前款规定负责修理、更换、退货、赔偿损失后，属于生产者的责任或者属于向销售者提供产品的其他销售者（以下简称供货者）

的责任的，销售者有权向生产者、供货者追偿。”

显然，《产品质量法》规定，只要产品不合格，且买受人是在诉讼时效期间内提出的，销售者就应当承担修理、更换、退货、赔偿损失等责任，并不存在“合理期间”的质量异议期障碍。再如，在行政执法过程中，行政执法部门为了防止涉案食品药品进入市场危害社会，在办案之初就会根据查获食品的不同情况采取销毁等措施，而食品药品案件中涉案的食品药品又是公安机关办理此类案件的关键证据。公安机关在立案后进行取证时，往往早已时过境迁，涉案食品药品及相应的犯罪工具可能被行政执法机关或者嫌疑人销毁而不复存在，使刑事案件失去了关键证据。这些法律冲突的存在，既给法律适用带来困难，也使得产品质量行为规则存在不确定性，市场参与主体往往不知所措，进而影响了市场交易行为的有效进行。

党中央提出“四个全面”的战略目标，将“全面依法治国”作为实现全面建成小康社会的三大重要举措之一。依法治国就是要坚持法治国家、法治政府、法治社会一体建设，要为国家治理体系和治理能力现代化提供保障。要实现质量强国，质量工作应当由质量监督管理向质量治理转化，实现质量治理体系和治理能力的现代化。质量法治要适应质量治理现代化的要求，建立与市场经济体制和经济社会发展水平相适应的质量法规体系、社会共治的质量法治实施体系、齐抓共管的质量法治监督体系、执法有力的法治保障体系。

第二节　国外质量法治的启示

发达国家围绕提升本国产品质量水平采取了大量、强有力的措施，其中包括建立高效完善的产品质量监管法律体系，这是值得我们借鉴和学习的。

一、美国产品质量责任与监管法律制度

1. 产品责任

（1）产品责任主体

在美国的立法及司法实践中，凡是人身或者财产遭受缺陷产品损害的当事人都可以向产品制造者或销售者提起“产品责任之诉”，产品责任的

权利主体较为广泛。根据美国《统一产品责任示范法》第102条规定，产品责任的赔偿请求人包括“因遭受损害而提出产品责任索赔的自然人或实体”。美国将产品的制造者和销售者作为产品责任的义务主体，并对制造者和销售者的范围分别予以界定。此外，处于生产、加工、销售这一链条上的相关的人都可能承担产品责任。这样不仅能够对消费者权益进行充分的保护，还能够促进设计、制造、销售链条上的所有主体更加谨慎小心，从而减少产品责任事故的发生。

（2）产品责任归责原则

总体上而言，美国对生产者和销售者实施严格责任的归责原则。

《统一产品责任示范法》第104条规定“索赔人如以证据优势证明，产品存在缺陷是造成其损害的近因，则产品制造者应向索赔人承担责任”。

对于销售者，《侵权法重述第二版》第402A节规定“销售任何对用户或消费者或其财产含有不合理危险的缺陷状况的产品的人对因此给最终用户或消费者，或其财产，造成的身体伤害或实际损害应承担责任。”

《第三次侵权法重述：产品责任》进一步规定“凡是通过商业方式销售或者分销缺陷产品的人，应当对该缺陷产品导致的人身或者财产损害承担赔偿责任”、“凡是通过商业方式销售或者分销产品的人，在产品销售中，对有关产品的重要事实作了欺诈性的陈述、过失的陈述或者无辜的错误陈述，应对上述陈述造成的人身或者财产损害承担责任。”

案例三　美国“格林曼诉尤巴电器公司案”

该案案情为：原告威廉·格林曼之妻在零售商处购买了被告制造的一种多功能电动工具作为1955年圣诞节的礼物送给原告，1957年当原告按说明书要求使用该工具锯木时，一块木片突然从电器中飞溅出来并击中他的头部使其受伤，原告于是提起赔偿之诉，初审法院判决原告胜诉，被告尤巴电器公司不服，遂将案件上诉至加州最高法院。加州最高法院依然判决原告胜诉，特雷诺法官在判决中指出：“只要生产者将其产品投放市场，又明知使用者对产品不经检验就使用，只要证明该产品的缺陷对人造成了伤害，则生产者就应对损害承担严格责任。”此即产品责任法上著名的“格林曼规则”。

该判决的意义在于：其一，该案的判决成为在不需要证明过错情况下确定产品责任的开始，即以侵权法上的严格责任确立产品责任，从而使该案成为产品责任法历史上一个重要的里程碑；其二，该案的判决使法院的侧重点从生产者的行为转移到产品的性能上，法律不再注意产品提供者有无过错，而是把注意力集中在产品存在缺陷并给他人造成损害的客观事实上；其三，该案的判决体现了由社会经济条件决定的“缺陷产品所致损害的费用应由将此类产品投放市场获得利润并且最有能力了解和控制缺陷产品损害风险的生产者来承担”的社会公共政策。

美国还有一个非常具有典型性的原则，即市场份额原则，这是针对侵权者不确定或多个侵权者责任比例不清的情况下，所实施的一种归责原则。即：当消费者不能确定确切的生产者或销售者时，允许生产者和销售者根据产品出售时所占市场份额来分摊对消费者造成的损害赔偿。

案例四　DES 案

20 世纪 70 年代中期开始，美国的一些妇女在怀孕期间服用过一种名为 DES 的保胎药后，所生女孩在成长过程中易患上生殖系统癌症。随着时间的推移，这种因 DES 而导致的病例逐年增加，其中一些受害者开始向法院提起诉讼，以求通过司法途径使自己因罹患癌症而受到的损害获得赔偿。辛德尔即为众多受害者并提起诉讼的一名。在诉讼中，其遇到了“无明确的被告”这一难以逾越的障碍：从其母亲服用 DES 到原告发病，其间经历了大约 20 年左右的时间。由于年代久远，其母亲早已忘记所服用的是哪一家制药企业生产的 DES。因而，其也无法指证到底是哪一家 DES 生产企业造成其人身的损害。原告在万般无奈之下将在全美市场份额最大的 5 家 DES 生产企业起诉到法院。受案法院加州最高法院认为：在大规模商品生产以及市场渠道日益复杂的情形下，传统侵权法中的过错责任原则已经不足以规制产品生产者对消费者的责任承担问题，因此，法院应适当转变因果关系规则以适应变化的形势需要；该案中无法对因果关系进行证明并非原告的过错，尽管证据的灭失同样无法归咎于被告，但被告更有能力承担缺陷产品是否会导致损害的举证能力；5 家 DES 生产企业在市场中占有 90% 的份额，与其造成损害的可能性之间存在着直接的联系。由此，被告造成原告损害的可能性就应当依照其所占有的市场份额来确定……基于以上考虑，加州最高法院判决这 5 家 DES 生产企业按照其在市场中占有的相应份额来承担各自的责任，此外，当某一被告因破产等原因而无力承担赔偿责任时，为了使原告的损害获得充分的赔偿，其他被告应当对原告承担连带赔偿责任。

该案首开“市场份额规则”在侵权之诉中的先河。

（3）产品责任构成要件

产品是否存在缺陷是判定产品责任的关键要件。《第二次侵权法重述》第402A条注释g对“缺陷状态”定义如下：

“本法所指的缺陷状态是指，产品在离开生产者控制时，对最终消费者具有无法预见的不合理的危险。”

《侵权法重述第三版》第四条 违反和遵守产品安全法律法规：

“以下与产品设计缺陷或指示或警示缺陷的责任有关：

产品违反现行适用的产品安全法律、法规，且就上述法律法规或者规章力图减少的风险而言，该产品具有缺陷；且产品符合现行适用的产品安全法律、法规的，在决定产品就上述法律法规力图减少风险而言是否存在缺陷是应予以适当地考虑，但是，不能以此排除存在产品缺陷的可能性。”

因此，根据美国法律，缺陷是一种风险的存在，它并不因符合法定要求而能得以豁免。

美国对于产品缺陷作出了非常详细的规定。美国《统一产品责任示范法》将缺陷分为：制造缺陷、设计缺陷、说明或警示缺陷，并分别规定了判定依据。

制造缺陷的判断标准：产品脱离制造者控制时，在一些重要方面不符合制造者的设计说明书或性能标准或不同于同一生产线上生产出的同种产品，只要属于上述标准之一的情况就可判定其为制造缺陷。

设计缺陷的判断标准：产品在制造时即存在造成原告损害或类似损害的可能性。这类损害的严重性在价值上超过制造商为设计能够防止这类损害的产品所承受的负担，以及替代设计对产品实用性的相反影响。判断产品设计的标准可以概括为两个标准，即消费者期望标准和成本收益标准。

警告缺陷的判断标准：制造商是否对他所知道的或他理应预见到的任何使用者提供与其产品有关的危险的警告。这可以包括两个方面：一是警告义务的对象。产品的最终使用者应当得到警告。二是警告的程度。警告应当明显醒目、恰当充分。

（4）产品责任赔偿

美国确立了产品责任的惩罚性赔偿制度，规定了产品责任赔偿范围不仅包括物质损害赔偿，还包括精神损害赔偿和惩罚性损害赔偿。美国没有设立惩罚性赔偿的上限。

在实现高额的产品责任赔偿方面，美国企业界较多的参保产品责任险，如沃尔玛等零售巨头都会要求其供应商投保产品责任险。产品责任险是承保被保险人（生产厂家和经销商）所生产、出售的产品或商品在承保区域内发生事故，造成使用、消费或操作该产品或商品的人或其他任何人的人身伤害、疾病、死亡或财产损失，依法应由被保险人承担责任时，保险公司在约定的赔偿限额内负责赔偿。据称，美国的产品责任险已经占到整个财险投保的一半，欧盟国家占到30%以上。

美国有部分州和地方政府，将投保产品责任险列入参与政府项目的必要条件。

2. 产品质量监管

美国共有14个政府部门涉及产品的质量监管，各个部门的分工依据是产品种类，而非产品投放市场的阶段。其中消费品安全委员会是覆盖范围最大的一个机构，对除了食品、药品、化妆品、机动车、飞机、轮船、枪支弹药等特殊产品以外的所有消费品实施管理。对于一般消费品，消费品安全委员会只检查上市产品的安全性，而不介入企业的生产过程。

美国政府根据产品可能对消费者带来危险程度的不同，采取产品分类监管制度。不同类别的产品其监督管理方式不同，投入的财力和人力也各不相同。对危险性大的产品的生产、贮存和运输全过程实行监控；对一般性消费品，只对其涉及消费者健康、安全和环保的技术指标实行监督；对玩具、婴儿床、服装、家用电器、家具等存在对人体健康和生命财产安全产生实质性危害的日用品，则进行重点监控；对特种设备、食品、药品、化妆品等特定产品实施统一性、规范性和强制性监管措施。

美国建立了世界上最完善的缺陷产品召回制度之一。美国的产品召回始于1966年，当时，美国汽车行业根据《国家交通与机动车安全法》，明确规定汽车制造商有义务召回缺陷汽车。1972年，美国颁布《消费品安全法案》（CPSA），授权美国消费品安全委员会（CPSC）对有缺陷的产品实施召回，标志着其缺陷产品召回制度的正式确立。此后，美国陆续在多项产品安全和公众健康的立法中引入了缺陷产品召回制度，召回范围也扩展到包括几乎所有可能对消费者造成伤害的产品。缺陷产品召回制度已经成为美国产品质量管理的常用手段。目前，美国主管产品召回的政府机构共有6个，分别负责不同领域的产品。它们是：

（1）美国消费品安全委员会，主要负责一般消费品的召回；

（2）食品与药品管理局，主要负责除肉、禽和蛋类制品之外的食品、药品、化妆品、医疗设备等的召回；

（3）农业部食品安全检验局，主要负责肉、禽和蛋类产品的召回；

（4）美国环保署，主要负责可能对环境造成破坏或污染的产品如机动车辆、农药等的召回；

（5）国家公路交通安全管理局，主要负责监管汽车、儿童安全座椅、摩托车及相关设备、轮胎等产品的召回；

（6）美国海防警卫队，主要负责监管娱乐船、艇及其配套产品的召回。

美国实施的是政府监管部门积极介入的企业召回管理模式。以CPSC为例，作为CPSC召回程序的启动前提，必须具有产品缺陷的报告存在。该报告既可为消费者对产品提出的投诉，也可为企业发现其产品存在安全风险或不符合标准而主动提出的报告。根据CPSA的规定，生产商、进口商、经销商或零售商在发现其生产、经营的消费品不符合消费品安全法规或强制性标准要求，或存在缺陷并可能给消费者带来实质性伤害等不合理风险以及不符合CPSA所引用的标准时，就应在掌握情况的24小时内向CPSC提交问题报告。报告经评估后进入召回程序，一般由CPSC与企业共同发布。产品的召回由企业负责具体实施，CPSC全程监督。这种召回形式上为“自愿”，实际上带有强制性（因为企业不主动召回将会面临一系列的诉讼，并承担由此造成的责任）。在美国的食品召回制度中，也是相类似的实施程序。此外，需要指出的是，美国规定，若企业因产品质量卷入诉讼，企业也有义务在诉讼结束前向CPSC作书面说明，并进而有可能进入召回程序。

二、欧盟产品质量责任与监管法律制度

1. 产品责任

欧盟1985年《欧共体产品责任指令》中第一条：“生产者应当对其产品的缺陷造成的损害负责。”依据该条款，欧共体对产品责任实施严格责任。德国、法国、意大利等成员国从1987年开始逐步转化制定相应的国内法，确定了严格责任原则。

如法国、荷兰没有独立的产品责任法，而是转化实施《欧共体产品责任指令》，将产品侵权责任在民法典中加以解释和规定，纳入严格责任。德国原本对产品责任采用的是过错责任原则。1989年，德国通过了专门的《产品责任法》，将欧共体指令纳入国内法，确立了严格责任原则。

然而，欧盟在产品责任的义务主体上，与美国存在较大的差异。欧共体产品责任指令的义务主体是生产者，包括：（1）制造人，含成品制造者、原材料生产者和零部件制造者。（2）准制造人，即在产品上标明自己是该产品生产者的人。（3）进口商，指在商业活动过程中以销售、出租或

其他形式的分销为目的将产品输入共同体市场的人。(4) 供应者，在不能确定生产者的情况下，产品的供应者视为生产者。显然，欧盟指令只有在生产者无法确定的条件下，才把销售者作为产品责任的义务主体。但是，在主要成员国，则是将生产者和销售者并列为义务主体。例如，法国的上诉法院曾在一个案件中根据消费者法第 L. 221 - 1 款作出一项陈述“专业的销售者可以避免交付制造本身存在瑕疵或缺陷的产品而对人的生命和健康产生危险；且销售者对其购买者之外的第三方而言也同样需负有责任。”

欧盟也将缺陷作为产品责任的关键构成要件。同时，这一缺陷并不限于法律或标准的符合性。如，法国民法典第 4 章关于缺陷产品事实的责任第 1386 - 1 条规定：“生产者对其产品的缺陷造成的损害负责，不论它与受害人是否有合同关系。”第 1386 - 10 款规定“即使产品按照既有的工艺习惯、标准或行政准许的要求生产，生产者依然要对产品缺陷承担责任。”

欧盟对于产品缺陷的含义，也作出了一定的规定。《欧共体产品责任指令》第 6 条规定，在考虑了所有情况后，若产品未给人们提供有权期待的安全程度，那么该产品就是有缺陷的。欧共体则在相应的立法中明确了判断缺陷所应考虑的因素。各成员国关于产品缺陷的认定一般都采用消费者期待标准，即是否满足消费者的合理预期。

欧盟 1985 年《产品责任指令》第 16 条规定造成死亡或人身损害的可以要求赔偿不低于 7000 万欧洲货币单位。德国《产品责任法》第 10 条规定造成死亡或人身损害的最高赔偿额是 8500 万欧元。为了应对高额赔偿金，据称，欧盟国家的产品责任险已经占到整个财险投保的 30% 以上。

2. 产品质量监管

欧盟对于一般产品建立了统一的 CE 标志制度。CE 既包含了高风险产品的强制性第三方检验，也包括一般性产品的生产商自我声明。食品、化妆品、机动车等特殊产品采用其他的法律规定。

在具体的市场监督领域，欧盟由各成员国自行开展。如在法国，法国财政部对市场实施监管。财政部保护公平竞争、打击走私司是法国市场监督的行政管理部门和执法部门，各地设有分支机构。海关参与进出口产品市场的监管。市场督察一方面是对市场上的假冒、低劣商品进行突击检查，另一方面是对生产厂家的产品进行有计划的、定期或不定期的检查。持有稽查证的监察人员，根据线人或消费者的举报，可以在 24 小时任何时候对生产场地、商店、仓库等进行检查，必要的抽样送国家实验室检测。如果拒绝检查、抽样，监察人员有权调动警察，强行查封产品。对产品有问题的商家，由稽查部门通知国家检察官依法处理。消费法赋予监察人员对经销商或生产厂家进行检查、停止其销售或生产的权力。

此外，欧洲国家在大力发挥消费者组织的功能方面有其典型特色。如在德国，消费者保护协会可以在厂商损害消费者普遍利益时，向法院提起集体诉讼；消费者协会下属的私营商品测试基金会对德国市场上各种耐用品以及与居民生活密切相关的消费品进行不定期的抽检，通过对市场商品和服务的比较测试，向公众传递商品和服务的质量信息，其测试结果和对消费者的建议等，发表在公开出版物上。在2001年欧盟暂时中止进口中国、越南和印尼的水产品一案中，正是由欧盟的消费者组织开展的检测结果所引发。

与美国相类似，欧盟各成员国也建立了各自的缺陷产品召回制度，如英国分别针对汽车、食品、药品以及其他关于特定产品的召回流程，同样也强调企业作为召回的主体的义务，并指出了实施召回是赢得良好商业信誉、强化企业安全、质量和服务意识的良好机会。

三、日本产品质量责任与监管法律制度

1. 产品责任

日本的产品责任归责原则起源于欧美，从20世纪70年代后期开始在日本普及，原因是当时美国发现日本产的汽车存在缺陷，要求厂家回收，日本的报纸以头条新闻的形式对此进行了报道，结果生产出有缺陷车辆的厂家承担了重大的法律责任。在那以前实际也发生过因产品缺陷导致人身伤害的例子，如1955年婴儿奶粉中混入砒霜导致幼儿被害事件，1965年感冒药引发的猝死事件，1968年因为米糖油的产品缺陷引发的盐酸中毒事件等等。不过到20世纪70年代为止，尽管发生了众多的产品缺陷引起的责任事故，但对生产厂家并未从法律上进行责任追究。直到发生上述汽车责任事故以后，产品责任才真正开始得到人们的重视。

当时的法律依据是民法709条的不法行为责任和415条的债务不履行责任等法律条款，但因为是以过失责任为基础，所以就具有举证责任的被害者而言，举证企业的过失非常困难。这种情况持续了很长一段时间，但是随着在美国产品责任诉讼的增加，在欧共体国家，EC（欧洲共同体）指令下的责任受到瞩目，日本在1994年6月实行了以无过错责任为基础的《产品赔偿责任法》。这个法律尽管规定被害人有举证责任，但是在发生损害，产品本身有缺陷，明确产品事故的因果关系等方面，大幅削减了被害者的负担。

目前，日本实施的是与美欧相似的产品责任制度，以产品缺陷造成损害为产品责任的构成要件，消费者无需证明过错的存在，采用严格责任原则。日本1994年颁布《产品责任法》的第三条规定“生产者在其投入流通的产品存在缺陷而造成侵害他人生命、身体或财产时应负由此产生的损害赔偿责任。但是，其损害仅发生于该产品时，不受此限。”

案例五　日本产品责任官司将引入PL理念

1995年，日本松下电器公司由于其生产的电视机有缺陷而造成火灾的两起诉讼案败诉。一起发生于1988年3月8日一办公室发生不明火灾，办公室遭火烧毁，楼下店铺因救火而受水损和停业，原告以火灾发生前电视机曾冒黑烟及火灾中以电视机烧毁最为严重为由，称谓火灾祸首是电视机而告了松下，要求赔偿近730万日元。另一起也是火灾案件，发生在1990年2月，大阪市生野区一民宅起火，烧死一个83岁老人，原告以电视机缺陷而起火要求松下陪7000万日元。松下坚持认为原因是纵火，与电视机无关。然而大阪地方法院在1994年3月29日判决第一起松下赔偿原告441万日元。在1994年11月另一起诉讼应法院要求进行和解，由松下赔偿1800万日元。

日本产业界对这两起判决议论纷纷，原因是判决依据的不是商品缺陷的物证事实，而是法官的状况推论裁量：“从电视机烧毁最厉害，推论电视机是起火的原因”“从商品失火推断商品出货时就有缺失”。判决后，松下表示从社会观点正体考虑愿意放弃上诉，但坚持电视机本身无缺陷，对法院的因果论断方式十分意外。

松下的两个日本产品质量判例显示，日本法院的判决采用了严格责任原则。

但是，与美欧相比，日本的产品责任法律制度有其特点。

一是产品范围小。在定义上，对“制造物（产品）”的定义不像美国那样无所不包，仅指经制造或加工的动产，不包括初级农产品、狩猎品和原始矿产品，这与欧洲各国基本上相同。对“生产者”的定义，美国是侧重于规定销售者承担责任，把生产者看作销售者；欧洲各国侧重于规定生产者的责任，把销售者看作生产者。而日本产品责任法规定生产者定义为“（1）以制造、加工或输入该制造物为业者。（2）自己作为该制造物的制造业者在该制造物上表示其姓名、商号、商标及其他表示（以下简称姓名等的表示）者，或误认为该制造物的制造业者而为姓名等的表示者。（3）前款所列者外，以该制造物的制造、加工、输入或有关贩卖形态的其他事项看来，可以认为是该制造物的实质的制造业者的姓名等的表示者。"从条文中可以看出，承担责任的主体是制造业者即生产者。

二是专门规定时效。该法第五条第二款规定：对于在身体中逐步蓄积而损害人的健康的物质所致损害或须经过一定的潜伏期间后才出现症状的损害，从其损害发生时起计算10 年间不行使时，因时效而消灭。这是因为有些产品，其损害需要一定的潜伏期才能体现出来，面对这种情况，日本政府专门作了本条规定，用延长时效期间的办法来达到充分保护受害者合法权益的目的。

在赔偿金额上，日本虽然没有像美国那样明确规定广泛的赔偿范围，也未像欧洲大多数国家对赔偿金额的最高限额和最低限额作规定。日本产品责任法仅简练指出"依民法的规定"，这其实就将精神赔偿和惩罚性赔偿纳入了赔偿范围，且不设上线，实质上与美国相同。

日本《产品责任法》的实施也推动了产品责任险在日本的发展。实施该法律以前，主要是一部分的大企业加入了产品责任保险，但是实施相关法律后，由于产品责任范围的扩大，不少中小企业也参加了保险。日本还在行业团体的指导下，开发了针对中小企业的产品责任保险，简化投保手续，优化保险费率。根据三井住友集团《日本责任保险调研报告》显示，整个保险行业承保件数超过7 万件，保费收入约达到38 亿日元，为产品责任的普及做出了极大的贡献。

2. 产品质量监管

日本的技术监督体系是"集中与分散相结合，集中为主"型的。在机构设置上既有政府的官方机构，也有从事技术监督工作的民间机构，是"官民结合，以官带民"的机制。"集中为主"是指计量、标准化、质量工作基本上由通产省集中管理。"分散"表现在法制计量主要由地方政府商工部的计量检定所管，农业标准由农林省管、还有大量分散的学会、协会、联合会等。"以官带民"是说日本政府十分重视和利用民间机构的力量，民间机构在政府机构的授权、指导和监督下开展活动。

通产省是最主要的主管技术监督工作的政府部门，有关的法令均以通产省大臣名义颁布，下设咨询机构和执行机构：计量行政审议会、机械情报产业局计量行政室、工业标准调查会、工业技术院标准部、工业技术院下属从事计量技术研究和检定试验工作的4 个所、地方派出机构通产局、都道府县计量检定所。

日本的民间质量技术监督机构有：日本规格协会（JSA）、日本电气计量检定所（JEMIC）、日本机械电子检查检定协会（JMI）、日本化学品检查协会（CITI），其中后三者虽是民间机构，但大部分经费由政府拨给，都具有较强的检定、试验和研究能力，是日本计量法中规定的三个指定检定机构。日本国民生活中心（NCAC）是基于特定法律创立、具有独特地位的独立行政法人，向全国消费者提供信息、进行投诉处理和产品测试等。另外，日本政府十分重视组织和利用社会检验力量。日本国内的一些民间检验机构由政府主管当局根据《出口检验法》的规定批准经营，代表政府对出口商进行检验，承担“法定检验”任务。为了保证检验工作的公正准确，这些民间机构在政府的严格控制下工作，日本政府对民间检验机构的检验技术水平、检验设备手段、检验范围和能力以及组织结构进行考核认证，对所指定的民间检验机构的检验业务和检验结果进行监督管理，不定期进行抽查。政府有关部门还对指定检验机构的领导人实行任命。

日本于1969年开始进行缺陷产品召回立法，其特点是政府强制认证，生产商自由召回。日本的行业自律能力较强，特别是汽车行业。在日本，汽车生产商在为了加强与消费者的沟通，更好地对缺陷产品进行召回，成立了“自动车工业会”，专门负责从消费者投诉直至缺陷产品的召回。

四、国外产品质量法律制度对我国的借鉴意义

1. 政府在市场管理中的角色定位要准确

政府对市场的管理和调节是市场制度的重要组成部分，也是市场自身调节难以替代的。发达国家政府在市场管理方面责任极为明确，即政府应当管的要管住和管好，政府不该管的则交给市场自由调节，政府依法对市场交易进行监督，并且充分提供应由政府担当的各种服务。以此为鉴，我国政府管理的职责主要应包括：维护市场正常秩序，依法治理市场，确保正当竞争；制定市场规则，规范市场主体行为；对违法行为坚决取缔、严厉处罚和打击；保护消费者合法权益，维护消费者利益，加强消费者教育。除此以外，主要是由市场这个“看不见的手”来调整，政府只有管好应当管的事情，有所为，有所不为才能更好地履行管理职责。

2. 建立完善严密的产品质量监管法律体系

法律体系是市场制度的核心内容，法律体系的健全程度和运作效果是衡量一个市场发达程度的根本标志，也是提高产品质量的重要保证。在发达国家，产品质量监管法律体系极为健全和细密并覆盖整个市场，调节范围包括市场规则、交易规则、市场主客体、市场布局等领域，甚至对个别商品如粮食、蔬菜等专门制定出法律予以调节。经过多年努力，我国在质

量监管领域无法可依的局面已有相当程度的缓解和改善，但与发达国家相比，在立法方面还有相当大的差距。如美国仅在食品方面就有400多项立法，数据方面的立法就有100多部，其立法的全面和完整可见一斑。在某些方面，我国依然面临着质量监管法律制度匮乏、执法依据不足的问题。因此应当完善质量监管的法律体系。

3. 充分发挥行业协会与民间组织的作用

发达国家实践证明，产品质量只靠政府进行监管，很难达到保证和提高产品质量的目的。因为市场经济是开放的经济，市场经济要赋予企业自由竞争的环境。在这种情况下，现实的办法是将政府监管与行业自律有机结合起来，发挥行业自律对规范市场经济秩序、提高产品质量的作用。同时，还应充分发挥民间机构的监督作用，为政府相关机构提供及时、有效的产品反馈信息，这对于提升监管效率，降低产品的安全风险具有很大的促进作用。

4. 进一步提升消费者的质量和维权意识

发达国家产品质量一流与消费者具有较强的质量和维权意识和能力密切相关。以此为鉴，一方面要进一步提升我国消费者的质量和维权意识，加强消费者教育，如日本《消费者基本法》明确规定，消费者自身在消费者保护领域方面需要承担相应的义务，消费者应当努力主动地学习与其消费生活有关的必要知识及收集必要的信息等，自主且合理地行动。消费者应当努力考虑合理保护与消费生活相关的环境保全及知识产权等。”当然消费者维权效果在相当程度上取决于消费者维权意识的觉醒，取决于消费者自身捍卫合法权益的积极性和主动性。如因损失小、怕麻烦或存在诉讼风险等原因而放弃对自身合法权益的维护，实则是对侵权行为的放纵。另一方面要通过教育提升消费者维权能力。如日本《消费者教育促进法》明确了政府必须制订与推进消费者教育相关的基本方针和消费者教育的基本措施，以促进消费者维权能力。质量和维权的意识和能力从一个侧面反映了一个民族的素质，必须把提高全民族的素质作为提高质量的重要环节。

5. 加大损害赔偿力度

加大侵权赔偿力度，系统研究适当的惩罚性赔偿额度，并在相关法律法规中作出明确规定。目前，我国相关法律中对于产品质量造成的消费者损失的赔偿力度太小。从生产者或者销售者的角度来说，如果他们放松质量管理，不合理的节省成本，所带来的收益可能要远远大于那些索赔金额。在这种情况下，必须建立惩罚性赔偿机制，使这些企业有所忌惮。当然，惩罚性赔偿的适用情形应有所区别，如是否应以明知和故意为前提。

6. **建立产品质量赔付机制**

产品质量的损害赔偿不但要加大力度，更要落到实处。建议可以通过一定的行政鼓励措施，使企业在其经营活动中主动建立产品质量的赔付机制，如建立一定的赔付基金、投保产品责任险等。以产品责任险为例，它既可以使消费者所获得的损失得到切实赔偿，也能够避免高额赔偿对企业经营活动带来剧烈冲击，实现生产者与消费者的双赢。

7. **完善缺陷产品召回管理制度**

企业实施缺陷产品召回，既是对消费者安全的重大保护措施，更是体现了企业质量主体责任的重要举措。目前，我国的缺陷产品召回机制仍不完备，覆盖产品领域过小，大多数企业如何实施主动召回也缺乏经验。此外，目前的召回职能范围限定在国家层面，但地方机构与消费者及企业的联系程度更为紧密。因此，一是要在法律法规上完善召回管理制度，建立适用范围更广泛的召回管理法律；二是要允许地方在某些产品上建立符合当地实际的缺陷召回制度，同时在制度设计上形成各个地方的联动并避免地方保护主义；三是要加强宣传培训，既要指导企业建立自己的召回预警和管理制度，也要广泛宣传召回的积极意义，使社会和企业了解实施主动召回是体现企业高度社会责任的积极行为。

第三节　产品质量法治的改革与创新

产品质量问题关系消费者的合法权益和社会经济秩序，与市场和政府监管密切相关。近年来，我国的产品质量水平得到较大幅度的提升，但是产品质量不佳乃至假劣伪冒产品在市场上流通也是不争的事实。党的十八届三中全会在《中共中央关于全面深化改革若干重大问题的决定》中指出："经济体制改革是全面深化改革的重点，核心问题是处理好政府和市场的关系，使市场在资源配置中起决定性作用和更好发挥政府作用。"治理一个国家、一个社会，关键是要立规矩、讲规矩、守规矩，法律是国家最大的规矩，法治是国家治理的最基本手段。因此，我们在处理政府和市场的关系上，需要运用法律的权利与义务、权力与责任机制，通过法律手段妥善调整和处理各种社会关系、利益关系，既使市场在资源配置中起决定性作用，又让政府发挥更好的作用。

一、通过法律手段让市场作用充分发挥

《产品质量法》第二条第二款规定，产品是指经过加工、制作，用于销售的产品。一个产品拟定用于销售，就将进入市场，成为市场主体参与市场竞争的载体，连着生产消费两大环节，牵涉到生产者、销售者、购买者、运输者、仓储者、消费者等方方面面的权益，在不同的主体间形成了相应的社会关系。市场经济本质上是法治经济。市场作用的发挥，要借助于法律规范的确定、引导、修补、保障等手段，对产品生产、销售、运输、储存等行为进行调整，努力形成一个统一开放、竞争有序的市场体系，以便通过价格、供求、竞争的变化和相互作用，自发地调节着人、财、物的分配，引导着市场要素在市场中有序地流动，推动资源配置实现效益最大化和效率最优化，以尽可能少的资源投入生产尽可能多的产品，让企业和个人有更多活力和更大空间去发展经济、创造财富。

1. 确定产品质量法律关系的主体和客体

如《民法通则》《公司法》《合伙企业法》《个人独资企业法》等关于自然人、法人、公司、合伙企业等规定，明确了参与法律关系的主体资格、将不合格的主体排除在法律关系之外，由此限定了市场参与主体的范围，以实现市场行为参与者方面的有序。《民法通则》《物权法》通过对“物”的规定，明确了参与民事流转的客体的范围，即除人身之外的为人力所能支配并且具有一定使用价值的物质资料，把不合适的物质如毒品等加以排除。《产品质量法》对产品的规定进一步明确了市场流通产品的内涵和外延，保障了市场流转的有序。

2. 建立公平开放透明的市场规则

法律规范提供的行为模式具体规定了人可以做什么、不可以做什么、应该做什么，旨在指导人的行为，划定人的行为的可能空间。市场的复杂多样，立法上是无法对所有的市场行为进行无一遗漏的强制性设计。为此，《合同法》《民法通则》等在赋予市场主体契约自由等的同时，也为市场主体提供了两种行为模式，表现为强制性规定和任意性规定。强制性规定是公众必须遵循的规定，当事人没有选择是否遵循的自由。如《合同法》第一百六十九条规定：“凭样品买卖的买受人不知道样品有隐蔽瑕疵的，即使交付的标的物与样品相同，出卖人交付的标的物的质量仍然应当符合同种物的通常标准。”任意性规定是可以由当事人自由选择是否遵循的规定。如《合同法》第一百一十四条规定，当事人可以约定一方违约时

应当根据违约情况向对方支付一定数额的违约金，也可以约定因违约产生的损失赔偿额的计算方法。任意性规定虽无强制力，但它是立法者从社会的基本价值出发对市场行为运行规则的总结，为那些不能作出更好选择的当事人提出的建议或者忠告。它存在的前提是相信当事人能作出最有利于自己的选择和判断，目的是为了引导市场主体按照最经济、有效的方式进行市场行为，使当事人在自主的前提下循利而行，形成一个交易活跃、有序的局面。

对于质量而言也是如此，比如，强制性标准和推荐性标准。虽然标准的符合性可能不是政府关心的，政府更应关心产品的缺陷（本书所讲的缺陷是某种风险的存在，它对最终消费者具有无法预见的不合理的危险，它并不因符合法定要求而能得以豁免。《产品质量法》第四十六条的解释被简化为不符合标准），尤其是影响人体健康、环境等质量安全的缺陷，但是政府通过强制性规定可以明确生产者或销售者对缺陷产品的责任，明确缺陷报告制度和缺陷信息收集分析制度从而发现缺陷。比如，只要确定缺陷产品存在，生产者或者销售者就有义务召回缺陷产品并采取措施消除缺陷，否则企业将面临一系列的处罚。

3. 弥补合同约定不足促进市场交易

市场在资源配置中起决定性作用，大多数情况下是允许市场主体自行约定权利和义务、自行确定行为模式，但是由于思虑不周或者能力差异等原因，会出现市场主体的约定缺乏必要内容，影响交易的正常运行。《合同法》中大量地提供补充性规定，即在当事人设定的法律关系就相关内容无约定时，推定当事人以这些规定为法律关系的当然内容，以修补当事人间法律关系残缺的规定，发挥法律规范的修补功能，尽量维持法律关系的稳定与顺利运转，促进市场交易。如《合同法》第一百五十四条规定，当事人对标的物的质量要求没有约定或者约定不明确，依照本法第六十一条的规定仍不能确定的，适用本法第六十二条第一项的规定。第一百五十八条规定，当事人约定检验期间的，买受人应当在检验期间内将标的物的数量或者质量不符合约定的情形通知出卖人。买受人怠于通知的，视为标的物的数量或者质量符合约定。

4. 破除市场障碍

在经济活动中，行政权力干预微观事务，束缚企业活动，人为分割市场，增加企业负担，影响了产品的流通，影响了统一市场的形成。2000 年，全国人大常委会修订《产品质量法》时，特别增加了第十一条，规定：“任何单位和个人不得排斥非本地区或者非本系统企业生产的质量合格产品进入本地区、本系统。"《行政许可法》的出台，规范了行政许可的设定和实施，为破除妨碍产品流通的市场障碍提供了法律依据。特别是2013年以来，新一届中央政府开始了以"清权、减权、制权"为核心内容的行政管理体制改革。在产品质量领域，2014年9月李克强总理在中国（北京）质量大会上提出了"放、管、治"三位一体的质量提升格局。其中"放"就是把该放的权力放到位。要求除了直接涉及安全、卫生、健康、环保和反欺诈的行政审批事项，其他的将逐步取消。简政放权，取消不必要的准入和准入后的限制性规定，将为市场作用的发挥扫除不必要的障碍。

5. 构建纠纷化解机制

在产品的生产、销售、运输、仓储和使用等过程中，纠纷的产生在所难免。《产品质量法》《消费者权益保护法》《民事诉讼法》《仲裁法》等构建了调解、仲裁、诉讼等多元化的产品质量纠纷解决机制，市场参与主体可以自由地选择最便捷、最适当、最经济的质量纠纷化解渠道，运用法律手段及时有效地化解纠纷，使产品在低成本的前提下快速交易流通。

美国柠檬法设计的合格的第三方争端解决机制也值得我们认真借鉴。比如加州柠檬法规定合格的第三方争端解决程序将进行下列事宜：

（1）遵循联邦贸易委员会关于非正式争端解决程序的最低要求。1987年1月1日发布的《联邦行政法典》第16主题第703部分中对其进行了规定。（编者注：703部分主要包括定义、担保人的义务、组织机构、会员资格、机构的运行、记录保管、审计、记录和诉讼的公开等8个部分）。

（2）如果购买人接受该解决程序所作出的裁决，那么提交约束制造商的决定。

（3）在购买人接受该裁决后，规定一个合理期限期限，该期限不能超过30天。在该期限内，制造商或其代理商必须履行裁决的条款。

（4）提供给被指定裁决争端的仲裁员下列法规的副本及其知识：1987年1月1日公布的《联邦行政法典》第16主题703部分的联邦贸易委员会的法规、《商法典》第2编（从第2101条开始）、本章。

（5）在该程序根据本章条款，规定制造商或者更换有质量问题的机动车（如果购买人同意），或者给予购买人经济赔偿时，制造商必须根据1793条第2款（d）项第（2）段中的规定来进行更换或进行赔偿。

（6）在仲裁员或仲裁席多数成员的要求下，由独立于制造商之外的机动车专家对一辆不符合标准的机动车状况进行检查，并写出书面报告。购买人无需支付任何费用。

（7）在提交裁决的时候，要考虑所有合法的和公正的因素，包括（但不仅限于）：书面质量保证书，在1987年1月1日公布的《联邦行政法典》第16主题703部分联邦贸易委员会的法规、《商法典》第2编（从第2101条开始）、本章中规定的权利和救济，以及适用于这种情形下的任何其他的公正考虑。本章规定中并不要求，有资格的第三方争端解决程序必须依据本条考虑或提供1794条（c）项规定的惩罚性损害赔偿、多项损失赔偿，或者1794条（d）项规定的律师费用，或者1794条（a）项和（c）项以外条款中规定的间接损失，包括（但不仅限于）购买人实际承担的合理的维修、拖拽和租借费用。

（8）裁决争端的仲裁员不得属于争端的任何一方。任何属于制造商方面的雇员、代理商和经销商，除非买主也同时参与，不得与仲裁员一起实际参加到任何裁决的实质问题中。本项不禁止任何仲裁委员会成员裁决争端。

（9）由消费者事务部根据《商业和职业法》第1编第9章（从472条开始）取得并保存合格证。

为达到1793条第2款（d）项的目的，下列术语的含义为：

“不符合”（nonconformity）是指对于购买人或租借人，实质上损害了其新车的使用、价值和安全性的质量问题。

“新车”（new motor vehicle）是指主要为个人、家庭或为家用目的而购买或使用的新车。“新车”还指个人（包括合伙公司、有限责任公司、企业、协会或其他合法实体）主要为商业目的而购买或使用的车体总毛重在1万磅以下的新车，且在本州内注册的车辆不超过5辆。“新车”包括一个房车的底盘、驾驶室以及用于推进的部分，但是不包括为个人居住而设计、使用或维修的部分。还包括销售商所有的车、“样车”或其他随同制造商的新车保证书而出售的车。但不包括摩托车或没有根据《机动车法典》进行注册的车，因为这些车被排除在高速公路上行驶或使用。样车是指由销售商为了展示同样或近似的型号或类型的机动车的品质和性能而设计的车。

“房车”（motor home）是指一个机动车组件，在其上构建或永久附加一个能够自动推进的机动车底盘、驾驶室或车棚，它是为个人休闲居住或应急居住而设计并成为一部完整机动车必不可少的一部分。

除第（2）段所作规定外，任何个人不得将购买人或租借人根据第1793条第2款（d）项第二段或根据其他州的类似法令的规定返回到制造商的机动车批发、零售、租借或转让，除非最初的购买人或租借人已经向可能的购买人、租借人或受让人明确指出存在的“不符合”的类别；该“不符合”已经得到了纠正；制造商已经提供书面保证在未来一年内，新的购买人、租借人或受让人不会受到该“不符合”的伤害。除了要求向受让人指出机动车的“不符合”外，(1）段规定不适用于将机动车转让到教育机构用于机动车修理课程。

二、通过法律手段让政府作用充分发挥

市场在资源配置中起决定性作用，但不是起全部作用。目前我国市场经济体制还在不断完善中，一些市场主体自我约束机制尚不健全，市场规则运行还不规范，市场的失灵需要政府充分发挥作用。有效的政府治理也是发挥社会主义市场经济体制优势的内在要求。对照政府的经济调节、市场监管、社会管理和公共服务的职能，在产品质量领域，政府需要通过法律手段不断发挥作用。

1. 制定产品质量行为规则

不论是与产品质量相关的社会行为规范还是技术规范都需要通过一定的主体进行制定。其中，具有强制力的规范需要通过国家机关来制定或者认可。随着社会经济的不断发展，社会规范和技术规范也需要与时俱进，适时进行修订。具体而言，行政机关在产品质量工作中制定的产品质量行为规范包括以下三种：①立法起草；②制定强制性标准或者技术法规草案；③制定规范性文件。

2. 督促各个责任方遵循规则

国家通过制度的设计，通过民事调整、行政执法和刑事司法手段，督促市场活动参与方遵循质量关系的行为规则，以达到立法所追求的预期。在行政领域，行政机关可以通过二条路径来进行监管。其一是以行政许可为主要手段的事前把关，通过实施市场准入，确保进入市场的主体具有必要的人员、设备、场地、技术和管理制度，具有生产、销售出合格产品的基本条件，同时通过产品质量监督抽查制度来事后监督把关。其二是通过信息收集系统来发现产品缺陷，通过召回管理制度安排来实现企业自主管理，召回缺陷产品。

3. 引导各个责任方遵循规则

除了采取强制性行为外，政府还应采取柔性措施引导、支持和鼓励与质量活动相关的各方履行产品质量义务，推广科学的质量管理方法，支持质量创新，促进产业升级。比如，推进质量信用体系建设、实施行政奖

励、质量提升战略等，以此建立符合市场规律的规则，促进企业提升质量水平。

4. **消除信息不对称**

随着科技水平的不断进步，产品的复杂程度也不断增加，消费者和企业之间的信息不对称的程度更加厉害，消费者作为弱者的地位更为明显。收集、分析并公布信息，消除企业和消费者之间的信息不对称，破除行业潜规则，保护处于弱势的消费者是政府应当发挥的作用之一。如何保护弱者，是政府必须发挥的作用之一。一方面，需要政府聚集人员、技术和资金的优势，构建信息共享和服务平台，通过政府信息公开的途径，使消费者方便地获取监督抽查、执法检查、风险监测、产品质量状况分析等信息，帮助消费者获知对产品的客观评价，弥补消费者能力的不足，以便做出正确的消费选择。另一方面，需要开展质量教育，普及必要的质量常识，培育质量精神，提高消费者的风险和鉴别意识。对于消费者遇到的带有普遍性的消费纠纷，要通过支持起诉或者公益诉讼，支持消费者维权。

5. **加强产品质量公共服务能力建设**

提高产品质量检验机构等技术机构的能力和水平，为企业生产、政府监管和百姓维权等提供技术支撑。检验检测工作对产品的研发、提升和监督有着重要的作用。新技术、新材料、新工艺的运用，使新产品不断涌现，检不出、检不了、检不快的难题更加突出。如对不粘锅，国内缺乏检测检验技术，无法对其质量安全作出客观、科学的评判。而开展相关检验检测方法的研究往往需要投入较大的人力、财力，对于这种产业发展必须且没有效益的基础性研究，政府有义务加强投入，支持基础性理论及方法的研究和应用，为社会经济发展提供公共服务支持。

三、质量法治改革和创新必须明确的原则

1. **企业自主管理原则**

市场经济是竞争经济，要落实企业主体责任就要实现企业自主管理，成为市场中真正的主体，这是我国质量法治改革的一项重要原则。要紧紧围绕使市场在资源配置中起决定性作用和更好发挥政府作用，研究什么事情可以通过市场解决的，尽可能地发挥市场作用，让市场调节解决，例如企业的质量管理，企业与企业之间的质量关系，标准的执行等；什么事情政府该管的，要管好，如消费品质量安全监督、产品质量风险监测、打击假冒伪劣等。至于生产许可证制度、强制性认证制度等，应当遵循企业自

主管理原则进行改革。

2. 保护消费者原则

作为完全的竞争市场有几个特征，一是市场上有许多买者和许多卖者；二是卖者提供的物品大体上是相同的；三是企业可以自由地进入或退出市场。但是，由于市场信息的不对称，消费者在市场上总处于弱者地位。质量法治最基本的原则就是保护消费者，因此，在质量主体责任上，要强化与安全有关产品的质量责任；在政府监督和执法上，要突出对消费品安全的监督执法；在法律责任上，要对缺陷产品给消费者造成人身与财产损害的，予以惩罚性赔偿。在信息化时代，大数据出现的今天，不论运用民事手段还是行政监管来保护消费者合法权益，既提出了新的挑战，也给予了新的技术支持。要充分利用大数据这一有力工具为破除厂商和消费者之间的信息不对称，建立市场交易主体诚信档案和查询等监管制度，为公共服务提供技术支撑。

3. 行政效率原则

市场经济国家在打击假冒伪劣行为的问题上除了采用严格责任、实施严厉的处罚、惩罚性赔偿等手段外，还有一个重要原因就是行政效率高。市场经济国家对假冒伪劣商品犯罪行为的打击一般是由警察来调查和处理的，这极大地提高了工作效率。我们现在开展的市场监管体制改革应该还只是过渡阶段的，随着市场经济不断发展，市场监管体制将逐步同国际接轨。

4. 制度创新原则

2013 年，全国人大常委会在《消费者权益保护法》的修订中，专门就网络销售这一新形态的销售模式进行规范，与时俱进地创新了相关制度。如《消费者权益保护法》第四十四条规定，网络交易平台提供者不能提供销售者或者服务者的真实名称、地址和有效联系方式的，消费者也可以向网络交易平台提供者要求赔偿；网络交易平台提供者作出更有利于消费者的承诺的，应当履行承诺。网络交易平台提供者明知或者应知销售者或者服务者利用其平台侵害消费者合法权益，未采取必要措施的，依法与该销售者或者服务者承担连带责任。这一制度创新，一则有利于强化网络交易平台提供者的审核把关意识。二则入驻网络交易平台通常要支付不菲的入场费，具备先行赔付的条件，符合权利义务对等原则。这一新的质量规则，虽然增加了网络交易平台提供者的义务，但从长远的角度来看，该规则的实行能够提高消费者对网络购物的信任度，使网络交易平台提供者在网络销售的大发展中获得大进步。再如，2015 年出台的《最高人民法院关于适用〈中华人民共和国民事诉讼法〉的解释》第20条规定，以信息网络方式订立的买卖合同，通过信息网络交付标的的，以买受人住所地为合同履行地；通过其他方式交付标的的，收货地为合同履行地。合同对履行地有约定的，从其约定。该规定解决了因网络销售的虚拟性所导致的合同履行地等判定困难给维权带来的不便，减轻了消费者起诉或应诉的负担，无形中鼓励消费者积极维权，增加商家违法成本，督促商家合法经营。现在，随着社会经济的发展，催生了大量新产业、新业态、新技术和新模式，需要我们不断创新，制定出新的产品质量行为规则。

四、产品质量法治改革与创新的建议

1. 在工作目标上，进一步构建“放、管、治”三位一体的质量法治体系

党的十八届四中全会在《中共中央关于全面推进依法治国若干重大问题的决定》中指出：“使市场在资源配置中起决定性作用和更好发挥政府作用，必须以保护产权、维护契约、统一市场、平等交换、公平竞争、有效监管为基本导向，完善社会主义市场经济法律制度。”在2014年的首届中国质量（北京）大会上，李克强总理提出了“放、管、治”三位一体的质量提升格局。“放”就是把该放的权力放到位。“管”就是把该管的事情管得住。将加强事中事后监管，完善国家标准和质检法规体系，建立健全分类监管、黑名单制度，防止“劣币驱逐良币”。“治”就是积极推动社会共治。因此，现阶段的质量工作中，必须遵循市场决定资源配置是市场经济的一般规律，通过法律规范中的强制性规定和任意性规定，做好“放、管、治”工作，既鼓励当事人的自主性和能动性，又对产品质量相关行为保持一定的控制，使之在一定的秩序内进行；既发挥发挥市场这只无形之手，推动资源配置依据市场规则、市场价格、市场竞争实现效益最大化和效率最优化，又发挥政府这只有形之手，加强和优化公共服务，保障公平竞争，加强市场监管，维护市场秩序，弥补市场失灵，解决市场体系不完善、政府干预过多和监管不到位问题。

2. 在法律手段的运用上，要进一步发挥民事法律规范的调整作用

行政手段往往需要投入大量人力、物力和财力，所需成本和代价较高。对数目众多、业态各异的产品生产经营者和众多的产品质量问题，行政监管的能力和效果是有限的，仅仅依靠政府的行政手段是不现实的。民事领域只要在法律机制上赋予产品质量参与者平等的市场博弈机会和更多的利益激励，就能调动其维权的积极性，使得制售伪劣产品等产品质量问

题陷于汪洋的维权之中。

（1）要充分发挥连带责任的担保功能。《产品质量法》《消费者权益保护法》《食品安全法》《认证认可条例》等法律法规规定了集中交易市场的开办者、柜台出租者和展销会举办者与产品经营者之间的连带责任，在虚假广告中推荐产品的行为人与产品生产经营者之间的连带责任，广告经营者、广告发布者与广告主的连带责任，认证机构与生产者、销售者的连带责任，检验机构与食品生产经营者的连带责任、网络交易平台提供者与消费者间的连带责任。对于这些规定，需要进一步细化，增加可操作性。此外，立法在连带责任的规定上，还可以进一步增加责任人的数目，增加消费者获得救济的可能性。

（2）充分发挥惩罚性赔偿责任的惩戒作用。《消费者权益保护法》创立"退一赔一"的惩罚性赔偿责任后，《食品安全法》规定了"退一赔十"和新《消费者权益保护法》规定了"退一赔三"等制度后，"职业打假人"活跃于产品质量和食品的"打假"上。这批人运用民事手段，通过司法救济的途径客观上督促了产品（食品）生产经营者依法生产经营。这一情况虽褒贬不一，但启发我们可以更广泛地运用惩罚性赔偿责任，更大范围地动员更多的主体运用民事手段参与产品质量的规范和提高。

（3）要合理分配举证责任。目前我国的法律规定，因缺陷产品致人损害的侵权诉讼，由产品的生产者就法律规定的免责事由承担举证责任。除此之外，产品纠纷的举证责任上仍是"谁主张，谁举证"。由于厂商在产品的专业知识、举证能力和信息掌握中处于优势，特别是以批量随机抽样为特点的产品质量检验方法的特定情况下，更不能简单地以产品合格证来排除厂商的责任。因此，在举证责任的立法中要向弱者倾斜，扩大举证责任倒置规则的运用范围，科学合理地分配举证责任。除此之外，还应将维权费用改为由违约人或者侵权人承担，以便调动维权者维权的积极性。

3. 在立法领域中，要进一步加快产品促进法的立法进程

2012 年，国务院颁布《质量发展纲要（2011—2020 年）》。目前，全国已经有 30 个省（区、市）提出了质量兴（强）省战略，有 2600 多个市（县）开展了质量兴市（县）活动，覆盖率超过 90%。与质量促进相关的质量奖励、品牌建设、质量诚信体系建设、质量统计分析、政府质量考核、服务业质量发展等工作均已经开展多年，积累了较为成熟的实践经验。2015 年 3 月，全国人大代表、甘肃省副省长夏红民等人在十二届全国人大三次会议上提出议案，建议我国应尽快制定质量促进法。他们认为，质量促进法着重规定国家质量创新发展的政策措施。在内容设计上包括

3 个方面：一是总则，如立法宗旨、适用范围、概念界定、基本原则等；二是主体内容，包括质量发展规划的编制要求、实施政府质量工作考核、建立质量发展统计指标体系、开展质量状况统计分析和风险管理、实施质量兴省（市）工作、探索实施名牌发展战略、建立质量激励机制、质量创新、质量人才队伍建设、开展群众性质量管理活动、构建质量诚信体系、提升服务业质量、强化企业质量主体责任等内容；三是法律责任，包括政府、部门、企业、社会第三方、消费者等社会主体相关法律职责。当前，我国经济发展进入新常态，质量已经成为经济发展的主要目标和内生动力，继续进一步加快该法的制定，填补立法空白，为推动我国经济社会发展全面进入质量时代提供法治保障。

从国外的质量促进立法来看主要有二类，其一是政府质量奖励制度；其二是质量教育制度。同时，由政府主导的质量振兴战略规划也是非常重要的组成部分。

我们认为质量发展的前提是质量信用制度；基础是质量数据（信息）；核心是质量共治；手段包括质量奖励、质量教育、标杆引领、政策激励等；目标是降低影响质量安全的产品缺陷提升产品质量竞争力。因此要开展质量促进立法必须重点在上述几个方面有所突破，并注重结合我国国情但也要避免大而全，无法操作。

4. 在行为规则上，进一步创新产品质量法律制度

在民事领域，我们可以从规范、发展并壮大网络销售业角度出发，充分运用技术手段和法律方法，建立一套虚拟环境下的交易规则，为网络销售业的健康、快速发展创造一个良好的法律环境。比如，2015 年出台的《最高人民法院关于适用〈中华人民共和国民事诉讼法〉的解释》第一百一十六条第二款对电子数据的范围进行了规定，明确电子邮件、电子数据交换、网上聊天记录、博客、微博、手机短信、电子签名、域名等形成或者存储在电子介质中的信息为电子数据，可以作为证据。但是，还没有解决网络交易中消费者举证难的问题。目前，不论是产品责任纠纷还是产品质量的合同纠纷，消费者都需要对在线交易情况承担着提供证据加以证明的举证责任，否则要承担败诉的不利后果。但因在线交易中形成的数据电文证据具有无形性、易破坏性的特征，消费者承担举证责任非常困难。恰恰相反，网络销售方在技术、资金以及自我保护措施上处于明显优势，而且大部分为经营需要都建立了交易信息存储备份制度，对其在网上每天发生多少交易、交易标的物、交易额了如指掌。相比之下，消费者明显处于弱势。从保护弱者的原则出发，可以在线交易情况尝试实行举证责任倒置。即由网络销售方负责提供真实、有效、完整的交易清单证明在线交易情况。在线交易情况上举证责任的倒置，是在合理限度内适当加重在线商家的诉讼责任，有利于督促网络销售方改善经营、完善管理，有利于保护消费者的合法权益，有利于培育诚信、公正的网络销售环境。

第四节 关于打击假冒伪劣违法犯罪行为的思考

现象七

我们有时会在新闻媒体上看到某某行政执法机关到某处执法检查，结果被门卫挡在门外，并以种种理由不让执法人员进入。比如，2014 年7 月 23 日上海的新闻晨报引用新华社 7 月 22 日电讯："执法人员 20 日晚间过来时，穿着制服，开着执法车，拿着执法证，为什么保安要阻拦一个多小时?"……

现象七反映的问题是我们必须思考的一个问题。这也是为什么大多数国家这类执法检查多由警察或者检察官来调查的原因之一，因为警察或者检察官有更多的权力和手段。

生产、销售假冒伪劣产品危害市场秩序，损害消费者合法权益，影响国家形象。我国历来重视对假冒伪劣产品违法犯罪的打击，采取了一系列措施，集中整治侵权和假冒伪劣突出问题，查办了一批大案要案，维护了公平竞争的市场秩序。2011 年 11 月，国务院印发了《关于进一步做好打击侵犯知识产权和制售假冒伪劣商品工作的意见》（国发〔2011〕37 号），对打击制售假冒伪劣商品工作进行了再部署。为了更好地完成打击假冒伪劣这一长期、复杂、艰巨的任务，要在综合治理、打击、预防和严惩等工作上有新思路、新举措。

一、打击假冒伪劣是个系统工程，需要社会共治

产品质量关系到各个方面，打假工作是个系统工程，单纯依靠政府部门来孤军奋战是很难取得实效的。借鉴国外的实践经验，打假工作除了政府部门参与外，还积极发挥企业、中介组织、消费者等各个方面的作用，采用行政、司法、宣传等多种手段综合治理进行社会共治。我们仅以英国为例，来观察其打击假冒伪劣工作。

在政府层面，英国具体由下列机构参与打假。第一，警察机构。英国打假的组织协调机构设在英国国际刑警局，该局设有专门机构负责打假工作，主要进行假冒活动的情报收集工作。地方警察局和地方标准贸易机构具体负责案件查处。第二，英国公平交易局。该局隶属于英国商务、创新和技术部，主要职责是反不正当竞争、反垄断、保护消费者权益，维护市场秩序。第三，地方标准贸易机构。英国地方政府根据地方工业和贸易的需要设置地区性标准贸易机构，行使市场监督、计量管理、产品安全等方面的执法职能，在查处制售假冒伪劣产品违法行为、保护消费者权益和维护市场秩序等方面发挥了积极作用。除此之外，英国边境署、海关、税务等机构也都参与打假工作。

在企业层面，英国企业，特别是总部设在英国的跨国公司重视品牌保护，他们体会到一旦自己的品牌被假冒并泛滥成灾的话，消费者分不清楚或者无法获取到正宗产品时，消费者就会放弃对该品牌产品的消费，最终使自己的企业被市场淘汰。因此，他们认为打假不仅是对自身合法权益的保护，也是提高品牌的有效途径，更是对信赖自己产品的客户的保护，是企业应尽的社会责任。为此，很多企业设有专门的品牌保护部门，与政府部门保持密切联系，主动提供技术服务和相关信息，全力协助政府部门打击假冒伪劣产品等违法行为。

在中介组织层面，包括产业联合体、防伪企业、律师事务所在内的组织也发挥了重要作用。如产业联合体在查假打假方面，向成员提供信息和法律协助，并可代表会员向政府部门投诉。防伪行业组织，英国防伪集团（ACG），与政府、企业和行业组织之间建立了密切的联系，为政府打假提供信息和技术服务，为用户选择防伪技术提供帮助，为防伪企业间的联系、交流和合作搭建平台。

在消费者层面，英国非常重视消费者的投诉。英国地方标准贸易机构根据消费者的投诉开展调查，一经查证核实，就会向法院提起诉讼。违法者将会受到被封存设备、没收财产、罚款直至判刑的处理。当然，消费者也可以通过司法程序来维护自身权利。

具体到国内，我们的质量监管、打假等工作中，必须引进社会共治的理念，集合各方力量，整合各方资源，积极发挥企业、政府、行业协会、社会团体、基层群众性自治组织、新闻舆论单位和消费者等主体在打假中的作用。具体来讲：

（1）企业要改变打假是政府的事的狭隘认识，增强主体责任意识和品牌保护意识，本着对信赖自己的消费者高度负责的态度，在采取各种防伪措施的同时，积极与政府部门配合，共同打击假冒行为。

(2) 打击假冒伪劣关键在制度建设。首先，假冒伪劣的本质是违法，司法机关应当坚决打击。其次，企业、消费者应当充分行使法律赋予的权利，使用法律手段积极维权。再有，行政部门要建立完整的信息系统，重点是建立发现问题的机制。对消费者的举报，应当及时、完整地进行记录并妥善保存。另外媒体、社会各界也应积极参与监督，让假冒伪劣成为"过街老鼠人人喊打"。

(3) 行业协会要发挥熟悉行业情况等优势，在加强行业自律的同时，切实维护行业利益，避免因部分不法分子的行为危害了整个行业的利益。检验机构、认证机构、标准化服务机构等部门在打假工作中要发挥技术支撑作用。

二、需要与时俱进地运用网络技术来解决网络售假问题

随着互联网络的普及，网络销售作为一种全新的商业业态，具有产品价格低廉、运营成本低、购物便捷等优势，吸引了众多消费者，成为了产品销售、流通的一个重要渠道。但是，有不法分子借机浑水摸鱼，利用网络销售的便捷、交易平台的虚拟，销售假冒伪劣产品，甚至设计与知名企业非常相似的网页，诱骗消费者购买假货。目前，国外已经有公司开发的软件，提供包括英文、法文、中文等语种的检索和检测功能，有效捕捉售假网站。一旦确认为售假网站，软件可以删除该网页。还有公司通过一个在线的产品监控平台，实现对市场中流通的产品进行调查、跟踪、追查及验证。这些信息化技术具有先知先觉、动作迅速、实时动态、涵盖面广的优势，能有效破坏网络售假链条，达到"打蛇打七寸"的功效。

网络技术的发展对经济活动带来的深刻影响已不可逆转，网络销售有其强盛的生命力和惊人的发展潜力。对于网络售假问题，必须与时俱进地运用网络技术，结合行政手段和法律的手段，建立有针对性的、高效的打假机制：

(1) 要丰富国内"技术执法"的内涵。传统的"技术执法"是以现场快速检测技术为核心，以技术保障平台为基础的一种执法方式。随着网络售假这一客观情况的出现，必须拓展技术执法的内涵，把通过大数据等技术手段检索发现违法行为涵盖进去。要通过"技术执法"，对"网络售假"进行围追堵截，破坏其流通链条。

（2）要加大通过网络获取线索的力度，采取“线上”和“线下”联运，严厉查处制售假冒伪劣产品的制造商，正本清源、标本兼治网络销售中假冒伪劣产品泛滥之症。

（3）要结合网络销售的特点，要制定网络销售产品的监督抽查规则，解决目前网络销售产品监督抽查工作中抽样规则、销售主体确认、抽查结论确认等工作难题。同时，要适时通过媒体公布网络销售产品的监督抽查结果，发布消费提示。

三、采取积极的技防措施是减少假冒伪劣产品的有效方法

企业在打假工作中有积极行为和消极行为两种方式。所谓的积极行为，就是配合、支持政府部门打假和消费者维权。所谓的消极行为，就是采用防伪技术。防伪技术原来是用于货币、各种有价证券等，但是随着假货日益严重，有的企业出于防范需要，采用防伪技术防范自己的产品被假冒。目前，激光、荧光、油墨温变等许多防伪技术已得到名牌产品生产企业的广泛应用。还有些防伪企业致力开发软件，使产品上的鉴别证明不仅具有独特性，还能做到精确分配，避免被授权的实际加工企业超订单生产的产品上也有防伪标识。防伪技术的运用，消费者和经销商可以通过肉眼、放大镜、激光读写器、信息核对等途径有效识别产品的真伪，使假冒产品无法遁形。随着防伪技术的运用，不法分子也升级造假技术或者破解已有的防伪技术，为此必须不断升级防伪产品功能、开发新防伪技术产品。英国德莎公司（tesa UK Ltd）、布兰斯特里克公司（Brandstrike Limited）等防伪企业就是在这种情况下，正在竞相开发高科技的、大信息量的、保密性强、不可逆变、不可复制、经济可行的新型防伪技术。

鉴于目前部分假冒商品，无论从设计、材质，还是包装等都达到了真假难辨、以假乱真的程度，单凭外观难以鉴别，因此，采取积极的技防措施是减少假冒伪劣产品的有效方法。一要鼓励生产企业积极采用防伪技术保护自己的品牌。考虑到产品防假可能会提高成本的因素，我们建议政府相关部门可以采用财政、税收、集体公益广告宣传、优先政府采购或者政府奖励等方式对相关企业予以鼓励、支持。二要鼓励、支持防伪企业研发并推广新的防伪技术。三要同国外防伪企业开展国际合作与交流，为中国品牌的产品走出国门、走向世界创造出良好的环境，也为进入中国市场的外国产品提供优质的服务。

四、严惩假冒伪劣产品的违法行为是打假取得实效的重要途径

通过经济上的重罚和刑罚的并用，严惩与假冒伪劣产品相关的违法行为是各国的通行做法。只有严惩违法行为，使违法成本巨大，才能让一些使绝大部分制假售假者望而却步。但是如何做到严惩，取决于三方面的因素。一是法网要广，做到不留余角和盲区。二是程序的设定有利于发现违法行为。三是对违法行为的惩处要严厉到与其违法行为所造成的危害相适应。在这方面，我国现有的制度与西方发达国家的规定还是存在差距。

在法网的广度上，我国仅惩处制售假冒伪劣产品，未将故意购买假冒产品的纳入打击范围。英国不仅惩处售假冒伪劣产品，还对买假用假行为进行处罚。根据英国的规定，旅客抵达英国入关时，有需要申报的物品应走“有申报物品”通道，如果申报的物品中存在假货，将被销毁；而如果旅客选择了走“无申报物品”通道，又被发现携带了假冒产品，不仅该物品会被销毁，旅客人还可能被罚款，甚至被起诉。爱尔兰则旗帜鲜明地对在不正规渠道购买的假冒伪劣产品不予保护。

在程序的设定上，警方直接参与打假工作更有利于发现违法行为。我国的法律规定是严格区分犯罪与一般违法行为的界限，只将严重危害社会的行为规定为犯罪。一般的制售假冒伪劣产品的违法行为由质监、工商等行政机关负责查处，涉嫌犯罪的由行政机关移送公安机关查处或者由公安机关直接侦办。而许多西方发达国家在非常宽泛的意义上使用犯罪概念，即将许多在我国只视为一般违法的行为也规定为犯罪。如法国刑法上将犯罪区分为重罪、轻罪和违警罪，其所指的违警罪大多类似于我国的一般违法行为。英国地方警察局参与查处造假行为。爱尔兰，只要有企业或者消费者投诉或者举报，警方就开展调查。因为警方可以采用刑事侦查手段，较我国工商、质监等行政部门能更方便、更有效地搜集证据，查清制售假冒伪劣产品的情况。仅从这一角度而言，假冒伪劣产品方面的违法行为在英国、爱尔兰、法国等国家被查处的概率在理论上较我国要高。

在严厉程度上，西方国家对制售假冒伪劣产品违法行为的惩罚相对于本国公民的收入而言要比我国的重。爱尔兰 1992 年颁布专利法，1996 年颁布商标法，1998 年知识产权法，2001 年颁布工业设计法，对故意制售伪劣产品处罚很重，故意生产、销售假冒伪劣产品达到 2000 欧元（相当于一个普通工人的一个月的工资）就构成刑事犯罪，将被处以 6 个月以下的监禁；如果生产、销售伪劣产品超过 5 万欧元的，要被处以 5 年以下的监

禁。而我国，《产品质量法》对制售假冒伪劣者处没收违法生产、销售产品和违法所得，并处货值金额3倍以下罚款。故意制售伪劣产品的，销售金额达到5万元人民币或者货值金额达到15万元人民币的，才构成犯罪。虽然我国的处罚标准在绝对数上高于爱尔兰，但是相对于本国公民的收入而言，我国的惩处显然是较轻的。

鉴于我国国家层面的立法，如《刑法》《产品质量法》《消费者权益保护法》等对制售假冒伪劣产品的处罚已做规定，但是对故意消费假冒产品的行为，全国人大及其常委会的立法并未进行调整。在全国人大及其常委会的立法尚未变动之前，可以通过地方立法或者部门规章的制定，禁止消费者故意购买、销售和使用假冒产品，违法者不仅应被没收假冒产品，还应被处以一定的经济处罚。只有如此，才能对目前客观存在的假冒产品消费市场予以釜底抽薪，从根本上挤压假冒产品的市场空间。待条件成熟之际，再将地方立法和部门规章的成功经验予以归纳和总结，并在法律层面上予以体现。

第五节　对质量法治建设有关问题的思考

一、标准化法律制度若干问题思考

我国标准化法律制度建设，始于20世纪60年代初，为了规范标准的制定和实施，国务院于1961年4月22日通过了《工农业产品和工程建设技术标准暂行管理办法》。1962年11月10日，国务院又通过了《工农业产品和工程建设技术标准管理办法》（以下简称《技术标准管理办法》），初步建立了我国标准化法律制度。1979年7月31日，国务院发布了《中华人民共和国标准化管理条例》（以下简称《标准化管理条例》，国务院标准化管理部门也制定了一系列实施性规章，将标准化工作基本纳入了依法管理。1988年12月29日，第七届全国人大常委会第五次会议通过《中华人民共和国标准化法》（以下简称《标准化法》），自1989年4月1日起施行。1990年4月6日，国务院令第53号发布了《中华人民共和国标准化法实施条例》，自发布之日起施行。至此，我国正式确立了较为全面的标准化法治管理。

《标准化法》及其实施条例发布施行26年来，我国的标准化事业得到快速发展，国务院于2015年3月11日印发的《深化标准化工作改革方案》

（以下简称《改革方案》）将其概括为："国家标准、行业标准和地方标准总数达到10万项，覆盖一二三产业和社会事业各领域的标准体系基本形成。我国相继成为国际标准化组织（ISO）、国际电工委员会（IEC）常任理事国及国际电信联盟（ITU）理事国，我国专家担任ISO主席、IEC副主席、ITU秘书长等一系列重要职务，主导制定国际标准的数量逐年增加。标准化在保障产品质量安全、促进产业转型升级和经济提质增效、服务外交外贸等方面起着越来越重要的作用。"

《改革方案》同时指出："从我国经济社会发展日益增长的需求来看，现行标准体系和标准化管理体制已不能适应社会主义市场经济发展的需要，甚至在一定程度上影响了经济社会发展。"以发展社会主义商品经济为目的制定的《标准化法》亟需修订，《改革方案》在明确标准化工作改革的基本原则、总体目标、六方面改革措施和三个阶段、18项改革任务基础上，要求在2016年6月底完成《标准化法》修订工作，并提出法律修正案。

本节结合《改革方案》，对标准化法治管理中的有关问题进行探讨。

1. 准确定位标准化作用

标准化在我国经济和社会发展中发挥什么样的作用，涉及标准化管理体制、标准化对象、标准体系、标准性质、标准制定和实施、如何有效发挥标准化作用等一系列问题，需要准确定位。

《技术标准管理办法》将标准化对象定义为技术标准："技术标准主要是对工农业产品和工程建设的质量、规格及其检验方法等方面所作的技术规定，是从事生产、建设工作的一种共同技术依据。"《标准化管理条例》认为："标准化是组织现代化生产的重要手段，是科学管理的重要组成部分。在社会主义建设中推行标准化，是国家的一项重要技术经济政策。"条例将标准化对象限定在技术标准，再次强调技术标准是从事生产、建设工作以及商品流通的一种共同技术依据，明确了由国家标准总局牵头的标准化管理体制。《标准化法》的立法目是"为了发展社会主义商品经济，促进技术进步，改进产品质量，提高社会经济效益，维护国家和人民的利益，使标准化工作适应社会主义现代化建设和发展对外经济关系的需要"。《标准化法》也将标准化对象限定在技术标准，并由此建立了统一管理、分工负责的技术标准化管理体制。

《改革方案》明确，要"更好发挥标准化在推进国家治理体系和治理能力现代化中的基础性、战略性作用，促进经济持续健康发展和社会全面进步"，让标准成为对质量的"硬约束"，推动中国经济迈向中高端水平。

《改革方案》赋予了标准化前所未有的历史使命。

推进国家治理体系和治理能力现代化是党的十八届三中全会提出的，被认为是我国的第五个现代化，具有非常广泛的内容，涉及国家政治、经济、技术、社会方方面面。所谓基础性，《辞海》的定义是“事物发展的根本或起点”；所谓战略性，《辞海》的定义是“泛指重大的、带全局性或决定全局的谋划”。《改革方案》要发挥标准化在国家治理中的的基础性、战略性作用，将对标准化工作产生深远影响。

长期以来，我国都将标准化的作用更多地集中在技术领域，强调了其技术基础作用，并明确了技术标准对象、体系和性质，建立了与技术标准体系相适应的标准化管理体制和制定、实施、监督程序。实践中，标准化对象已经扩展到管理标准和服务标准，特别是《中华人民共和国行政许可法》施行以来，用管理标准和服务标准广泛代替取消的行政许可，用标准进行社会管理。《改革方案》提出要发挥标准化在推进国家治理体系和治理能力现代化中的基础性、战略性作用，无论标准化对象、标准体系和性质、标准地位、标准制定、标准实施、标准化管理体制等都提出了新的要求。标准化如何适应？国内外没有前人经验可循，需要深入研究。

二十年前，未来学大师阿尔文·托夫勒（Alvin Toffler）将标准化认作工业革命的基本法则。在工业化时代，标准化作为现代化生产的重要手段，得到迅猛发展和广泛运用，通过产品和技术的简化、选优和统一、规范，使得产品系列化、功能模块化、零部件通用互换，生产专业化，产品质量和工作效率提高，成本大幅下降，贸易迅速扩大，进而推动工业化高速发展。同时，托夫勒也预测了第三次浪潮将首先打破工业文明的“标准化”法则。当今，我们正在进入以大数据、物联网、云计算等为特征的新科技时代，以大数据和互联网+为基础的科技创新层出不穷，由工业4.0引领的产业变革将根本性改变产品设计和功能，3D打印技术的普遍运用将颠覆产品制造技术和流程，以OTO为典型特征的电子商务正在全面冲击传统的商业模式，移动互联网的广泛应用迅速的改变着人们的生活方式，大众创业、万众创新将带来更多、更快的变化。服务内容在拓展，监管方式在改变，层出不穷的App（指各类第三方应用程序）体现了社会改变的广阔空间，人与人之间的空间距离在缩短，人们的需求在升华。一个正在发生的事实是国家治理、政府监督、企业管理、个性发挥、社会服务等，都将经历一个脱胎换骨的变化历程。在这一历程中，标准化如何适应？

我们认为，技术标准化是标准化工作的立身之本，已经并且还将继续发挥重要技术基础作用。但是，标准化对象、标准体系、制定标准程序等，应当随着科技进步和人们需求越来越多样化而作出相应调整。而管理标准、服务标准的属性，是法规还是非强制性文件，如何保证其贯彻实施，需要立法予以明确。至于发挥标准化在国家治理体系和治理能力现代化中的基础性、战略性作用，更需要相应的立法予以支撑。

2. 关于强制性标准和技术法规

对标准性质的认识是随着市场经济体制的建立和完善而逐步深化的。《标准化管理条例》规定：标准一经批准发布，就是技术法规，必须严格贯彻执行。《标准化法》将标准性质确定为强制性标准和推荐性标准："强制性标准，必须执行。不符合强制性标准的产品，禁止生产、销售和进口。"《改革方案》提出要整合精简强制性标准。其主要内容：一是规定强制性标准的形式只能是国家标准，法律法规另有规定的除外；二是强制性标准对象严格限定在"保障人身健康和生命财产安全、国家安全、生态环境安全"方面，同时又扩展到"满足社会经济管理基本要求的国家标准"，超出了《标准化法》规定的技术标准范畴；三是规定了强制性国家标准制定程序，充分发挥国务院各有关部门作用；四是强制性国家标准只能由国务院或者授权部门批准。

在发达国家，标准都是推荐性的，实施标准是自愿的；标准相关内容需要强制执行，作为技术法规组成部分，由立法机关批准发布。例如，1985 年 5 月 7 日欧盟理事会通过的《技术协调与标准化新方法》规定，欧共体法律不再包括具体的技术规范，而只在欧共体指令中规定必须达到的基本安全或公益性要求，进入流通的产品必须符合欧共体指令。涉及基本安全或公益性要求的标准属于协调标准，授权欧洲标准组织制定，欧盟委员会经审查批准公布这项协调标准的编号，或者同时公布标准中适用的部分条款编号。涉及技术的欧盟指令是技术法规，协调标准规定指令中相关要求的技术细节。技术法规与协调标准的结合，不仅体现了市场经济的特点，也保证了消费者人身、财产安全底线，更体现了法治社会的特点。

技术法规是什么？《技术性贸易壁垒协定》（WTO/TBT）的定义是："规定强制执行的产品特性或相关工艺和生产方法，包括应适用的管理规定，并强制要求与其符合的文件。"定义表明，技术法规通常应当包括两部分，一是产品特性或相关工艺和生产方法等，如欧盟指令中的基本安全或公益性要求；二是强制要求与产品特性或相关工艺和生产方法等相符合的文件，如欧盟指令规定：投放欧盟市场的产品必须符合指令中相关要求。

技术法规既有法的特征，由立法机关制定，由国家强制力强制执行；同时又具有法律规范的结构特征，由假定、处理、后果三要素组成，相当于 WTO/TBT 规定的两部分。假定指的是适用该法律规范的条件或情况的部分。处理是指行为法律规范本身的要求，即人们行为的方式和尺度，这是法律规范最基本的组成。后果又称制裁，是指法律规范中对违反法律规范将导致的法律后果的规定。这三部分是密不可分的，并共同来调整人与人之间的社会关系。但这三部分并不一定在同一法律条文中，甚至法律条文中有时未叙述假定部分。例如：《标准化法》第十四条、第二十条的规定其中，不符合强制性标准的产品是假定，规定了适用情况；生产、销售、进口不符合强制性标准的产品的是处理，规定了禁止做什么；由法律、行政法规规定的行政主管部门依法处理是后果，包括了行政处分、行政责任和刑事责任。

我国的强制性标准一般被认作是技术法规。2000 年 2 月 22 日，原国家质量技术监督局发布《关于强制性标准实行条文强制的若干规定》时，在其编制说明中指出“强制性标准在我国具有强制约束力，相当于技术法规。”我国参加 WTO 谈判时，强制性标准也被当做技术法规，随后按 WTO/TBT 规定进行通报。但是，在法学界一般不认为强制性标准就是技术法规。为此，我国法学界和标准化界都进行了一些讨论，莫衷一是。

其实，强制性标准上就是技术标准，主要是规定人们支配和运用技术的行为规范，国内外都由标准化机构制定或者公布，不具备法律规范的结构特征，也无法调整实施标准的人与受标准实施结果影响的人之间的关系。技术标准在纳入法律规范后，才具有强制执行的意义，才能调整双方之间的社会关系。由于强制性标准构成了技术法规的重要组成部分，其内容、批准、发布仍然应当按照立法的程序进行。《改革方案》对强制性标准制定程序的完善，顺应了强制性标准的性质，但本质上还是按标准制定程序进行，而不是按照技术法规的制定程序进行。

此外，技术法规的内容也并不一定是标准，可以直接用法律规范规定必须执行的技术内容。如二战后，德国规定禁止生产和使用车门从前往后开的汽车，并导致意大利菲亚特生产的 500 型汽车不能出口到德国。国务院行政法规《废弃电器电子产品回收处理管理条例》第二十七条规定：生产、进口的电器电子产品上或者产品说明书中未按照规定提供有关有毒有害物质含量、回收处理提示性说明等信息的，由县级以上地方人民政府产品质量监督部门责令限期改正，处 5 万元以下的罚款。这是技术法规又一典型规定。

认清强制性标准与技术法规的区别，对于加强技术法规的运用、制定和管理，加强与 WTO/TBT 成员的交流，提高强制性标准的执行力是很有意义的。《改革方案》要求对强制性标准的改革是非常必要的。但是，本次改革还是应立足在标准及其制定程序基础上。我们建议，在《标准化法》修订之际，借鉴欧盟、俄罗斯、日本等做法，明确技术法规的地位、范围、形式；明确强制性标准和其他技术内容的制定、通报程序，批准和公布部门。鉴于我国行政区域广泛和改革发展需要，在法制统一的前提下，允许省、市、自治区在必要时制定地方技术法规。

3. 标准化工作应当围绕制定和实施标准进行

国际标准化组织的主要活动是制定国际标准（ISO），协调世界范围的标准化工作，组织各成员国和技术委员会进行情报交流，以及与其他国际组织进行合作，共同研究有关标准化问题。美国国家标准学会的主要工作是协调并指导全国标准化活动，认可标准制定组织以及美国国家标准批准程序，发布国家标准（ANSI）等，同时起着标准行政管理机构的作用。英国标准化协会的主要任务是标准研发、制定和贯彻统一的英国标准（BS）、标准技术信息提供、产品测试、体系认证和商检服务等。纵观国际标准化组织和各国标准化部门，主要工作都是围绕着制定、实施标准，很少既是规则制定者，又是裁判执法者，特别是作为一个技术管理机构，优势在于技术和超脱；要履行监督职能，将损害其组织和协调功能，降低其研究和制定标准能力，妨碍其调动市场主体作用，影响其民主、公正精神的体现。《标准化法》将我国标准化工作的任务规定为制定标准、组织实施标准和对标准的实施进行监督，将标准化工作形成了一个闭环。而实践中，标准化部门很少依据标准化法律法规开展标准实施情况的监督。技术标准实施情况，主要由质量监督部门或者其他有关部门依据相关法律法规进行监督，不符合强制性标准和产品包装上明示标准的，也按照《产品质量法》或者相关法律法规进行处罚。

标准的实施，要依靠法律法规和市场机制，以法治方式来推进。对健康、安全、环保等有关的标准，要由法律强制性规定实施，由政府部门来监督，欺诈消费者的，依法实施行政处罚，《产品质量法》《食品安全法》《医疗器械监督管理条例》等都做出了详细规定。其他标准的实施则要运用市场机制，有关法律法规和市场机制会主动促进标准的实施，标准化部门应当对标准的实施起到推动作用。违反标准规定，侵犯消费者合法权益的，可以依据《消费者权益保护法》追究责任，也可以依据《合同法》《民法通则》《侵权责任法》等民事法律追究责任；因不执行标准涉嫌犯罪的，依据《刑法》追究刑事责任。这个机制既体现了法治精神，又发挥了市场作用。

我们建议，标准化工作的主要任务应当借鉴国际惯例，回归本源、突出重点、符合标准化工作的特点。标准化工作重在建立标准体系，研究和制定标准，跟踪标准的实施并及时修改完善，同时推进标准的实施，沟通政府和民间标准化组织，协调标准制定、实施中的有关事项，参与国际标准化活动，并为技术法规的制定提供支撑或者直接提出技术法规的建议。至于监督，由相关法律法规规定。

4. 取消企业标准备案

长期以来，我国的企业标准实行审批制，企业标准由上级部门审查批准。《标准化法》对企业标准实行备案制，现有备案企业标准达到100多万项。但是，备案制的问题也日益凸显：一是不利于落实企业的标准化主体责任；二是一些企业利用企业标准备案降低产品质量；三是企业标准有时被不恰当地作为监督抽查、行政处罚、质量仲裁依据；四是企业不敢在标准中体现技术秘密，有碍于提高企业标准水平。

在市场经济国家，很少有企业标准备案制度。是否制定企业标准？制定怎么样的企业标准？完全由企业自主决定。企业标准的内容非常丰富，包括制作工艺、材料、配方、检验检测等，标准水平也与企业技术能力一致，高于国家标准或者通行标准。笔者曾见过日本著名企业电动剃须刀企业标准，与我国部颁标准和原上海新中华刀剪刀厂电动剃须刀企业标准相比，其内容之丰富、水平之高，难以比拟。在国外，企业标准常常作为技术秘密（Know－How）的组成部分，与其他技术秘密（专有技术、技术诀窍）或者其他非专利技术一起，处于保密状态，不对外公开，以便长期维持其技术能力，有时在技术转让时作为技术一部分转让或者许可使用。20世纪80年代，我国引进冰箱压缩机生产线时，其压缩机企业标准就作为技术一部分同时引进。此外，企业认为自己的企业标准很有竞争力，愿意提供作为国家标准基础的，可以自愿推荐或者提供；一旦被国家标准采纳，将有利于技术推广和市场竞争，提高企业影响力，甚至形成专利控制。

实践证明，企业标准备案不利于企业提高标准化工作水平，应当作出调整直至取消。2014年，中国（上海）自贸试验区对企业标准备案进行改革，对区内企业实施产品和服务标准自我声明及主要质量指标信息公开制度，受到国家质检总局肯定。《改革方案》将“建立企业产品和服务标准自我声明公开和监督制度，逐步取消政府对企业产品标准的备案管理”列为改革措施之一，这是尊重市场、尊重企业经营自主权、促进企业改造创新的一大进步，但是，是否有利于企业标准化的深入和企业标准作用的发挥，还值得探讨。主要包括：一是声明公开的质量主要指标，能否作为质量评判、监督抽查、行政处罚、质量仲裁的依据？根据产品质量默示担保和明示担保的规定，应当按照强制性标准和产品上或者其包装明示标准为依据；二是违背企业标准本质，企业标准是企业组织生产的依据，企业生产还要根据合同和社会需求等及时进行调整；三是涉及技术秘密或非专利技术怎么办？企业必然采取保护措施。

此外，《标准化法》施行以来，备案企业标准内容是不允许公开的，备案部门负有保密义务。国家质检总局、国家标准委于2009年3月12日联合印发的《企业产品标准管理规定》第26条，再次强调了“受理备案部门不得泄露、扩散标准的内容或者文本。备案的标准一般不对外提供，但法律法规另有规定的除外。”很多省市人民政府或者标准化管理部门也作出了对备案企业标准保密的规定。一些省市公开备案企业标准的，也只是根据《企业产品标准管理规定》第22条的要求，定期公告已备案企业产品标准名录，并不涉及标准的具体内容。现在向全国推行的产品和服务标准自我声明和主要质量指标信息公开制度，是否与企业标准备案的原意相悖，需要研究。特别是将不公开制度改为公开主要质量指标，不仅法理上要斟酌，还会严重挫伤企业制定高水平企业标准的积极性。

目前，我国已有强制性国家标准约3450余项（不包括食品安全、环境保护、工程建设方面标准），推荐性国家标准、行业标准和地方标准大概近10万项，这些标准的覆盖面相当广泛，国家还要改革出台团体标准，各类标准还会根据需要补充增加。《合同法》规定，包括质量在内的合同内容由当事人约定；质量要求不明确的，按照国家标准、行业标准履行；没有国家标准、行业标准的，按照通常标准或者符合合同目的的特定标准履行，《民法通则》也作出了类似规定。《产品质量法》和《侵权责任法》又对缺陷产品责任作出规定。法律法规和标准体系已经对产品质量争议给出了解决依据和途径，绝大多数的质量争议都具备了解决基础，我们建议为了尊重企业经营自主权，发挥市场在产品质量竞争中的调节作用，真正落实企业标准化主体责任，发挥企业标准在提高质量和效益中的作用，直接取消企业标准备案。

二、质量促进法治的与时俱进

新中国成立尤其是改革开放以来，我国制定实施了一系列政策措施，初步形成了中国特色的质量发展之路。国务院先后颁布实施《质量振兴纲要（1996—2010 年）》和《质量发展纲要（2011—2020 年）》，全民质量意识不断提高，我国主要产业整体素质和企业质量管理水平有较大提高，产品质量、工程质量、服务质量明显提升。但是，我国质量发展基础薄弱，质量水平的提高仍滞后于经济发展，片面追求发展速度和数量，忽视发展质量和效益的现象依然存在。产品、工程等质量问题造成的经济损失、环境污染和资源浪费仍然比较严重，质量安全事故时有发生。一些生产经营者质量诚信缺失，肆意制售假冒伪劣产品，破坏市场秩序和社会公正，危害人民群众生命健康安全，损害国家信誉和形象。

随着经济社会的发展质量已不再是一种奢侈品，而是任何产品及服务所必须具备的。抓质量的治本之策，应是加强质量立法工作，走质量强国之路。许多发达国家在经济社会进入快速发展的关键时期，都把质量发展作为一种国家战略来实施。20 世纪 50 年代德国实施“以质量推动品牌建设，以品牌助推产品出口”质量政策；20 世纪 60 年代日本提出质量救国战略；20 世纪 70 年代韩国实施质量赶超计划；20 世纪 80 年代美国制定《质量提高促进法》，都促进了经济实力的增强和可持续发展。

综上所述，国家制定质量促进法有其必要性和可行性，以法治的力量，推动质量发展，规范和保障质量事业的健康发展，实现质量强国。

1. 制订质量促进法，要强化企业质量主体作用

从微观质量管理上来说产品质量是生产出来的，而不是监管出来的。所以，强化企业的质量主体责任是提高产品质量的根本，也是质量促进法需要解决的问题。一是重宣传，大力营造企业落实质量安全主体责任的浓厚氛围。二是重培训，不断强化企业的质量安全主体责任意识。三是抓典型，发挥优势企业的引领作用；四是抓整治，解决质量安全存在的突出问题。总之，通过一系列的制度和措施，落实企业主体责任，提高企业质量管理水平，加快企业质量技术创新，推动企业履行社会责任。

2. 制订质量促进法，要强化质量安全监管

实施质量安全风险管理；建立质量安全风险管理制度，加强质量风险发生、传播、控制规律的研究，认真梳理质量安全风险源，抓好风险监测、研判、预警、处置 4 个环节，建立和完善高风险产品、重要消费品的质量安全风险监测体系，做到对质量安全问题早发现、早研判、早预警、早处置。一是建立质量安全风险监测制度。加大对质量安全问题严重的重点产品、重点设备、重点行业和重点地区的监测及质量信息收集力度、及时发现质量安全隐患；建立企业重大质量事故报告制度和产品伤害监测制度，推动产品伤害监测试点工作，完善质量安全巡视制度、明察暗访制度和举报奖励制度，组织开展风险监测关键技术研究。二是建立质量安全风险研判机制。加强质量安全风险分析与评估专家队伍建设，对已监测到的质量安全风险和获取的违法违规线索，及时进行风险研判，对倾向性、苗头性、疑问性以及重大的产品质量安全信息及时提出处置建议。对系统性的质量安全风险，及时发出预警。三是建立质量安全风险快速处理机制。针对质量安全风险，快速应对，妥善处置，特别是对已发出预警的系统性质量安全风险，要根据风险的程度和范围迅速启动应急机制，采取有针对性的措施，把问题解决在萌芽状态。对危及人身、财产安全的缺陷产品，要坚决召回。

3. 制订质量促进法，要创新质量发展机制

健全质量评价考核机制。对经济社会发展衡量中，多是数量指标，如GDP，但单一的GDP发展指标，并不能完整地反映经济社会发展的质量。质量宏观管理应当要把量化和非量化的方法相结合，结合国情、省情和区域发展特色，要能反映一个区域质量发展的现状以及不同领域质量发展的差异，从而在此基础上提出有针对性的质量发展对策。如：研究和完善区域质量发展指数等宏观质量衡量指标，用宏观质量管理制度落实质量评价数据。再如，定期开展质量分析报告发布。创新和完善政府质量工作专项绩效考核，将质量安全与质量发展考核指标化纳入地方政府绩效考核体系，引导各级政府发挥职能优势，使宏观质量水平日益提高。

建立国家和地方质量奖励制度。目前，国际上已有88个国家和地区设立了国家质量奖，其中最具代表性的是美国波多里奇国家质量奖、日本戴明奖和欧洲卓越奖，借鉴发达国家的做法，中国质量奖于2012年经全国评比达标表彰工作协调小组审定并报请中央批准设立，这是我国质量领域的最高荣誉，开展周期为两年，设中国质量奖和中国质量奖提名奖，以此激励我国企业不断提高质量、追求卓越管理，增强竞争能力。截至目前，基本上省级政府都设立了地方政府质量奖励制度，如上海市的市长质量奖、质量金奖；地方质量奖励制度的建立对于提高地方企业的经营积极性、提升产品质量、促进企业转型都发挥了重要的作用。希望通过在质量促进法中建立国家和地方奖励制度，将奖励制度从制度化走向法制化。2013年第一届中国质量奖授予给了中国航天集团的“双归零模式”和海尔集团的“人单合一双赢模式”，这将极大地引导地方政府及各类企业学习模仿先进经验、理念和做法。《上海市政府质量奖管理办法》也将围绕接轨国家质量奖、推进本市科创中心建设等方面进行改进和完善。

创建品牌培育激励机制。实施品牌发展战略，是党中央、国务院赋予质检总局的重要职能之一，国家“十二五”发展规划纲要、《质量发展纲要》等文件，都对品牌建设提出了明确要求。国家质检总局自成立以来，初步建立了具有中国特色的品牌培育激励机制，培育出了一批优势品牌，产生了一批优势企业。将创建品牌培育激励机制写入质量促进法，将对中国经济增长、产业结构优化、区域协调发展、和谐社会建设起到了积极的推动作用。创建品牌培育激励机制，应当尽快建立适合我国国情的品牌建设国家标准体系和品牌价值评价制度；密切跟踪国际动向，争取将我国国家品牌价值测算相关标准列入国际标准，推动中国自主品牌国际化，增强中国品牌国际话语权。

同样质量教育、质量战略规划以及政府质量投入机制等也都是质量激励和促进的重要举措，应当加以充分重视。

4. 制订质量促进法，要做好相关基础工作

规范质量数据采集。质量以数据说话，随着科学技术的发展，目前计算机完全能够处理各类数据。且随着互联网经济、智能制造的发展，各类质量数据越来越多，呈现大数据的格局。通过规范质量数据收集、处置、分析、报告、共享等各方面的行为来保证质量数据的公正、公开和准确。质量数据也是质量发展和促进质量发展的基础。

推进质量诚信体系建设。社会信用体系由政府信用、企业信用和个人信用融合而成，企业信用体系建设是整个社会信用体系建设的重中之重。加快推进企业质量诚信体系建设，对于降低质量交易成本，提高资源配置效率，促进经济社会发展举足轻重。加强质量诚信体系建设，要不断完善质量诚信标准体系、加快质量信用信息化建设、实施质量信用分级分类管理、健全质量信用奖惩机制、建立质量信用“黑名单”制度、完善质量信用信息发布制度、推动企业建立质量信用体系、加强企业质量诚信文化建设、加快行业质量诚信自律机制建设、推进质量信用服务发展。

三、建立健全缺陷产品召回法律制度

随着我国市场经济体制改革进程的加快和科学技术日新月异的发展，由设计、制造、警告标识等引起的缺陷问题也越来越快的呈现出来，也日益引起人们的普遍关注。人们既享受科学技术进步带来的便利和快乐，同时也担忧科学技术进步带来的未知缺陷引起产品质量安全的问题。缺陷产品召回制度就是这样一项为纠正弥补科学技术进步带来未知缺陷进而影响安全的制度。也是保护消费者权益的一项制度。这项制度自 20 世纪 60 年代在美国确立以来，经过半个世纪的发展，现在已日趋成熟和完善。但我国的缺陷产品召回制度起步晚，目前还存在诸多不足之处，这些不足之处严重影响了我国消费者权益的充分保护。

1. 我国缺陷产品召回法律制度现状

截至目前，我国没有专门的缺陷产品召回法律，相关缺陷产品及召回的内容散见于《产品质量法》《消费者权益保护法》《缺陷汽车产品召回管理条例》、各地消费者权益保护条例、部门规章中。具体来讲，就《产品质量法》和《消费者权益保护法》两部法律而言，《产品质量法》提出了缺陷的概念，但没有明确提出“缺陷产品召回”的概念，2013 年新出台的《消费者权益保护法》针对经营者提出了缺陷产品召回的责任和义务，但二者均存在对缺陷产品召回规定内容过于简单，缺乏可操作性的问题。就《缺陷汽车产品召回管理条例》而言，2013 年 1 月 1 日开始实施的《缺陷汽车产品召回管理条例》突破缺陷汽车召回立法层级低的限制，整合、优化了缺陷汽车召回管理制度，将缺陷汽车产品召回管理的法律制度通过行政法规确定下来，规定了信息共享、加大了行政处罚力度，促进召回制度有效实施，但该行政法规只规范了汽车的召回，规范的范围仍过于狭窄。就地方性法规而言，2002 年《上海市消费者权益保护条例》是我国缺陷产品召回制度立法的起步，该条例第三十三条第一款规定：“经营者发现其提供的商品或者服务存在严重缺陷，即使正确使用商品或者接受服务仍然可能对消费者人身、财产安全造成危害的，应当立即中止、停止出售该商品或者提供该服务；商品已经售出的，应当采取紧急措施告知消费者，并召回该商品进行修理更换或者销毁，同时应当向有关行政管理部门和行业协会报告。”虽然该条例只是地方性法规，但却是我国第一次由立法形式明确规定缺陷产品召回制度。《上海市消费者权益保护条例》出台后，其他省市也纷纷效仿。例如：《贵州省消费者权益保护条例》、《河南省消费者权益保护条例》也都对缺陷产品召回做了简单的明确规定，但它们都属于地方性法规，仅适用于特定的地区，适用范围狭窄，效力层次也较低。而且，缺陷产品召回作为一项制度，这些规定仍显粗略，不够具体。就部门规章而言，国家质检总局作为产品质量监督主管部门，共颁布了《缺陷汽车产品召回管理规定》《儿童玩具召回管理规定》《食品召回管理规定》等三部部门规章。原国家食品药品监督管理局共颁布《药品召回管理规定》《医疗器械召回管理规定》两部部门规章。上述部门规章对保证汽车、儿童玩具、食品、药品等产品的使用安全，敦促企业不断提高产品的质量方面发挥了重要作用。但是，特定行业产品召回制度只是一个部门规章，只适用于一定的行业，效力层次低且不具有普遍适用性。

从目前实际开展的情况来看汽车产品的缺陷召回管理是成功的，但也有一些问题。关键是对缺陷召回制度的认识问题。正如前面所言，缺陷召回制度是纠正弥补科学技术进步引起的未知缺陷带来的安全性问题，同打击假冒伪劣违法犯罪行为有着本质的区别。因此在制度设计中充分体现企业自主管理要求，缺陷信息收集和科学验证要求，消费者教育等。对不愿承担召回义务的给予严格的惩罚。我国目前有些地区存在把缺陷召回制度中的缺陷当作案源用《产品质量法》进行处罚的现象；同时我国现有的法规规章也没有正确地界定“缺陷”概念，这个概念是不清的，混淆视听的。实质上这也是认识不到位的表现。

（1）《产品质量法》第四十六条对缺陷的解释：本法所称缺陷，是指产品存在危及人身、他人财产安全的不合理危险；产品有保障人体健康和人身、财产安全的国家标准、行业标准的，是指不符合该标准。后半部分把缺陷简化为符合标准，这造成了很多的困惑。比如，汽车产品出厂检测都是符合标准的，缺陷往往是事后通过信息积累、科学分析验证才发现的。我们讲的缺陷产品召回制度和目前《产品质量法》所称的缺陷应该是有区别的。

《缺陷汽车产品召回管理条例》所称缺陷，是指由于设计、制造、标识等原因导致的在同一批次、型号或者类别的汽车产品中普遍存在的不符合保障人身、财产安全的国家标准、行业标准的情形或者其他危及人身、财产安全的不合理的危险。

这个定义尽管仍采用了《产品质量法》的说法，但加了很长一个定语，有较大的改善。

（2）英语的区别：缺陷 defect，瑕疵 spot，缺陷产品 defective product，产品缺陷 product defect，产品瑕疵 product flaw。

（3）辞海的定义：缺陷的定义是欠缺；不够完善。瑕疵的定义是微小的缺点或者是指宝玉石中对其质量产生不利影响的各种内部和外部缺陷。

2. 缺陷产品召回立法存在的问题

（1）缺乏专门的产品召回基本立法

如上所述，我国虽然有《缺陷汽车产品召回管理条例》《食品召回管理办法》《儿童玩具召回管理办法》《医疗器械召回管理办法》等关于产品召回的法规规章，但至今还没有专门的产品召回基本法。所以，在国家法律层面并没有对缺陷产品召回制度进行详细的规定，对缺陷的概念也没理清。这样就直接导致缺陷产品召回制度的适用范围受到限制，缺乏国家法律层面的有力支持，产品召回法律制度的完整有效也无从谈起。

（2）现行召回制度的法律位阶较低

目前，我们国家除了2013年1月1日开始实施的《缺陷汽车产品召回管理条例》为行政法规以外，剩下的关于缺陷产品召回制度的规定主要集中在已经制定的部门规章当中，法律层级低，缺乏权威性和约束力。从内容来看，规定也较为原则化。相比产品召回制度比较发达的国家，均是通过国家基本立法的形式来规范的，辅以完善的配套法律制度。因此，我们可以看到目前的缺陷产品召回制度还有些不完善，相关立法仍处在初级阶段，还存在着发展完善的空间。

（3）召回的范围对象狭窄单一

我国现有的法律规章将产品召回的范围仅限于汽车、食品、药品和儿童玩具，电子产品、化妆品、家用电器等日常生活品的召回仍然无法可依。范围过于狭窄不利于对消费者的保护也不符合国际社会的发展趋势。从美国等发达国家的立法和实践来看，召回制度几乎适用于一切可能给消费者人身和财产造成损害、危害公共安全的产品。其种类已达1500种以上。没能覆盖大多数产品的召回制度，不可能是完善的召回制度，消费者的个人合法权益和社会公共安全利益也无法得到有效的保障。

（4）缺乏独立的缺陷产品鉴定机构

这是一个非常现实的问题，虽然我国的缺陷产品召回法律制度在逐渐完善，但是与法律制度相配套的缺陷产品鉴定机构并没有应运而生，独立、公正、权威的缺陷产品鉴定机构处于非常匮乏的状态。例如汽车召回，虽然有《缺陷汽车产品召回专家库建立与管理办法》等实施细则，但在现行行政体制下，鉴定机构与召回企业都存在着千丝万缕的联系，消费者很难找到独立的第三方鉴定机构。

（5）处罚力度轻，违法成本过低

相比国外对违反召回义务的严厉惩罚，我国的惩罚的威慑力太小。虽然2013年1月1日开始实施的《缺陷汽车产品召回管理条例》，最高罚款金额为缺陷汽车产品货值的1%至10%之间，相比以前的规定已经明显提高。但这种处罚力度由于部门规章的立法权限原因，并没有在我国涉及缺陷产品召回的部门规章中得到普遍适用。这和实施缺陷产品召回制度比较成熟的国家相比还存在较大差距。

（6）监管体系不尽科学合理

目前，缺陷产品召回的主管工作由国家质检总局主管，具体职能由国家质检总局缺陷产品管理中心实施，具体承担了我们国家产品缺陷技术调查与认定的组织与管理、产品缺陷风险评估与召回效果评估、缺陷产品管理技术专家库与检测机构的评审与管理等工作。在我国的缺陷产品召回制度中，国家质量监督检验检疫总局负责一般缺陷产品召回的监管工作，但其还要承担全国大部分产品的质量监督工作。过于繁重的工作任务，使该机构力不从心，对缺陷产品召回的监管也容易出现纰漏。

另外，我们仍然没有厘清政府监督管理的对象是什么，是不符合标准的产品还是存在质量安全风险的缺陷产品。这个问题不搞清楚立法的大方向就把握不住，所立之法能起到的作用就会打折扣。

3. 完善缺陷产品召回法律制度的建议

（1）制定缺陷产品召回法律

完善的经济立法是产品召回法律制度的前提。建议我国加快步伐制定一部由全国人大或全国人大常委会制定的《缺陷产品召回管理法》或《消费品安全法》，从质量数据和信息系统、产品缺陷召回的范围、主管部门、召回程序、罚则等方面进行明确，以此来解决召回立法方面的瓶颈问题。通过法律的制定，将缺陷产品召回的范围扩大到公民日常生活所涉及的消费品领域。建立科学、合理的质量信息系统，解决质量信息不对称问题；加强发现缺陷产品的能力，完善强制性召回程序和处罚措施。

（2）成立独立、公正、权威的缺陷鉴定机构

建立独立、公正、权威的缺陷鉴定机构，是严格执法，公正司法的重要前提。由于检测、鉴定结果直接影响主管部门的判断，因而建立客观公正的检测、鉴定机构极为重要。为此，有的学者提出，可以专门成立一个由研究单位、检测机构等专家组成的独立委员会，专门进行产品缺陷的鉴定，相关企业可以派代表参加讨论说明情况，借鉴国外的经验，采用国际化的检测手段对缺陷进行验证。

（3）加大违法行为的处罚力度

加大惩罚力度，建立惩罚性赔偿制度。一项好的法律制度要得到好的贯彻落实，还必须辅之以严格而有效的法律制裁手段来强制保障。当前，我国对缺陷产品以及经营者未尽到缺陷产品召回的处罚力度还是过轻，在此情况下，由于违法成本要远远小于处罚成本，商家更愿意选择违法以保障起自身利益。我国的惩罚制度主要体现为行政处罚，但处罚的种类较少，力度不足。因此，加大惩罚力度，一方面应加大行政处罚的力度，另一方面要加大民事赔偿责任，以对消费者的赔偿变相对企业进行惩罚。借鉴美国惩罚性的赔偿制度，如在生产经营者有故意隐瞒产品缺陷的行为时，对其加大处罚，使违法成本大大高于守法成本。这样生产经营者才能

主动地采取召回措施防患于未然，在出现缺陷的情况时能更多地选择主动召回而不是等着强制召回。

（4）明确监管主体、统一主管部门

本着分工合理，监管专业，便于组织协调的精神，借鉴美国产品召回主管机构的设置，建立起以质检总局管理为主，特定产品如食品药品、医疗器械等由专职部门负责的缺陷产品管理体系，从整体和局部逐步建立起我国专业化、细分化的产品召回管理体系，实现消除缺陷提升质量的目的。

（5）增加保险险种和赔偿额度

探索建立缺陷产品召回风险基金或者缺陷产品召回保险机制是召回制度落实的重要保证。高额的召回成本对于大多数中小企业来说是难以忍受的，即使是规模较大的企业也不堪重负，企业很难积极落实产品召回制度。这就需要召回保险制度发挥其分担风险、转嫁风险的作用。企业参加召回保险，可以将其风险向外分担给保险机构，减小自身的召回成本，从而提高主动发起召回的积极性。应在更大范围内扩大召回保险的承保范围，应积极开拓召回保险的种类，增加赔偿额度，加大法律法规对保险召回制度的支持，形成健康稳定的缺陷产品召回保险制度，合理分担企业召回风险。

借鉴国外的先进经验，不断完善我国的缺陷产品召回法律制度，意义重大而深远。一项制度的完善是一个长期的过程，缺陷产品召回制度更因其专业性，市场性而尤为复杂，需要从各个方面来不断改进，既要保护消费者人身和财产安全，又要符合市场经济的发展规律，使制度本身释放出更大的活力。

参　考　文　献

[1] 黄小路.《上海市产品质量条例》释义. 北京：中国质检出版社，2014.
[2]《民法学》彭万林主编，北京：中国政法大学出版社，2002.
[3] 孙亮. 论我国缺陷产品召回制度的完善. 商，2013，03.
[4] 汪诚东. 试论我国产品召回法律制度的不足与完善. 东方企业文化，2013，07.
[5] 潘俊军，邓玉敏. 我国缺陷产品召回制度进一步完善的建议. 金田，2013，12.
[6] 国内外产品质量责任制度研究课题研究报告，上海市质量和标准化研究院.

第四章

基于国际视野的质量管理

案例六　认证，还是“认钱”

2014年6月15日新华网播发《认证，还是“认钱”——新华社记者调查暗访认证市场》的文章。文章指出：从一把蔬菜，到一辆汽车，到一家企业……“认证”二字在生活中几乎随处可见。认证，是指由国家认可的认证机构证明一个组织的产品、服务、管理符合相关标准，是消费者信心的第一道保障。然而，“乱认证”“假认证”近年来屡禁不止，让人们对这项提供诚信保证的行为本身的诚信度发生了怀疑。新华社记者经过数月调查暗访，发现在企业质量管理认证、玩具业产品认证、农产品有机认证三大领域，认证变“认钱”的“潜规则”盛行，弄虚作假走过场司空见惯，一些认证已沦为部分企业自我美化的“假面具”。

2014年6月22日新华网（记者毛伟豪　荆天）再次报道：

新华社15日播发《认证，还是“认钱”——新华社记者调查暗访认证市场》的报道后，国家质检总局、国家认监委高度重视，迅速展开调查。截至发稿时，已查明部分事实并进行了初步处理，后续调查和整顿工作仍在继续。国家认监委相关负责人表示，认监委将依据《认证认可条例》和《认证机构管理办法》等规章，对违法违规机构及人员作出行政处理，并建议相关合格评定认可机构和认证人员注册机构对其认可资格、人员注册资格作出相应处理。结合简政放权和行政审批改革的要求，国家认监委将进一步完善认证认可活动事中事后监管制度，切实解决认证咨询和培训机构“管不着，不好管”等问题；健全统一的认证、检测机构和人员资质的动态监管，遏制认证检测市场“劣币驱逐良币”现象。

案例六反映了我国认证认可市场的某些不正常情况，值得反思和总结。据资料显示，除我国外，近年来世界上其他国家通过质量管理体系认证的组织数量持续减少。针对这一现象，国际标准化组织在2015年也将出版新的ISO 9000质量管理标准体系，标准体系将有更大的调整，新的标准体系将融合卓越绩效评价体系的内容，将更加注重组织质量风险的预防和质量竞争力的提升，而不仅仅是标准的符合。质量管理基于国际视野的经验值得我们认真借鉴和吸取。李克强总理在首届中国质量（北京）大会上指出：质量没有国界。提升质量需要进一步扩大开放。他倡议各国特别是主要贸易国之间加强质量研发合作，深化质量技术交流，建立强有力的监管合作机制，通过国际互认解决标准一致性问题，提升全球产业链整体质量能力。

第一节　国外经验概述

宏观质量管理需要学习国际先进经验，关键是学习各国设计该项制度的本质和原有之义。我们需要有国际的视野来引进、消化吸收国外先进的管理经验并为我所用，洋为中用。宏观质量管理同国际接轨是大趋势，国际上许多成熟的经验值得我们认真学习借鉴，比如，合格评定程序、区域品牌管理制度、质量促进制度、缺陷产品召回管理制度等等。同时，要结合我国实际，建立起中国特色的宏观质量管理体系。同时，充分利用中国（上海）自由贸易试验区和其他自贸区平台，探索具有中国特色的质量监管新模式。

一、国外发达国家宏观质量管理制度概述

宏观质量管理指的是对一个国家或一个区域的空间范围内总体质量以及影响和促进总体质量发展的相关因素开展管理的活动。宏观质量管理一般以政府管理机制为主，还包括市场管理机制、社会管理机制等其他方式，研究和学习国外先进的宏观质量管理方法，可以有效提升宏观质量水平。考虑前面各章均有相关介绍，这里主要分享宏观质量管理体制机制建设成果。

1. 美国宏观质量管理制度

美国宏观质量管理体制中，市场是主体，市场能解决的让市场机制解决，政府质量监管主要是在市场难以解决的领域发挥主导作用。这一主导

作用的发挥，主要是依靠严密的法律体系，并聚集在极少数的关键质量安全领域，表现在对社会质量安全底线的控制，并履行市场和社会质量监管体系所不能履行的职责。政府质量监管与市场质量监管和社会质量监管体系一道，共同构成了美国完整的宏观质量管理体制。

美国主要是通过三方面建立宏观质量管理体制：

（1）建立以竞争为导向的市场质量管理制度。采用充分的市场竞争、反垄断机制，发挥大型检测集团的专业监管作用，缺陷产品召回制度形成的压力进而强化服务提供者的产品质量责任等方式。

（2）建立以消费者为中心的社会质量监管体制。通过以消费者为最大利益相关方，建立了基于质量的消费者保护立法，发挥新闻媒体、行业协会、第三方机构等有关社会组织在质量监管中的作用。

（3）建立以法律为核心的政府质量监管体制。通过制定严密的质量法律体系，将政府监管聚集于极为关键的质量安全领域，合理的划分联邦政府和地方政府在质量监管上的职责。同时，明确执法机构和行政机构分工，涉及违法行为由执法机构调查和处罚，行政机构主要职责是管理，包括落实相关制度、信息管理、教育培训、调查起诉质量违法行为等。

2. 德国质量管理制度

德国建立了一整套完善的“法律—行业标准—质量认证”管理体系。在完善的法律法规基础上，细化为数万条行业标准，然后由质量认证机构对企业生产流程、产品规格、成品质量等进行逐一审核，企业最终只需要拿到认证机构的认证结果并公示。这样既保证了法律法规的有效实施，又便于企业向消费者证明产品的可靠性和安全性。保证德国制造优势的还有严谨的质量认证和监督体系。

3. 发达国家宏观质量管理制度的启示

纵观各发达国家的宏观质量管理制度，首先一条就是建立在互相信任的基础上，社会信用体系是整个质量管理制度的基础。总结各国经验发现主要呈现以下的特点：

（1）宏观质量管理取决于三种体系（社会、市场、政府）的共同有效作用。市场和法律制度是宏观质量管理体制的基础，坚持以市场调节为主，不断健全法律法规体系，政府重点对质量安全底线进行监督管理。

（2）产品分类监督管理，加强风险评估与预警。如对于食品的管理，美国、日本等采用分类监管的模式，根据产品可能对消费者带来危险程度的不同，对食品安全实施从农田到餐桌的全程控制。

（3）监督机构独立管理，发达国家的质量监督机构也多为独立垂直管理部门，具有独立的行政权限，保证了行政管理的公正性和独立性。

（4）质量的总体发展和宏观质量管理水平的提高是一个循序渐进的过程，注重质量管理与国际惯例接轨。

（5）消费者在宏观质量管理中有不可替代的作用，普及群众质量意识活动，注重信用体系建设。

（6）设置质量管理的激励措施。主要是质量促进方面的立法或者国家质量发展战略的推进。

二、我国学习国外先进宏观质量管理经验存在的问题

1. 质量发展和经济增长的关系还没有厘清

质量发展对经济社会增长提供坚实保障作用如何凸显还没有形成完整的制度体系、指标体系和运行机制。李克强总理在中国质量大会上指出：中国经济要再创奇迹、再创辉煌，就必须着力在提升质量上下工夫，以质量的提升“对冲”速度的放缓，把经济社会发展推向“质量时代”。但是，如何通过提升产品质量、服务质量来促进经济增长质量提高仍需要机制体制的保证，需要“放管治”综合配套改革。仍需要我们在宏观质量管理理论上、观念上的突破，防止“一放就乱”和“一管就死”的情况再次发生。

2. 质量发展促进经济增长还没有成为社会的自觉行为

我们一直在强调形成质量的社会共治机制，“质量月”也已经举办了很多年，但仍然没有形成质量发展的社会环境，提升质量也没有成为每一个人的自觉行为。我国的消费者仍然不够成熟，仍然没有有效地参与到全社会质量治理机制中，消费者的需求仍然没有成为提升质量、改进质量的动力，我们讲质量安全是生产者和消费者相互影响的结果，如果消费者不成熟、不理性，因消费原因造成的质量安全问题将会日益严重，比如，不正确使用安全带造成的交通伤亡事故呈现多发态势。

同样，质量创新也缺乏实质性推动举措。熊彼特在《经济发展论》中提出：创新是在新的体系里引入“新的组合”，是“生产函数的变动”。这种组合包括五个方面的内容，一是引入一种新产品或提供一种产品的新质量（产品创新）；二是采用一种新的生产工艺（工艺创新）；三是开辟一个新市场（市场创新）；四是获得一种原材料或制成品的新供给来源（资源开发利用创新）；五是实行一种新的组织形式，如建立一种垄断地位或者打破一种垄断地位（体制和管理创新）。

质量发展也包括两个方面，一是质量创新；二是质量改进。质量创新实质是技术创新，比如摄影摄像的数码技术取代胶片技术，就是颠覆性、破坏性创新，原有的技术质量再好也无法使用，新技术实现了质的突破；而质量改进主要是在“有”的基础上实现“好”或者“更好”，这主要是追随式创新或者微创新。这两点也都包含在熊彼特的创新理论中。我们要做的就是让所有的人都参与到质量创新和质量改进中去，形成全民参与的良好氛围，让质量发展成为全体民众的自觉行为。

3. 质量由谁来管的问题

在质量方面我们更加强调的是政府作用，是政府监管，很少研究市场机制下政府如何营造环境，如何用市场的手段来实现“管”不了的事。我们有的同志到美国学习，感觉美国的质量监管体系是强有力的、灵活的、高效的。这里面讲“强有力”是指法律的威慑力，“灵活”讲的是市场手段，二者结合起来就是高效率的。但是我们如何在制度设计时能够灵活应用还缺少成功案例。

三、引进国外先进宏观质量管理经验必须重视的几个问题

1. 分类管理的问题

在大多数发达国家，质量监管采用分类监管的方式十分普遍。比如，美国的特种设备监管问题，对安全危险程度较低或者风险较小的特种设备就实行以企业自主管理为主要的方式，而对危险性较高的高压锅炉、易燃易爆有毒有害介质的压力容器以政府监管为主。欧盟的 CE 认证也是分类管理的，列入低风险 CE 认证目录的产品，企业只要自我声明达到 CE 指令要求，就可以使用 CE 标志。这样做即可以充分发挥企业责任主体的作用，又可以降低政府的行政成本，提高行政效率。

2. 发挥社会组织作用的问题

这也是市场经济国家非常重视的一个方面，质量方面的许多工作是可以由第三方来完成的，政府在这方面主要是制定规则。比如美国锅炉标准体系由三个层面组成：

（1）美国政府机关颁发的有关法令；

（2）ANSI 美国国家标准；

（3）美国各类行业协会的标准，如美国机械工程协会 ASME 标准、美国无损检测协会 ASNT 标准、美国锅炉制造商协会 ABMA 标准等。标准可以由社会各个方面制定，国家层面实施的是技术法规。

3. 机构自主管理的问题

从自愿性认证到自主管理协调机构，充分显示质量的社会共治特征。比如，美国国家标准协会 ANSI 就是一个自愿性标准体系管理和协调机构。在许多国家更多地强调自愿性产品认证，比如 UL 认证就是美国一家著名的检测认证机构，UL 认证已经成为一种安全标志。德国的 GS 认证也是一项自愿性认证，产品获得 GS 认证则表明质量安全是可信的，也可极大地提升产品的竞争力。

4. 产品质量责任是企业不可推卸的，企业必须负责

产品责任是民事责任主要由民法来调整。企业落实产品责任的关键是企业自我管理、自担责任。缺陷产品召回制度实质是产品信息不对称的问题，政府通过建立缺陷产品信息监测系统，解决信息不对称问题，让消费者参与，并把缺陷产品的信息传递给企业、把消费压力传导给企业，从而实现企业自我管理，自主召回缺陷产品，消除质量隐患进而保护消费者。

第二节　国际经验启示

国外尤其是发达国家有着较为完善和成熟的质量管理经验做法。这里主要是宏观层面的经验做法，是一个国家或者区域质量管理的相关制度建设。比如：

（1）质量促进制度。包括政府层面的质量奖励制度，质量发展战略规划，质量基础理论和技术研究，质量教育等等。

（2）合格评定程序。是指任何用以直接或间接确定是否满足技术法规或标准有关要求的程序，TBT 协议还对其给出了明确的解释性说明，即“合格评定程序特别包括抽样、测试和检验；评价、验证和合格保证；注册、认可和批准以及各项的组合。”目前公认合格评定程序最主要的形式为认证，认证包括产品认证、管理体系认证、人员认证、地理标志认证等。

（3）产品缺陷召回制度。包括政府管制要求，产品责任，产品缺陷信息收集、分析、确认、分享，缺陷产品召回等。

（4）政府服务的质量管理。比如美国联邦政府再造，通过创建一个由顾客驱动的政府，让政府管理更像企业运行，并促使政府部门开展持续的质量改进活动，来实现质量型政府组织的构建和评价。

当然我们所认为的质量信用、产品责任、质量争议处置机制等市场经

济基本要素在市场经济国家已经成为市场经济不可分割的组成部分，在这里我们不作介绍。本节中我们主要讨论认证制度、区域品牌管理制度、质量促进措施几个国外质量管理成熟的经验做法。

一、认证制度

（一）国外认证制度介绍

1. 欧盟认证制度

CE 是欧洲合格认证的简称，也称欧盟安全认证标志。CE 是欧盟法律对产品提出的一种强制性安全合格标志，它适用于欧盟有关标准与技术协调的新方法指令（New Approach Directives），用以证明产品符合欧盟理事会新指令的基本要求。欧盟明确要求，凡涉及欧盟指令的产品，必须符合其指令并通过一定的认证，才允许在欧盟各成员国市场上流通。产品加贴 CE 标志，即向用户和政府做出质量保证和质量承诺，表明产品符合欧盟指令的安全、健康、环保的要求而不是一般质量要求。

欧洲认证程序主要有 8 种模式：生产内部控制（自我声明）、型式检验、符合性要求、生产质量保证、产品质量保证、产品检验、单件验证、完全质量保证，企业可以选择其中的 2～3 种模式，在选择生产质量保证、产品质量保证、单件验证模式时，企业必须建立相应的质量保证体系。CE 证书的发证机构包括企业自主签发的《符合性声明书》，此证书属于自我声明书；第二种为第三方机构签发的《符合性证书》；第三种为欧盟公告机构（NB）颁发的《欧盟标准符合性证明书》。对被市场监管机构发现的不符合 CE 要求的产品，或者使用过程中出现事故但已加贴 CE 标志的产品必须采取补救措施，比如撤回或者禁入等。欧盟产品指令允许某些类别中风险水平较低的产品制造商选择自我声明模式进行 CE 认证；而风险水平较高的产品必须通过欧盟公告机构（NB）的认证。目前有 1200 家认证机构获欧盟认可，这些机构大部分都在欧盟境内。

2. 美国认证制度

美国认证体系由 NIST（美国标准技术研究院）负责编制认证计划，由 ANSI（美国国家标准学会）负责对认证机构进行认可，并代表美国参加国际认证的互认活动。认证体系主要可以分为政府认证和民间认证，其中政府认证又分为联邦政府认证和州政府认证，民间认证属于自愿性认证，主要由第三方认证机构承担完成。

（1）政府认证

联邦认证共有61种，分为以下三种类型：

①直接影响用户和公众健康或安全的产品进行认证；

②为避免地方机构或采购前重复测试而对产品进行测试的制度；

③通过评估产品的质量和状态为贸易提供统一依据进行认证的制度。

其中，第一类认证是强制性的，另外两类认证是自愿性的（除烟草等少数产品外）。但是第二类认证中，如果由政府机构采购或由政府提供资金担保的，则视为强制性认证。

联邦政府的产品质量认证机构包括：食品和药物管理局（FDA）、联邦航空管理局（FAA）、矿山安全与健康管理局（MSHA）、农业部（USDA）、商业部（DOC）、交通部的全国公路交通安全管理局（NHTSA）等。

美国各州政府有不同产品和服务的认证，州在联邦政府的授权委托下进行产品的检验和测试，州也可以健康与安全的原因按照州自己批准的法规开展产品认证，州亦可对那些对经济起重要影响的产品进行认证，州可以建立自己的标准，授权地方政府实施强制执行（检验和测试等），另外州还可以通过发放许可证管理，控制医疗、保险等行业的服务质量。各州通常对直接或间接的对当地经济有重要影响的产品专门制定法规和相应的合格评定程序，例如佛罗里达州和加利福尼亚州，对影响其水果产业的产品进行检验；内布拉斯加州农业占主要地位，于是该州建立了测试体系对拖拉机进行测试并颁发合格证书；加利福尼亚州空气污染比较严重，因而有关汽车排放的法规极其严格。

（2）民间认证

民间认证主要是第三方认证体系，由发达的第三方合格评定机构完成，属于自愿性质。截至目前，美国民间认证机构约为400多家，其中100余家被NIST列入认证计划。部分民间认证机构在美国乃至国际市场上影响巨大，例如“UL”认证标志与能源之星认证涉及产品广泛，对相关产品市场准入起到关键性影响。

1）认证体系。美国的民间认证体系采用自愿认证，而且以产品认证为主体，合格评定系统的主体是专门从事测试认证的独立实验室，“美国独立实验委员会”有400多个会员，测试认证在美国已经形成了一个很大的产业，每年的营业额在1000亿美元以上。在民间合格评定系统结构中，美国政府部门的作用是认定和核准各独立实验室的资格，或者指定某些实验室作为行业合格评定的特许实验室，使得这些实验室颁发的认可证书具有行业认可的效力。

2）认证机构。美国的第三方合格评定机构十分发达，其主要任务是为国内外供应商、制造商开展产品检测、认证，经过独立的实验室和检测机构测试后，提供有关产品是否符合标准的正式评定结果。检测、认证则按美国 ANSI 标准 Z－341－199 “美国认证国家产品的第三方认证计划”，由商检公司、独立的检验/测试机构、检测实验室、市场调查机构、商贸协会的认可实验室、专业技术组织、产业联合机构等来完成。

目前美国拥有 180 家民间机构作不同类别产品的检测和认证，很多机构还作服务认证。美国第三方认证机构中比较著名的是美国保险商实验室（UL）公司的安全评定体系和能源之星认证等。

UL 是美国最重要的民间标准制定机构之一，其制定的标准 70% 被 ANSI 确认为美国国家标准，UL 不仅在美国国内影响重大，其在全球范围内都具有重大影响。除标准制定之外，UL 作为民间认证机构也发挥着重大的作用，主要宗旨是倡导产品品质的改良和保证。目前，进入美国的电子、电工产品，都需要有 UL 标志，以证明其产品安全可靠，否则美国海关有权拒绝其产品进入美国，每年约有 100 亿个印有 UL 标志的新产品在美国各地销售。

“能源之星”是美国政府资助的民间认证项目，为企业和个人提供高效能源利用率解决方案，为下一代保护环境的同时也能轻松地节约费用。通过与 8000 多家私营及公立部门组织合作，“能源之星”发布技术信息，这些信息是组织和消费者选择能源利用率解决方案和最优管理实践时所需要的。在过去的十年，“能源之星”一直推动着节能领域的技术革新，具体涉及 LED 交通照明、节能荧光灯、办公设备动力管理系统以及备用能源使用领域。

3. 日本认证制度

日本没有统一完整的认证制度，其产品质量和安全认证由日本政府部门管理，各部门分别对其所管辖的产品实行认证制度并使用相应的认证标志。

目前日本有 25 项认证制度，可以分为强制型和自愿型两类。强制型认证与合格评定以法律形式颁布执行，应满足相关的标准才能生产和流通。强制型认证有以下 4 种：消费品安全认证，指使用不当可能发生事故的产品；电器产品安全认证，指使用中容易引起危险的产品；石油液化器具安全认证，如调压器、高压管道等；煤气用具安全认证的产品。自愿型认证由企业自愿申请，适用于强制型认证以外的产品。

凡进入日本市场的外国商品，日本进口部门都要预先在本国的生产、消费领域作动向调查，由日本商品流通业界做定性定量分析，确定其为具有代表性、适用性和流通性，而且趋于多样化、个性化和市场占有率高的商品后，对其生产工艺和生产流程进行合格评定，才能获准进入日本市场，以确保日本市场的实际效益。

（二）国外认证制度对我国的借鉴意义

1. 国内外认证制度比较分析

我国认证由国务院组建并授权的国家认证认可监督管理委员会，负责统一监督、管理和协调全国的认证认可工作，中国合格评定国家认可委员会（CNAS）统一负责对认证机构、实验室和检查机构等合格评定机构的认可工作。

通过对比国外认证制度，可以发现：

（1）国外的认证十分强调企业的自主管理行为。比如，企业自主声明制度；第三方认证制度；自愿认证制度等。

（2）认证制度设计要避免产生利益群体。认证是独立的、第三方的，国外的法律对认证机构责任都有明确的规定和制约，可有效防止利益输送现象的发生。我国存在产品认证机构数量少、分布不平衡以及一家独大的情况。

（3）分类管理的原则。比如，欧盟的 CE 认证就实行了分类管理，对一些安全技术指标要求较低的实行企业声明的制度，政府仅对少量的高危险的产品指定专门机构开展认证。

（4）国外认证的依据一般是技术法规要求，比如 CE 认证标准是欧盟指令，仅涉及安全、健康、环境的要求而不涉及一般质量要求。我国强制性认证标准则包括国家标准、行业标准和国家技术规范的强制性要求，除了涉及安全、健康、环境指标外还涉及一般性质量指标，因此从这个意义上讲我国强制性认证还含有质量合格的意味。

（5）国外的第三方认证、民间认证更为发达。自愿性认证也更多、更有发展前景。从我国的认证情况看，自愿性认证主要还是体系认证比较多，据媒体报道近年来全球体系认证增量部分主要是我国的，全球体系认证除了我国是增加的，其他国家都在减少。但是，自愿性认证中产品认证却很少，除了 CQC 认证外也缺乏有权威的自愿性产品认证。目前，“上海制造”“浙江制造”“深圳标准”等合格评定项目都在探索中，这也许是将来自愿性产品认证的一大方向。

2. 提升服务质量的借鉴

目前的服务质量评价主要是顾客感知质量和服务企业支撑质量两个角度进行评价，在评价过程中还是存在着一定的主观性，而且主要是一种事后的评价。因此可以参考国外认证制度（主要是第三方认证），建立提升服务质量的制度措施。

（1）尽快制定相关标准，完善评价体系。目前，国内对于服务质量评价还缺乏权威和有效的评价方法以及评价标准，缺失服务行业质量评定程序。因此，应抓紧时间研究制定服务行业质量评价方法标准。首先，参照国际通行做法制定服务产品质量评价通用标准。其次，根据通用标准制定各服务行业质量评价专业准则；最后，制定服务行业质量认证（合格评定）程序和相关政策法规。比如，规范电子商务行业服务质量，改进提升质量水平，我们必须抓紧制定《电子商务服务质量认证标准》《认证程序》及《电子商务服务质量认证管理办法》等。这里尤其应当发挥地方有关部门、技术机构、行业协会的积极性，让有条件的地方开展相关服务质量认证试点，在成功试点的基础上总结经验，形成可复制、可推广的服务质量认证模式。

（2）培育和规范中介评价机构。有了评价方法、标准和认证程序，就需要技术评价机构开展认证，在建立完善评价方法的同时，也应尽快加强服务质量评价机构的建设进程。加快建立服务企业自我评价（自我声明）、第三方技术评价机构认证、政府监管的服务质量认证制度。政府只负责技术评价机构的资质认定，把好市场准入关，技术评价机构自主经营、自担风险，自我发展。

（3）加强评价过程的掌控，加大激励力度。相关部门也应出台服务质量评价机构的资质和评价过程要求等相应的管理办法，在保证评价方法完善性和科学性的同时，也应注重评价过程的公平、公正和公开性。对于服务提供机构，评价结果也应作为其服务质量评定的重要依据之一，也可以作为奖项评审的重要参考。因此应通过评定过程以及评定结果，加大对服务质量优秀提供机构的奖励和激励制度，激发企业和相关组织更好地提升服务质量。

3. 由“上海名牌”推荐工作引起的质量发展模式的思考

上海名牌诞生于1995年，根据上海经济发展的客观要求，上海市组建了由相关政府部门、行业组织、媒体组织等单位共同组成的上海市名牌推荐委员会，负责开展上海市名牌产品推荐活动，加强政府在本市实施名牌战略中的政策导向和规范引导以及培育推进力度。经过多年发展，截至

2014 年，有效期内上海名牌推荐活动的覆盖面已经拓展到 12 个产品大类行业和 13 个服务大类行业。上海名牌企业对于全市整体产业发展的贡献作用日益突出，上海名牌企业的总销售收入已占到了全市工业销售收入的一半以上。上海名牌已经形成了具有较高知名度和满意度、较强自主创新能力、市场占有率高、经济效益好、质量过硬、有发展后劲、社会形象好等一批具有强劲竞争力的品牌群体。

目前的上海名牌推荐模式与 1995 年开展初期相比较，在法制化、标准化和社会化方面都已经有了较为明显的发展与变化。《上海名牌管理办法》及《上海名牌（产品）评价通则》《上海名牌（服务）评价通则》《上海名牌无形资产和价值测算规范》等地方标准的发布透射出政府和市场协调发展、政府逐渐转变职能、市场决定发展的综合治理思路以及上海名牌推荐模式的变革。

由字号、商标等构成的品牌进而形成名牌是市场化的结果。由于我国市场经济时间相对较短，要形成和西方几百年市场积淀下来的品牌竞争除了需要时间和市场的沉淀以外，也非常需要制度创新、模式创新加以促进；需要政府有形的手进行引导，这是我国国情所决定的，只有这样才能尽快地实现中国产品向中国品牌的转变。

上海名牌的推荐同样也需要制度创新和模式创新。

比如，探索上海名牌制造（智造）合格评定程序制度创新。通过制定《上海名牌制造（智造）管理办法》明确合格评定程序和评定标准，引入第三方认证评定机构（也可以是符合条件的行业协会），淡化行政干预，强化市场影响充分体现社会化共同参与。

同时，探索上海名牌无形资产保护及价值提升新模式。强化市场对名牌的培育和孵化机制，以及符合市场需求的名牌激励机制；通过市场化的宣传，进一步提升上海名牌标识无形资产价值；明确上海名牌标识为质量标志或者实施原产地保护等措施加大对上海名牌无形资产的保护。

由“上海名牌”推荐工作引发的宏观质量管理创新之路应该是标准化、法制化、信息化、社会化和国际化前提下的创新，应该是结合我国国情的创新，并持之以恒。

二、区域品牌的保护

（一）产品制造原产国标志概述

1. 原产国标志的种类

产品标识的原产国标志具有丰富的内涵，它可以与身份、可信赖性、异国情调等项目相关联，通过感官、情感、礼节等将其与一个国家的形象相联系，将相关产品、品牌与民族认同和自豪感相联系，具有很强的情感依附。目前产品原产地标志的种类主要包括：

（1）国家制造（Made in Country）

产品制造国，是指生产、制造、加工产品的国家。生产制造国指的是产品最终的生产或组装地，可以通过产品包装上的“made in”标识来确认。如诺基亚虽然是芬兰品牌，其产品可能是在中国大陆、马来西亚等地组装或制造，耐克虽是美国品牌，其产品可能是在中国、巴西等国加工生产。根据 Ahmed 与 D’Astous 的解释，这个标识所代表的产品，是由一个或多个国家共同完成设计、制造和组装的过程。

（2）来源国（Origin – Country）

所谓品牌来源国即原产国，是指“消费者将某一产品或品牌视为源于哪个国家，而不论产品在哪儿生产”。比如，提到麦当劳、可口可乐、耐克，尽管这些品牌下的产品可能并不在美国生产，但消费者仍然会将它们视为美国品牌。同样的，提到索尼、丰田，即使它们在别国加工或组装，但消费者仍把它们看成日本品牌。

（3）地理标志

地理标志是指证明某一产品来源于某一国家或某一地区或该地区内的某一地点的标志。该产品的某些特定品质、声誉或其他特点在本质上可归因于该地理来源。在我国，目前共有三个国家部门对地理标志进行注册、登记和管理。国家工商总局通过集体商标或证明商标的形式进行法律注册和管理，国家质检总局和国家农业部以登记的形式对地理标志进行保护和管理。自然因素和人文因素是影响地理标志的主要因素。其中，自然因素是指原产地的气候、土壤、水质、天然物种等；人文因素是指原产地特有的产品生产工艺、流程、配方等。地理标志主要的功能就在于使消费者能区分来源于某地区的商品与来源于其他地区的同种商品，从而进行比较、挑选，以找到商品的价值与使用价值的最佳切合点，购买到自己想要的商品。

2. 原产国标志的作用

随着经济全球化的发展，国内外产品在同一市场上的竞争日益激烈，消费者在进行选择时，一般包括产品的内部因素和外部因素两方面。内部因素是构成产品的有机构成部分，是具有某种物理或化学功能的成分或要素，如材料、外观、色泽等；外部因素则是指品牌、价格、公司声誉、保证、原产地、产品出售场所等非功能性因素。在难以获得内部因素，或者内部因素不足以指示和预测产品品质的情况下，消费者可能更多地依据外部因素对产品品质做出判断。

在这种情况下，品牌来源国和产品制造国越来越受到重视。在早期国家贸易不发达的年代，品牌来源国和产品制造国同属于一个国家，但是随着资源在世界范围的重组，产地和品牌相分离的现象越来越普遍。如，索尼、松下、本田，即使它们在别国加工或组装，消费者仍把它们看成日本品牌。这就意味着，了解一件产品是在哪里生产或者组装的，或者一个商标来自哪个国家，都会影响消费者的最终购买。

（二）有关原产标志的 WTO 规则

1. WTO 原产地规则协议

原产地规则（Rules of Origin），系指任一国家、国家集团或地区为确定货物原产地而实施的法律、规章和普遍适用的行政命令。由于世界各国往往采用不同的原产地规则，进而对贸易形成阻碍，WTO《原产地规则协议》应运而生。

该协议有关原产地规则的主要指导原则包括：

（1）原产地规则必须客观、可预见、一致，并依据肯定标准，即应当明确规定取得原产地资格的条件；

（2）原产地应当为“完整产出”（Wholly obtained）的国家；

（3）当生产过程包括一个以上国家时，应当为进行最后一次实质性改变的国家；

（4）各国的原产地规则不得用做贸易政策工具。

2. TRIPS 协议

TRIPS 协议，即《与贸易有关的知识产权协议》，可以说是当前世界范围内知识产权保护领域中涉及面广、保护水平高、保护力度大、制约力强的一个国际公约。TRIPS 协议涉及的知识产权共有以下八个方面：著作权及其相关权利、商标、地理标志、工业品外观设计、专利、集成电路布图设计、对未公开信息的保权和对许可合同中限制竞争行为的控制。

该协议中有关产品来源标志保护的内容主要是针对“地理标志”。根据该协议，“地理标志”是表明某一货物来源于一成员的领土或该领土内的一个地区或地方的标记，而该货物所具有的质量、声誉或其他特性实质上归因于其地理来源。

3. 国际惯例

虽然 WTO 相关协定对原产地规则做出了原则性规定，但各国依然能够在非歧视的原则下制订各自的原产地规则，通用的做法是按货物的组成分为完全原产地规则和部分原产地规则。

完全原产地即“完整产出”，一般是指在一国生长、开采、收获或利用该国自然出产的原料在该国加工制成的产品。这一规则极其苛刻，即使含有微小的进口原料（如家具的土光蜡）也被视为部分原产产品。对在公海捕捞而得的水产，有的国家的原产地规则甚至对捕鱼船的船籍和登记国还有限制。

部分原产地是针对含有进口成分的产品。进口的成分（原材料、部件等）必须经过“实质性改变”（Substantial transformation）才能获得原产地资格。对“实质性改变”的判定标准，大体可分为三种：

（1）税目号改变标准：系指在产品的加工过程中，使进口成分（原材料、部件）的税目分类编号发生变化，与制成品的编号不同（如进口棉花织成布），即可理解为变成另一种商品。当前绝大多数国家的海关关税采用的是“协调商品名称及编码制度”，简称为 HS 编码（我国也已采用）。HS 编码是由海关合作理事会的税则分类目录（CCCN）和联合国《国际贸易标准分类》（SITC）发展而成。

（2）百分比标准：按照产品的进口成分和国内成分所占的百分比来确定“原产”资格。有的国家对进口成分规定了最高百分比，有的则对国内成分规定了最低百分比。

（3）加工工序标准：依照产品的进口成分的加工工序、起始原料、关键部件等来判定产品的“原产”资格。

有的原产地规则只采用单一的判定标准，有的则针对不同商品采用不同的判定标准，或者“双管齐下”乃至“三管齐下”。

（三）主要国家的原产标志规则

1. 澳大利亚制造

（1）“澳大利亚制造”概况

澳大利亚制造图形证明商标是由澳大利亚政府于 1986 年为了扩大澳大利亚产品的本地或出口市场而设计的。三角形的图形里面的袋鼠是对澳大利亚原产国的最值得认可和信任的象征，在澳大利亚消费者中，享有很高的认可水平。2002 年，澳大利亚政府授权由非盈利组织澳大利亚制造活动组织（AMCL）来负责对申请该标志的批准工作。

根据其原有规则，这个标识主要针对的产品是满足与 1974 年的贸易惯例法规定相一致的符合性测试的产品。贸易惯例法为“澳大利亚制造”的产品提供了某种程度的法律保护。

2007 年，这个标志被重新命名为“澳大利亚制造，澳大利亚种植标识”，它的规则也重新进行了修订，扩大了标识在新鲜农产品中的应用。

目前对于“澳大利亚制造，澳大利亚种植商标”标志的管理规定主要依据是《澳大利亚制造，澳大利亚种植商标实施守则》。

（2）澳大利亚制造的使用条件

《澳大利亚制造，澳大利亚种植商标实施守则》规定，任何个人、企业或组织都可以申请使用标志的许可，并根据标志的使用以及由标志所提升的产品年度销售费用来缴纳注册费用。澳大利亚制造、澳大利亚种植商标只能用于与许可申请中产品清单相一致的商品。

1）图形设计

在使用澳大利亚制造，澳大利亚种植商标的时候，在任何条件下都不能改变商标的设计。这就意味着持证人不能改变图形比例或者组成图形的任何一个元素。然而，标识可以根据持证人的要求改变尺寸，以及其他的颜色组合。

2）使用范围

①澳大利亚制造

使用“澳大利亚制造”的产品必须是在澳大利亚发生了本质的改变，而且生产和制造过程中的大于或等于 50% 的生产或制造成本都发生在澳大利亚。澳洲消费者法（255 部分（3））对在特定的国家所发生的实质性的改变做出了陈述，即产品必须经过：在这个国家，产品在形式上发生了根本的变化，产品在变化后的外形或属性发生变化，产生新的产品。这个条款包括实质性改变的要求以及至少 50% 的生产成本应该是在澳大利亚产生的。这里的生产成本包括：关于材料所支出的费用、关于劳动力所支出的费用（可以有效转化为产品的生产的劳动力）、关于贸易所支出的费用。

澳大利亚竞争和消费者委员会指出，简单的过程不能认为是实质性的改变，如将进口的汁液浓缩为果汁。同样的，将进口的组件组装成家用或其他物品，也不能认为是发生了实质性的改变。

②澳大利亚种植

关于食品，与 ACCC（澳洲公平竞争和消费者委员会）的指导文件所列内容相比，AMCL 对实质性改变有更多的限制性定义。根据实施守则的目的，下列过程不认为是实质性改变：

· 冷冻，装罐或与包装相关的简单防腐过程；

· 简单地将食品成分混合，最终产品与各成分无实质性的不同；

· 榨汁 – 从水果中浓缩果汁；

· 均化（homogenisation）；

· 调味品；

· 腌制；

· 涂粉 – 如捣碎的明虾或打碎的鱼片等；

· 固化 – 如用固化盐处理肉制品，用于火腿或培根；

· 焙烧或烘烤 – 例如咖啡豆、坚果或种子。

使用"澳大利亚种植商标"的产品，每个重要元素或重要组成部分必须是在澳大利亚种植的并且不是出口的或者重新进口的，而且生产和制造产品的全过程或大部分过程都发生在澳大利亚。但是对于包括了构成要素的"澳大利亚种植商标"，如豌豆和玉米，或构成要素的类别，如蔬菜，需要生产和制造过程中大于或等于50%的生产或制造成本都发生在澳大利亚；占产品总比重90%以上（含）的成分或要素是在澳大利亚种植收获的；占产品总比重90%以上（含）的成分、要素或种类是被认定为"澳大利亚种植"的，但是"澳大利亚种植"的每种成分、要素或类别都必须100%是在澳大利亚种植的而且不能是用于进口或者出口的。

（3）澳大利亚制造的管理

1）注册许可

任何个人、企业或组织都可以申请使用标志，缴纳费用，并通过商品符合标志使用要求的测定，申请人都需要签订一份声明，声明他们产品目录中的产品经过符合性测试，并且也完全按照规则和要求使用标识，允许AMCL进行审查，并且允许审查代表对印有标志的商品进行符合性测试。

许可证申请包含一个产品清单。这个产品清单包含了申请人希望通过澳大利亚制造或澳大利亚种植标识来推广的产品。在接收申请的时候，AMCL保留文件中的产品清单。如果许可证的获得者想要修改产品清单，需要向AMCL申请。澳大利亚制造、澳大利亚种植标识只能用于与产品清单相一致的商品。

2）持证人的责任

成为澳大利亚制造、澳大利亚种植标志的持证人，需要履行一定的职责，这些职责的范围包括从信息到程序上的职责，涉及商标应用的具体规定。

澳大利亚制造和澳大利亚种植标志的使用人都必须统一遵守有关记录保存、信息提供、符合性监控以及投诉和争端的解决等相关的规则和条件。当产品清单发生改变时，持证人应该以书面形式告知AMCL。AMCL

根据实施守则对持证人的合规性进行监督，持证人有义务配合调查，并提供有关报告文件。

3）投诉处理机制

AMCL 负责对错误使用标志的投诉，并对投诉的处理过程和结果保留完整的记录。守则建立了适用于 AMCL 和持证者关于投诉和争议的解决程序，包括合规性调查阶段，上诉机制（包括 AMCL 做出的关于投诉的评估，独立合规性审计的启动）。

2. 美国制造

（1）“美国制造”概况

除少数产品外，美国并无法律强制性规定产品必须标注或标明“美国制造”或披露其美国成分含量的信息。然而，如果制造商及经销商若选择标明产品的美国成分含量，则必须遵守联邦贸易委员会的“美国制造”政策。美国联邦贸易委员会根据《联邦贸易委员会法（Federal Trade Commission Act）》的授权，负责管理美国原产标示（“美国制造”）。一直以来，委员会都要求，标示为“美国制造（Made in USA）”的产品必须是“全部或几乎全部”在美国制造。

《“美国制造”标准合规指南（Complying With The Made In USA Standard）》提供了关于如何遵守“全部或几乎全部”标准的指引，并概述了美国海关总署关于所有原产自外国而进口至美国的产品必须标明原产国名称的规定。联邦贸易委员会还针对有关美国原产地标志颁布了一项《执行政策声明（Enforcement Policy Statement on U. S. Origin Claims）》，为一些希望做出符合“全部或几乎全部”标准的非限定性“美国制造”标示的经销商，以及那些希望做出限定性“美国制造”标示的经销商提供指引。

（2）“美国制造”的条件

1）非限定性“美国制造”条件

根据联邦贸易委员会的规定，“美国制造”“我们的产品是美国产的”“美国”等，为非限定性标志，产品必须是“全部或几乎全部”在美国制造。联邦贸易委员会于 1998 年 12 月发布了《“美国制造”标准合规指南》，其中对于可以使用“美国制造”标识的产品也做了详细的规定。

①产品中的所有重要部件都必须是原产于美国，同时，产品的所有重要加工组装流程都必须是在美国完成。也就是说，产品不应含有外国成分，或者，产品所含的外国成分极小，可忽略不计。

②制造商或市场营销者需要有充分、可靠的证据来证明其产品“全部或几乎全部”于美国制造这一说法。

③产品在美国最终完成美国海关界定的“实质性转换”，产品的最终组装或加工必须于美国完成。

④产品总制造成本中全部或几乎全部都是美国零部件及加工成本。（不过对于整个产品而言，没有一个固定的临界点来确定“全部或几乎全部”的范围）

⑤外国成分在制造过程中的环节与制成成品的环节相差较远。

⑥制造商和经销商在做出“美国制造”标识之前，应该要求供应商提供有关美国成分含量的具体信息。为确定美国成分的含量，制造商和经销商应追溯到制造工艺足够早的阶段，获得足够的根据，来确保重要的外国成分已包含在其估算的外国成本中。

2）限定性“美国制造”条件

限定性“美国制造”标志，是指包含美国成分或加工，但不符合非限定性“美国制造”条件的产品。这个标志必须说明产品的国内成分或加工环节的范围、含量或类型，以表明产品并非完全源自美国。营销者可自行选择限定性标志的形式，可就产品的美国成分含量做出标志，也可采用常规美国原产标示形式并附带外国成分相关限定信息。限定性的“美国制造”标示同样也有规定。

①产品的美国成分或美国加工的比重较高。

②必须反映真实情况，且基于合理的证据。

③有关具体工艺或零部件的美国原产标示，不得对应于产品的总体制造，以免夸大美国成分的含量。

④制造商和经销商在使用一些常规术语时应当谨慎，词语传达的信息不能夸大美国成分或造成消费者误解。

⑤比较性美国原产标示所针对的产品的美国成分含量要足够高，而且美国成分的含量要显著高于参照产品。

⑥比较性标示中应指明比较基准，不得直接或暗示性的夸大产品美国成分含量。

⑦某些情况下，即使产品于国外最终完成实质性转换，因而必须标明外国原产国，经销商还可以做出某种限定性或比较性美国原产标示。

⑧《关税法》要求标明外国原产地的产品标签上，海关条例允许在其中指明美国来源，但须在附近标示外国原产地，且大小要相当。

⑨美国没有对广告或其他宣传材料中标示外国原产地的相关规定。经销商必须为消费者根据其声明内容而理解的暗示性及明确性标示提供证明。

(3) 特定产品的“美国制造”条件

美国对于某些特定的产品对其使用“美国制造”还有特定的法律规定，例如《纺织纤维制品鉴别法案》和《羊毛制品标签法案》规定：对于多数服装及其他纺织或羊毛制家庭用品，若制成品使用美国生产的纤维在美国制造，则无论制造工艺早期所使用的材料（例如，纱线和纤维）来自何处，都必须标示为“美国制造”。再如《美国汽车标牌法案》——规定：于1994年10月1日或之后制造的所有在美国销售的汽车，都必须在标牌中标明汽车组装地点、源自美国和加拿大的设备的占比，以及引擎与变速系统的原产国。汽车经销商按照《美国汽车标牌法案》的规定做出的所有声明均不受委员会政策的约束。

(4) 违规行为的处理

对于违规使用“美国制造”的行为，任何人都可以向执法人员提供有关潜在违反活动的信息，帮助其确定对哪些公司的行为进行审查。例如，可以联系联邦贸易委员会消费者保护局的执法部门。对于进出口诈骗行为，可以向美国海关总署的免费商业欺诈举报热线进行投诉。涉及进口的欺诈性行为的例子包括：在产品送达最终购买者之前，撕去规定的国外原产地标签（或者同时不恰当地替换“美国制造”标签），而未对产品做出必要的原产国标示。此外，也可向当地的州检察长和商业促进局举报问题企业。最后，《兰哈姆法案》还规定，因虚假的原产地标示而遭受损害的任何人（如竞争者）均可向虚假标示方提起诉讼。

3. 德国制造

(1)“德国制造”概况

“德国制造”也是一个自愿性标识，但是如果生产商或者经销商用“德国制造”的标识，则必须使用由德国工商会官方认证的，能表明产品原产地的证书。这个证书的主要依据为德国工商会印制的《计划在德国生产时应考虑的商品原产地规则》。

(2) 德国制造的条件

“德国制造”的产品必须符合以下要求：

①服务和构件，这些对产品的质量和评价有着决定性影响的，必须是在德国执行或者生产的。

②“德国制造”的描述不是指对国外预制的组件的简单组装，也不是对产品在德国进行最后的检查或贴标签。

③另一方面，工业产品的某些部件或组件是由国外提供，但是最终产品的关键部件是德国原产的。

④高精度可以更好的证明“德国制造”的描述，但是在这里，上述声明依然适用：对于产品的质量和评价起着决定性作用的还是精度。

如果一个产品不符合“德国制造”的要求，可以选择下列描述：

①如果这个产品是在德国组装的，制造商可以在产品上标“德国组装”的标签。

②如果产品在是德国设计的，可以由“德国设计”的描述。

③如果产品的零部件是由除德国外的其他欧盟成员国制造的，可以用“欧盟制造”来命名。

4. 瑞士制造

(1)“瑞士制造”概况

与其他国家一样，瑞士也并未对“瑞士制造”做出强制性的规定，若要标明“瑞士制造”则必须根据相关规定进行。在瑞士法律中，只有《商标及原产地标志保护法》对产品的商标和原产地标识做出了通用的规定，但1971年12月23日发布的《表类“Swiss”标识使用条例》则专门针对可以为想贴“瑞士手表”标签的制造商提供依据。

(2)“瑞士制造”的条件

目前，瑞士只针对手表专门规定了《表类“Swiss”标识使用条例》。这个条例规定，手表机芯在瑞士生产、组装且制造商对表的最终控制检查发生在瑞士，这样的手表被认为是瑞士手表。关于瑞士机芯，同样也有规定，在不考虑组装成本的情况下，瑞士制造商的零部件至少占手表总价的50%，瑞士机芯是在瑞士组装，且制造商对机芯进行最终的控制检查，这样的机芯才被称为瑞士机芯。

1）瑞士手表

根据瑞士法律，如果满足以下条件，则认为手表是瑞士品牌：

①手表的机芯是瑞士的；

②手表的机芯在瑞士组装；

③制造商在瑞士对手表进行最终检查。

2）瑞士机芯

如果满足以下条件，则认为手表机芯是瑞士牌的：

①机芯在瑞士组装；

②制造商在瑞士对机芯进行最终的检查；

③不考虑组装成本的情况下，瑞士制造商的零部件至少占手表总价的50%。

例如，如果手表机芯用于出口而且不在瑞士组装，但是它依然满足瑞士机芯的标准，那这个手表可以称作“瑞士机芯”，但是不能在表壳或表盘上说它是“瑞士制造”。

再如，印有“瑞士石英”的手表可以认为是高档的瑞士手表。然而，它经常被国外的生产商进口，这仅表明石英机芯是瑞士原产。

（3）“瑞士制造”的法院判例

除了手表外，瑞士目前的法律并没有对“瑞士制造”的标签何时、由谁来贴在产品上或者不能贴在产品上，做出具体规定。到目前为止，比较适用的标准都是由个别州的法院发布。主要是根据商标法第 48 条以及 1968 年圣加伦法院发布的判例（1992 年重新发布）。这些法院的判例提出了合法使用“瑞士制造”及相关标签的条件，尤其是针对没有全部在瑞士生产的产品。相关部分的判例法认为：瑞士本地产品或者全部都是在瑞士生产的产品才是瑞士产品。对于部分在瑞士生产的产品，判例规定瑞士部分占生产成本的至少 50%（包括基础材料、半成品、配件、工资以及费用，但是不包括营销成本）。此外，还要考虑重要部件的产地以及决定产品特征的重要生产过程，产品中体现出的知识产权和各行业的特殊情况。

因此，根据法院的判例可以认为，“瑞士制造”必须符合两个条件：

①瑞士部分占生产成本至少 50%；

②生产过程中的最重要的部分在瑞士进行。

生产过程中的最重要的部分是指通过这个过程可以生产全新的产品。这里的决定因素是指产品的原有特性消失，产品的应用与原材料原产国对原材料的生产应用不同。产品的原产是由他们的生产地决定，而不是由生产这些产品的想法的构思地方所决定。

这就意味着，在国外注册许可，在瑞士生产的产品可以认为是瑞士制造，而从瑞士注册许可或用瑞士的方法在国外生产的产品则不认为是瑞士制造。

5. 意大利制造

意大利制造是一个商品标识，表明这个产品是在意大利设计、制造、包装的。毕马威的市场调研结果表明，意大利制造是继可口可乐和“Visa”之后的第三大品牌。

意大利产品经常被冠以高质量、高专业化和差异化、优雅，并与有着悠久历史的著名意大利工业区相联系。自 1999 年，诸如“保护意大利商品的学会”等协会开始保护意大利制造这个品牌，也出现了意大利制造品牌的法律规定。

2009 年，意大利法指出，只有完全在意大利生产的产品（设计、制造和包装)，才允许使用“意大利制造”的标签，不论带或不带意大利国旗，不论是何种语言，都要100%在意大利生产，100%的意大利。所有的滥用都要受到意大利法律的惩罚。

6. 小结

根据本文的分析可以得出如下几条结论:

(1)“国家制造”标识的使用具有自愿性

除少数产品外，“国家制造”的使用并没有法律的强制性规定。然而，一旦采用“国家制造”的标识，就必须严格按照相关规定要求执行。

(2)“国家制造”的使用受限于严格规定

如果使用了“国家制造”标志，则生产商或者供应商需要严格执行有关的规定，不能以任何方式误导消费者。

(3) 对“国家制造”标识有明确的保护措施

各个国家对于“国家制造”标识都有明确的保护，对于违规使用标识的规定了严厉的惩罚措施，从而提升“国家制造”品牌的竞争力。

(4) 50%是“国家制造”的通用标准

澳大利亚、德国、瑞士等“国家制造”规则最为完善的国家，都以“50%的生产或制造成本都发生在本国”作为“国家制造”的最低要求，而与品牌来源关系不大。

(四) 国内对区域品牌的保护和借鉴

1. “浙江制造”的保护

“浙江制造”是一项自愿性产品认证，“浙江制造”的保护所采用的模式为合格评定程序。通过成立认证联盟，以“统一合格评定程序、统一认证产品目录、统一认证技术规范、统一认证标志”的管理模式，促进联盟认证活动的规范性和一致性。按照“浙江制造”联盟标准，以“创新认证服务模式、推动区域产品制造进步、传递优质产品制造信任、服务区域经贸发展”为宗旨，通过组织与实施“浙江制造”认证，推动浙江工业向精品制造、优质制造、中国创造转变，以认证为手段提升区域品牌形象，助力浙江省产业结构调整和转型升级，推进产品贸易国际化发展。

2. “上海制造”的借鉴

“上海制造”是上海区域品牌，代表着一个地区制造业的品牌形象、质量水平、技术含量、历史传承和人文精神，是一个地区的附加吸引力，既是本地区内制造业形象和综合实力的体现，同时也对本地区内企业的品牌和发展发挥了重要的推动作用，并吸引着更多具有发展潜力的企业生根落户。开展“上海制造”乃至“上海服务”的研究和成果应用，对于提升地区品牌影响力，查找提升区域制造业和服务业品牌竞争力的关键要素以及制约产业良性发展的不利方面，以及“品牌战略”的深入实施具有重要的推动意义。

三、质量促进

（一）国外质量促进措施

1. 质量信息采集与发布

（1）美国产品信息数据收集

美国消费品安全委员会（CPSC）内设美国国家电子伤害监测系统（NEISS），通过对美国的样本医院，直接收集医院急诊部门接纳的由于产品所造成的受伤病例信息，并可按照时间范围、产品种类、年龄段、诊断病种、事发场所、身体部位等，评估全国范围内急诊室所处理的与产品有关的受伤情况的总数，为政府部门、相关机构进行产品安全风险管理收集信息，制定消费者安全政策，评估政策效果，消除安全隐患提供决策依据。此外，CPSC 还发行《消费品安全简报》季刊，每年约回复 6000 份美国公众资讯请求，信息的使用者主要包括消费者组织、制造商和产业组织、媒体、教育者、研究人员和律师。

（2）欧盟消费品通报机制

欧洲委员会健康及消费者保护总司（DG SANCO）负责管理 RAPEX 系统的运作，每个成员国建立唯一的 RAPEX 联络点，当成员国的相关职能部门或产品生产商、经销商采取措施阻止或限制一种危险消费品的销售或使用时，该成员国的联络点就会以标准的通报格式，向 DG SANCO 提交关于该产品的信息。该系统的通报内容包括：产品的识别信息、产品涉及风险的描述、对产品存在风险的评估测试和分析结论、已采取或决定采取的措施的性质和期限、产品的供应链和分销信息等。

RAPEX 系统目前已经在欧盟范围内实现了全覆盖，欧盟内部各成员国能够通过 RAPEX 系统实现快速交换、传递产品质量安全信息，确保主管部门尽快获知产品风险，并迅速采取应对措施。其基本运行模式为：成员国通过市场监管工作发现产品存在质量或安全风险，通过 RAPEX 系统向欧洲委员会进行通报，并由欧洲委员会向欧盟全部成员国进行通报。

（3）日本产品事故报告制度

日本已经建立了最为全面的产品事故报告制度。2006 年 11 月，日本国会通过了消费品安全法修正案，对消费品作了更为广泛的规定，重新设立产品事故信息报告和公开制度，明确制造商或进口商的事故报告义务。配套该法实施的还有日本内阁制定的施行令以及后续的修订，规定各主管大臣的管辖范围和负责事项；相关政府部门（如经济产业省）发布的施行规则以及后续的修订，细化相关法律条文的认定依据和具体时限要求等。根据《消费品安全法》，重大产品事故，制造或进口企业必须在事故得知之日起 10 天以内向政府报告，后者可根据情节采取媒体发布、企业整改以及相应的刑事和经济制裁。对于非重大产品事故，企业、消费者等任何知情人均可向“产品评价技术基础机构（NITE）”报告，后者与经济产业省共享产品事故报告信息。

2. 质量教育

（1）日本的消费者教育

日本对于消费者教育的重视程度无疑是全世界最高的。日本根据不同年龄学生的特征，制定了不同的消费者教育大纲，如小学社会课中有简单的商业知识、环境保护及资源的重要性等内容；小学家庭课中有买东西的方法、金钱的使用方法和有计划地生活等内容。初中的社会课中，有价格的作用和物价的变动、储蓄、保险、纳税等与个人切身相关的消费生活问题，以及消费者保护、环境保护、资源与能源的有效开发和利用等内容；家庭课的内容有家庭的收入和支出、商品和服务的选择、签约、购买及活用、作为消费者的自我意识等。高中的教学内容在公民课中，有环境与人类生活、现代的政治经济与人、现在的经济与国民生活等内容；在家庭课中，有家庭的经济生活、消费生活和作为消费者的自我意识、商品和服务的选择与购买、消费生活相关法律法规等内容。

（2）其他国家

欧美等各国都对消费者教育给予了一定程度的重视，通过网站、宣传册等各种手段强调向消费者传递质量等知识。俄罗斯在其《国家产品与服务质量政策构想》也提出了在质量领域形成人才教育与培养的连续体系，在中学教育大纲、中等专业与高等教育机构应增加与质量问题相关的科目。欧盟也曾制定了《消费者自主权的知识增进三年工作方案（2012—2014）》，其中消费者教育包括青少年、成年人和大学三个层次。

3. 质量奖励

（1）美国波多里奇国家质量奖

1988 年，经美国国会立法通过，由前总统里根批准设立了波多里奇奖，并在商务部国家标准及技术局设立波多里奇奖办公室。波多里奇奖办公室每年都会邀集历届评审员和产业界及学术界代表，修订卓越绩效准则评价的内容，并发布下年度的《卓越绩效评价准则》并将其免费提供给各类组织作为自我评估改进的参考。经过20多年的演进，目前波多里奇奖已由原来的“提高产品及服务”小质量观逐步演变成了现在的“提高整体经营绩效”大质量观。无论企业规模大小，不管其是否为高新技术产业或营利机构，美国政府鼓励所有的组织都能参与波多里奇奖的申报评选。

（2）欧洲质量奖

欧洲质量奖是欧洲最负声望的组织奖，是欧洲质量基金组织卓越水平中的最高水平，授予欧洲全面质量管理最杰出和有良好业绩的企业，只有营利性企业才能申请，非营利性企业被排除在外，它对企业所有权的类别和企业所有者的国籍并无要求，但申请企业的质量管理活动必须在欧洲发生。欧洲质量奖评价的领域广泛，它注重企业的经营结果、顾客满意和服务、人力资源开发，强调分享产品和技术信息的重要性。欧洲质量奖的奖项分为质量奖、单项奖、入围奖和提名奖。欧洲质量奖的奖励范围，欧洲质量奖授予被认定是最好的企业。目前，多数欧洲国家都设立了自己国家的质量奖，各国质量奖的评价方式和程序都遵循了欧洲质量奖的方式。

（3）日本质量奖

戴明奖是日本质量管理的最高奖，世界范围内影响较大的质量奖中，世界三大质量奖项之一的日本戴明奖是创立最早的一个。它始创于1951年，是为了纪念已故的威廉·爱德华兹·戴明博士，他为日本战后统计质量控制的发展做出了巨大贡献。日本认为，他的教诲帮助日本建立了这样一个基础，正是在这个基础之上，日本的产品质量才达到了今天这样被世界广泛承认的水平。自从1951年创办至今40余年来，已经有超过160个日本企业获得戴明运用奖，这些获奖组织的产品和服务质量均获得了大幅度提高。

4. 缺陷产品召回

（1）美国CPSC产品召回制度

CPSC负责的消费品召回的一般步骤包括：缺陷报告或投诉、初步危害评估、产品缺陷鉴定、召回确认和召回计划的制定、召回信息发布、召回实施、验收和召回终结等。另外，在企业主动报告的情况下，还可以启动简易程序。召回的启动，一般源于相关企业的报告或消费者的投诉。生产商、进口商、经销商或零售商在发现其生产、经营的消费品存在缺陷并可能给消费者带来实质性伤害时，就应在掌握情况的24小时内向CPSC提交问题报告。此外，CPSC 还会不定期地在市场上抽检，当检测到不合格产品时也可能进入下一程序。接到报告或投诉后，CPSC 的工作人员会依据报告的内容，初步评定产品是否存在“实质性产品危害”，作为是否需要进入下一步鉴定程序的依据。CPSC 一旦认定某缺陷产品需要召回，就会立即通知相关企业，并要求企业迅速制定全面翔实、可行、符合 CPSC 要求的召回书面计划。一般 CPSC 会派出召回专管员与企业合作，商定召回计划中的每一个细节，如怎样促使消费者来回应召回、应使用哪些信息发布方式、应采取何种补救措施等。

（2）欧洲缺陷产品召回制度

欧盟的《缺陷产品责任指令》（85/374/EEC）颁布于 1985 年，是当时的欧洲经济共同体为了统一各成员国国内产品责任法而颁布的一部法律。其中明确确认了欧盟对因产品质量或产品安全问题造成的争议采取严格责任归责原则，这一原则与美国相同。在实践上，目前欧盟尚未完全统一所有成员国的缺陷产品召回制度。

（二）国内质量促进措施的借鉴

结合国外相关质量促进措施，我国质量促进可以着重聚焦以下几个方面。

1. 建立质量数据收集、分析和应用制度

这是实施质量促进措施的基础。一是明确质量基础数据收集的要求，同时明确负责质量数据采集的政府主管部门及其职责范围。二是确定质量数据的采集方式，如通过政府、企业、技术机构、学校、社区等，采用网络、书面、访问等形式。三是明确质量数据发布和应用，包括质量数据的发布形式，应用范围以及大质量数据的研究和应用。

2. 开展质量教育

这是实现全社会质量发展的保障。一是可以规定由相关政府主管部门负责引导各类社会组织建设质量教育基地、搭建质量教育公共平台。二是可以面向企业管理人员、质量从业人员、公众、学生开展具有针对性的质量教育。三是可以在中小学和高校内开展质量教育，提出整体的教育目标，并要求制定相应的教学大纲，通过开展全民质量教育，全面提高各类人群质量意识和质量素质。

3. 建立质量奖励制度

这是为全社会全行业树立质量标杆，引领整体进步的有效举措。一是可以设立国家级、省市级质量奖励，并鼓励地级市设质量奖项。二是鼓励各类组织引入卓越绩效等先进质量管理方法，激励企业改进产品、服务和管理水平，提高企业经营绩效，树立质量标杆，供全社会分享成功经验，促进质量总体水平和竞争力的整体提升。

4. 发挥社会质量技术机构的作用

一是建议充分发挥第三方技术机构的作用，鼓励社会专业机构开展质量领域的研究、应用、评价与服务，积极参与企业的质量技术、管理创新、质量攻关工作，开展群众性质量活动等。二是推进品牌战略的社会化，以消费者满意度、企业经营业绩、企业社会责任履行情况等为导向，确立政府推动、第三方合格评定相结合的品牌发展制度，并在法律中对此类品牌予以保护。

第三节　中国（上海）自由贸易试验区质量监管的思考

2013 年 7 月 3 日，国务院通过了《中国（上海）自由贸易试验区总体方案》，在上海外高桥保税区等 4 个海关特殊监管区域内，建设中国（上海）自由贸易试验区，这是顺应全球经贸发展新趋势，更加积极主动对外开放的重大举措。

上海自贸区将成为推进改革和提高开放型经济水平的"试验田"，它采取特殊的监管政策和优惠税收，对国内的转口贸易、离岸贸易将有极大促进作用。过去多年的经验表明，通过扩大开放，可以引入竞争、形成示范，对国内各项改革形成倒逼，为发展增添动力，当前改革呼声日益高涨，但改革路径有待明晰，如何通过在自贸区实施特殊的监管政策以更高水平为改革发展服务，是目前面临的一项重大课题。2014 年 12 月 21 日国务院印发《关于推广中国（上海）自由贸易试验区可复制改革试点经验的通知（国发〔2014〕65 号）》推广上海自贸区经验。但是从宏观质量管理的角度来讲，还有很多工作要做。比如，3C 认证和生产许可证制度、企业标准备案制度、产品质量监督抽查制度等问题还有待进一步改革和创新，我们的工作还任重道远。如何用好自贸区这块试验田需要我们认真谋划、果断决策，用好了宏观质量管理改革的红利才会形成。

我们在分析借鉴国外发达国家质量监管模式的基础上，结合上海自贸区以及上海实际特点，从几个方面对自贸区质量监管的新模式提出了一些探讨。

一、组建政府监管的综合机构

国外的产品质量监管机构均不止一家，均为多部门管理，这是由产品丰富，产品特性差异大，管理方式、手段各不相同的自身特点所造成的，但美国一个产品只有一家明确的监管机构，从“摇篮到坟墓”均由具体的特定机构管理，部门间职责划分明晰，不易发生责任推诿现象。中国往往实施分段管理（或称多头管理），即同一个产品由多个机构来管理，我国目前存在既按照产品种类、也按照生产领域和流通领域的划分，一个产品往往有多个机构在管，出现问题后，第一责任部门不清，推诿问题的现象并不少见。

因此，可以在自贸区内调整政府管理部门，有效整合执法资源，建立一个集立法、行政、司法三权合一的，跨地区、跨部门、跨行业的横向监管机构，实现真正意义上的无缝监管。根据统一调度指挥原则，成立统一的质量监管部门，确保政令统一、畅通，使产品质量监管得以贯彻、落实、执行，内部的各个部门、各个成员服从一个上级的指挥和命令。这样，在监管部门上下级之间就会形成一条“指挥链”，避免多头领导，政出多门等问题，提高监管工作效率。

二、分类分级监管模式

可以借鉴美国分类分级的产品监管模式，根据产品可能对消费者带来危险程度的不同，采取产品分类监管制度，建立产品分类分级监管目录，对不同类别的产品采取不同的监督管理方式，不同的财力和人力投入。同时，积极鼓励企业自主管理，让市场机制充分发挥作用。

对危险性大的产品生产、贮存和运输全过程政府应当实行监控；对特定产品实施统一性、规范性和强制性监管措施；对一般性消费品，只对其涉及消费者健康、安全和环保的技术指标实行第三方监督；对危险性较低的消费品实行企业自主声明，自主监督管理。同时，加大违法行为的处罚力度。强化日常巡查、专项检查和产品抽查，抓住重点产品、重点单位和重点区域，由行政监管人员和稽查执法人员对重点产品生产企业实施定期巡查和不定期专项执法检查，及时纠正和查处各种违法违规行为，对存在严重质量违法行为的企业进行依法查处，并实施重点监控。

我国目前现有较为完备的生产许可、强制认证等市场准入制度，但仍需进一步完善。比如在上海自贸区探索二者目录合并，实施分类管理，强化企业自主管理等。

三、建立产品质量安全追溯体系，完善召回制度

从未来发展角度出发，建立产品追溯制度对企业来说是可行的也是必须的。通过产品追溯系统强化生产过程控制和供应链管理，使企业生产过程更加透明化，最终提高企业的综合竞争力。对政府而言，可以通过产品追溯系统对企业实施有效管理，并且在发生质量安全事故时，企业或政府可以通过产品追溯系统有效实施产品的召回管理。

在自贸区尝试建立和完善缺陷产品召回数据系统，对存在问题或缺陷的产品实行召回管理，在生产、加工和销售等各个关键环节中，对产品以及有可能成为产品组成成分的所有物质的溯源或追踪。首先，应当制定产品责任法律制度，明确相关方产品责任及严格责任原则；明确惩罚性赔偿原则，加大处罚的力度。其次是要建立和完善质量数据系统，制定质量数据法律，明确质量数据收集、处理、分析、使用各环节相关方责任义务和权利。还有可以在自贸区先行先试相关制度，成熟后加以复制和推广。

四、开展服务企业质量信用体系建设

在自贸区内可以尝试建立服务行业质量信用评价制度，加大对服务质量失信行为的惩戒力度。

首先，要充分发挥不同部门之间的协同作用，开展服务业信用评价研究，深入推进服务企业信用体系建设，实现政府部门信用信息互联互通，整合行政资源，实行信用预警服务，及时披露公示影响社会交易安全和社会公共安全的不良信用信息，建立起社会化信用联合防范机制，引导规范企业形成较强的自律能力。其次，应大力督促企业提高服务质量诚信意识，加强质量诚信建设，坚持以质取胜，提升服务质量水平，营造全社会质量诚信的良好氛围，切实维护消费者合法权益。

附　件

国务院关于推广中国（上海）自由贸易试验区可复制改革试点经验的通知

（国发〔2014〕65号）

各省、自治区、直辖市人民政府，国务院各部委、各直属机构：

设立中国（上海）自由贸易试验区（以下简称上海自贸试验区）是党中央、国务院作出的重大决策。上海自贸试验区成立一年多来，上海市和有关部门以简政放权、放管结合的制度创新为核心，加快政府职能转变，探索体制机制创新，在建立以负面清单管理为核心的外商投资管理制度、以贸易便利化为重点的贸易监管制度、以资本项目可兑换和金融服务业开放为目标的金融创新制度、以政府职能转变为核心的事中事后监管制度等方面，形成了一批可复制、可推广的改革创新成果。经党中央、国务院批准，上海自贸试验区的可复制改革试点经验将在全国范围内推广。现就有关事项通知如下：

一、可复制推广的主要内容

上海自贸试验区可复制改革试点经验，原则上，除涉及法律修订、上海国际金融中心建设事项外，能在其他地区推广的要尽快推广，能在全国范围内推广的要推广到全国。有关部门结合自身深化改革的各项工作，已在全国范围复制推广了一批经验和做法。在此基础上，进一步推广以下事项：

（一）在全国范围内复制推广的改革事项

1. 投资管理领域：外商投资广告企业项目备案制、涉税事项网上审批备案、税务登记号码网上自动赋码、网上自主办税、纳税信用管理的网上信用评级、组织机构代码实时赋码、企业标准备案管理制度创新、取消生产许可证委托加工备案、企业设立实行“单一窗口”等。

2. 贸易便利化领域：全球维修产业检验检疫监管、中转货物产地来源证管理、检验检疫通关无纸化、第三方检验结果采信、出入境生物材料制品风险管理等。

3. 金融领域：个人其他经常项下人民币（6.2073，-0.0472，-0.75%）结算业务、外商投资企业外汇资本金意愿结汇、银行办理大宗商品衍生品柜台交易涉及的结售汇业务、直接投资项下外汇登记及变更登记下放银行办理等。

4. 服务业开放领域：允许融资租赁公司兼营与主营业务有关的商业保理业务、允许设立外商投资资信调查公司、允许设立股份制外资投资性公司、融资租赁公司设立子公司不设最低注册资本限制、允许内外资企业从事游戏游艺设备生产和销售等。

5. 事中事后监管措施：社会信用体系、信息共享和综合执法制度、企业年度报告公示和经营异常名录制度、社会力量参与市场监督制度，以及各部门的专业监管制度。

（二）在全国其他海关特殊监管区域复制推广的改革事项

1. 海关监管制度创新：期货保税交割海关监管制度、境内外维修海关监管制度、融资租赁海关监管制度等措施。

2. 检验检疫制度创新：进口货物预检验、分类监督管理制度、动植物及其产品检疫审批负面清单管理等措施。

二、高度重视推广工作

各地区、各部门要深刻认识推广上海自贸试验区可复制改革试点经验的重大意义，将推广工作作为全面深化改革的重要举措，积极转变政府管理理念，以开放促改革，结合本地区、本部门实际情况，着力解决市场体系不完善、政府干预过多和监管不到位等问题，更好地发挥市场在资源配置中的决定性作用和政府作用。要适应经济全球化的趋势，逐步构建与我国开放型经济发展要求相适应的新体制、新模式，释放改革红利，促进国际国内要素有序自由流动、资源高效配置、市场深度融合，加快培育参与和引领国际经济合作竞争的新优势。

三、切实做好组织实施

各省（区、市）人民政府要因地制宜，将推广相关体制机制改革措施列为本地区重点工作，建立健全领导机制，积极创造条件、扎实推进，确保改革试点经验生根落地，产生实效。国务院各有关部门要按照规定时限完成相关改革试点经验推广工作。各省（区、市）人民政府和国务院各有关部门要制订工作方案，明确具体任务、时间节点和可检验的成果形式，于2015年1月31日前送商务部，由商务部汇总后报国务院。改革试点经验推广过程中遇到的重大问题，要及时报告国务院。

文件附件：1. 国务院有关部门负责复制推广的改革事项任务分工表；

2. 各省（区、市）人民政府借鉴推广的改革事项任务表。

国务院

2014年12月21日

附件 1：国务院有关部门负责复制推广的改革事项任务分工表

序号	改革事项	负责部门	推广范围	时限
1	外商投资广告企业项目备案制	工商总局	全国	2015 年 6 月 30 日前
2	涉税事项网上审批备案	税务总局		
3	税务登记号码网上自动赋码			
4	网上自主办税			
5	纳税信用管理的网上信用评级			
6	组织机构代码实时赋码	质检总局		
7	企业标准备案管理制度创新			
8	取消生产许可证委托加工备案			
9	全球维修产业检验检疫监管			
10	中转货物产地来源证管理			
11	检验检疫通关无纸化			
12	第三方检验结果采信			
13	出入境生物材料制品风险管理			
14	个人其他经常项下人民币结算业务	人民银行		
15	外商投资企业外汇资本金意愿结汇	外汇局		
16	银行办理大宗商品衍生品柜台交易涉及的结售汇业务			
17	直接投资项下外汇登记及变更登记下放银行办理			
18	允许融资租赁公司兼营与主营业务有关的商业保理业务	商务部		
19	允许设立外商投资资信调查公司			
20	允许设立股份制外资投资性公司			
21	融资租赁公司设立子公司不设最低注册资本限制			
22	允许内外资企业从事游戏游艺设备生产和销售，经文化部门内容审核后面向国内市场销售	文化部		

续表

序号	改革事项	负责部门	推广范围	时限
23	从投资者条件、企业设立程序、业务规则、监督管理、违规处罚等方面明确扩大开放行业具体监管要求，完善专业监管制度	各行业监管部门	在全国借鉴推广	结合扩大开放情况
24	期货保税交割海关监管制度	海关总署	海关特殊监管区域	2015 年 6 月 30 日前
25	境内外维修海关监管制度			
26	融资租赁海关监管制度			
27	进口货物预检验	质检总局		
28	分线监督管理制度			
29	动植物及其产品检疫审批负面清单管理			

附件 2：各省（区、市）人民政府借鉴推广的改革事项任务表

序号	改革事项	主要内容	时限
1	企业设立实行“单一窗口”	企业设立实行“一个窗口”集中受理	2—3 年内
2	社会信用体系	建设公共信用信息服务平台，完善与信用信息、信用产品使用有关的系列制度等	
3	信息共享和综合执法制度	建设信息服务和共享平台，实现各管理部门监管信息的归集应用和全面共享；建立各部门联动执法、协调合作机制等	
4	企业年度报告公示和经营异常名录制度	与工商登记制度改革相配套，运用市场化、社会化的方式对企业进行监管	
5	社会力量参与市场监督制度	通过扶持引导、购买服务、制定标准等制度安排，支持行业协会和专业服务机构参与市场监督	
6	完善专业监管制度	配合行业监管部门完善专业监管制度	结合扩大开放情况

参 考 文 献

[1] 魏东. WTO 框架下技术法规、标准和合格评定程序研究 [D]. 北京: 中国政法大学, 2011.

[2] 徐光科. 欧盟、美国与 WTO 的合格评定程序之比较 [J]. 黄冈职业技术学院学报, 2011 (6), 81 - 82.

[3] 袁俊. 浅析美国、日本、韩国及欧盟的合格评定 [J]. 制造技术与机床, 2006 (6).

[4] 许洪波. 浅析我国政府产品质量监管体制 [D]. 吉林: 吉林大学, 2005.

[5] 陈慧君, 我国产品质量安全监管问题研究 [D] . 上海: 上海交通大学, 2011.

[6] 孙志国. 我国产品质量监管问题研究 [D]. 吉林: 吉林大学, 2006.

[7] 刘娜. 中国产品质量监管分析研究 [D]. 河北: 华北电力大学, 2011.

[8] 笪志刚. 中国自贸区战略面临新风险、挑战与有效路径选择 [J]. 对外经贸, 2013 (1).

[9] 杨香品. 中美产品质量监管比较研究 [D], 广东: 华南理工大学, 2012.

[10] 王泽洪, 黄国庆, 周德文. 宏观质量管理概论 [M], 北京: 中国质检出版社, 2013 年.

[11] 程虹, 宏观质量管理 [M], 武汉: 湖北人民出版社, 2009.

[12] 钱仲裘, 刘刚. 关于宏观质量管理的几点思考 [J], 质量与标准化, 2012.

第五章

基于文化视野的质量管理

案例七　《盛世华彩》中关于质量文化的启示

这幅国画名叫《盛世华彩》，画家采用了宋代名画《清明上河图》的形式，展现了质量与标准化的内涵。千百年来我们的祖先对于质量源远流长的探寻，使得在我国古代经济社会生活中，在建筑、农业、航运、文明传播、健康生活等领域都可以发现质量元素。

首先，沿着远山这条主线看看古代的建筑，由左至右，分别是秦汉时期的宫阙、隋代著名石拱桥赵州桥，唐代大明宫，以及清代宫廷园林建筑。在这些建筑背后，凝聚的是中国历代工官与千万工匠们的聪明才智。从战国时期的《考工记》、宋朝的《营造法式》，到清朝的《工程做法》，这些中国古代手工业技术和建筑学著作不仅是智慧的结晶，更是中国历史文明进程中标准化的三座里程碑。其中，清朝的《工程做法》既包括工匠建造房屋的建筑标准，又包括主管部门用来验收工程、核定经费的质量标准、收费标准等，与当时的法律结合使用，起到了监督作用，十分接近现代意义上标准的概念。

其次，沿着河流这条主线先来看农业。从汉代二牛抬扛的直辕犁，到唐宋时期的曲辕犁，再到单牛挽拉的曲辕犁。从犁的工具的演变，我们可以感受到中华民族以精耕细作为主线的农业发展脉络。耕作工具的标准和完善大大提高了劳动的效率和质量，实际上，除了铁制农具外，农时历法、轮作复种、水利灌溉和水陆综合利用等做法，都给源远流长的农业发展史打上了鲜明的精细化、标准化技术烙印。

再看航运。这副画也展示了我国古代帆船制造技术的演进。沿着河流，由左至右，依次是早期竹筏，唐代沙船，广船，福船，宋代沙船，水密隔舱工艺的应用，中国第一艘抵达欧美、造于清代道光年间的广船“耆英号”，以及明代郑和七下西洋所使用的“宝船”。从船舶

制造到运输物流业的发展，都凝聚着标准化的智慧。

再来沿着街市这条主线来看文明传播。主要展示中国发明的造纸术和印刷术。竹筏上方，大家可以看到这是竹林七贤手拿竹简，林下读书；竹筏下方，是汉代造纸全套工艺流程，造纸工艺开始标准化；两棵松柏之间，展现的是唐宋时期的雕版印刷术，说明印刷工艺标准化的持续改进。再往右走，展现的是明清时期，中国活字印刷术的官方应用，说明标准化已经在官方层面得到极大的认可和推广。活字印刷术成功地运用了标准件、互换件、分解组合以及重复使用等标准化方法与原则，代表了当时中国先进的标准化作业模式，即使是在400年之后，依然在世界范围内得到了普遍的认同和采用，极大地推进了当时的社会进步和文化繁荣，是中国献给世界最伟大的标准化发明之一。

接下来我们看健康生活。这副图画里主要展示中国传统养生、诊断、治疗、制药和医药管理。左下方是东汉名医华佗发明的“五禽戏”；在“五禽戏”的右上方，是针灸，取自北宋末期李唐的《灸艾图》；《灸艾图》上方的宋代“太平惠民局”，是古代官方医疗实践和医药管理的重要主体，发挥着制作、售卖成药，制订、贯彻中药标准的作用。在筒车下方，是我们的国粹——太极；太极拳图的右侧和右下侧，是始创于清雍正年间的老字号“雷允上”，这实际上就是现代意义上品牌的概念了。尽管古代中国医药不分家，既无“标准”和“标准化”特定形式，亦无相关系统研究，但事实上在“悬壶济世”的过程中，“岐黄之术”早已蕴含了其赖以生存和发展的标准化之精要，这些积累已经为现代人类发展中医药科学奠定了坚固的基础。

最后我们来看纺织和其他工艺。全图的左下方是采桑和纺织，五禽戏的右上方印染，取自唐代表现贵族妇女捣练缝衣工作场面的《捣练图》，按劳动工序分成捣练、织线、熨烫三组场面。在“读西厢”的左上方，取自清代《桑蚕丝织图》，包括了养蚕、缫丝、织绸等工艺流程。此外，还有“耆英号”下方的传统陶瓷制作、建筑营造的场景，以及街市中体现“升斗小民”日常生活中标准化元素的各种器物、场景，如计量方面的杆秤、米斗、量尺等。这些场景背后，都凝结着先人们对质量和标准化孜孜追求的心血。

第一节　质量文化概述

现象八　德国人的厨房

德国人厨房除了锅碗等传统设施外还有几件法宝，一个是量杯，一个是电子天秤。做蛋糕加多少糖、多少面粉、多少水是必须用量杯和电子天秤计量的，做到精准无误。

从现象八中可以看出德国人工作严谨，或者说德国人“死板”。与此不同，我们可能更多地适应糖少许、盐少许等。这种不同的文化反映到质量的态度上也会呈现出千差万别。比如，我们说“价廉物美”又说“一分价格一分货”，这反映我们中庸的文化内涵；但是德国人不相信价廉物美，你同德国人无法谈价格，他们相信质量，相信一个铁锅能用一百年。

当今世界正处在大发展大变革大调整时期，世界多极化、经济全球化深入发展，科学技术日新月异，文化在综合国力竞争中的地位和作用更加凸显。当代中国进入了协调推进“四个全面”的攻坚时期，文化越来越成为民族凝聚力和创造力的重要源泉、越来越成为综合国力竞争的重要因素。同时，文化也将对质量产生影响。

从行为角度来讲质量是人的行为的结果，人的行为决定质量。遵守规矩、追求完美、关注细节、自觉创新、持续改进等行为有利于提高质量。而影响人的行为的因素很多，关键的因素是文化。

比如儒家文化，根据百度百科的解释，儒家“礼治”主义的根本含义为“异”，即贵贱、尊卑、长幼各有其特殊的行为规范，贵贱、尊卑、长幼、亲疏各有其礼。儒家是十分讲究规矩的。深受儒家思想广泛影响的东亚国家如韩国和日本，其伦理和礼仪深受儒家仁、义、礼等观点的影响，至今都还很明显的。这种规矩、礼节以及固定的客套形式等在相关国家扎根开花，也为其先进的制造（服务）业打下了标准化的根基。丰田生产方式的核心“即时生产”、“看板方式”等方法都体现了上述儒家思想。

同样作为世界上年轻又是最大的移民国家的美国，民主、包容、法治应该是美国文化的重中之重，因此美国文化集中体现在法制化和制度化上。在美国质量文化上也是如此，重视制度建设和法治建设是美国质量文化的精髓。

一、质量文化定义

刘源张院士曾经说过：决定一件事情和行动的是人们的文化和制度。在质量这件事情和质量管理这一行动上，文化就是诚信，制度就是法。诚信与守法是联系在一起的。

纵观世界各国发展，虽然影响质量的因素很多，但文化的影响最重要。

德国、日本都经历过产品模仿、创新、持续改进的过程。德国制造和日本货都曾经被认为是劣质品的代表，甚至在 1887 年 8 月 23 日英国议会通过法案规定所有从德国进口的产品都须注明“Made in Germany”，以此将劣质的德国货与优质的英国产品区分开来。但是德国人的严谨和与时俱进的民族性格，形成了德国人的质量文化，不断地追求完美、精益求精也使德国从一个后起的工业化国家成长为制造强国，德国制造成为优质制造的代表。

同样，日本的质量观也源于日本文化的内在精神。对“和谐”、“敬业”的重视，都可以在儒家文化为代表的东方文化中找到根源。正是这种规矩、礼仪、客套的形式为其标准化的服务奠定了文化基础。也正是日本社会儒家文化，对权威的尊崇心态以及单一民族形成的民族利益至上的意识，使得企业和民众对法律法规的严格遵守成为自觉，从而形成了包括全公司质量管理（CWQC）、质量小组活动（QC）、丰田生产方式（JIT）等十分具有东方特色的质量管理方法，开创了质量管理的日本时代。

美国作为一个移民大国和年轻的国家，立国之初就确定了民主和法治的治国方略，所以美国文化的多样性以及法治的思维，形成了美国质量的制度文化、诚信文化。这也是美国质量强国的根本。

质量文化自 20 世纪 90 年代开始被有关学者研究，并正式提出概念；而真正受到广泛关注是在 21 世纪之后。特别是由美国质量学会主办的世界质量大会分别在 2002 年将“质量文化——21 世纪企业迈向成功的基石”作为会议的主题和 2009 年将“质量文化——服务顾客、组织和社会”作为主题，标志着质量文化研究的逐步深入。它实质上是一种随着质量实践活动的不断积累而不断演变的文化现象。我们认为可以分为广义质量文化和狭义质量文化两个层面来对质量文化进行定义。

广义质量文化指的是以近、现代以来的工业化进程为基础，以特定的民族文化为背景，群体或民族在质量实践活动中逐步形成的物质基础、技术知识、管理思想、行为模式、法律制度与道德规范等因素及其总和，关注的是整个国家或地区这类超级组织的质量竞争能力。

狭义质量文化是企业质量文化，指企业在长期的生产经营过程中逐步形成的其企业特点的观念、意识、规范、精神、形象、行为方式等软因子及企业向社会提供的产品和服务等硬因子的总和。

但无论是广义质量文化还是狭义质量文化，都是作为一种价值观、道德观、质量观的具体体现，是影响人们思想和行为的内在约束要素。

二、质量文化的特征

质量文化具有质量和文化的双重特性。具体可以表现为如下几类。

1. 公共性

质量文化群体概念界定的范围越宽，质量文化的共享性和公有性越高，其就能更好的表现群体内大多数成员共同追求的质量价值观念。国家质检总局正在探索研究的“质量强国”建设，实际上就是一个将我国优秀企业质量文化提升为行业、地区、国家质量文化的过程，其目的就是推动全国形成中国自己的特色质量文化（见图5－1）。

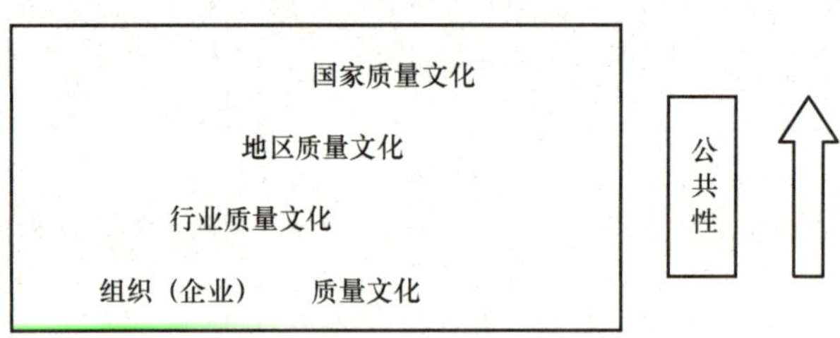

图5－1 质量文化提升示意

2. 变革性

从文化的现代意义上讲信息的传播和沟通使得群体在行为上更容易相互理解、学习和仿效，而这种理解、学习和仿效的过程一经形成，又会进一步积淀成群体的心理定势，并最终演变成某种特定的文化模式。而质量文化受到国家或地区开发发展和传统习俗的双重影响，在对传统文化继承的同时，还会随着国家或地区经济的开放，出现变革。特别是现代互联网在信息的传播和沟通上的巨大作用，必将对质量文化的变革产生极强的推动作用。

3. 民族性

通常体现在不同民族的质量文化之间存在着许多显著的差异。例如，尽管美国和日本同属于发达国家的范畴，由于民族文化上存在着极大的差异，在质量文化的表现上，美国和日本有明显的不同。美国的质量文化强调通过技术变革来实现产品或服务质量的提高。而日本的质量文化更多地表现为在对产品或服务质量不断追求完美的过程管理。

质量管理八项基本原则分别是以顾客为关注焦点、领导作用、全员参与、过程方法、管理的系统方法、持续改进、基于事实的决策方法、与供方互利的关系，这八项原则总结了东西方质量管理精髓、提炼了东西方质量文化而形成的，实现了东西质量文化的融合。

三、质量文化与企业文化的关系

质量文化始于企业文化，20 世纪 70 年代末 80 年代初兴起于美国研究日本迅速提高产品质量原因的过程中。最早提出企业文化概念的日裔美国管理学家威廉·大内经过认真研究美、日两国经济发展的异同，于 1981 年出版了《Z 理论——美国企业如何迎接日本的挑战》一书，他采用比较研究方法，研究人与企业、人与工作的关系，将美国企业的组织管理同日本企业从七个方面进行对比，认为畅通的管理体制、基层管理充分享有权利、中层管理者承上启下、长期雇佣、职工良好的福利、工作环境、培训和绩效考核是日本企业成功的关键，并提出其著名的“Z 理论”，强调组织管理中的文化因素，首次明确提出企业文化的概念，但质量文化不同于企业文化。

对广义质量文化，从群体上看，企业文化通常是指企业内大多数成员的共同价值观和行为模式，它的群体为企业全体员工，比广义质量文化的群体要小得多。从内容上看，企业文化研究的内容是企业的核心价值观念，它并不一定以质量为目标，而质量文化研究内容是促进区域质量发展，保障区域质量安全。从范畴上看，企业文化研究着眼点是组织层次。而质量文化研究的着眼点是国家或地区范围内的质量文化建设，包含了组织、行业、地区或国家等多个层次。

对狭义质量文化，可以将其看作是企业文化的有机组成部分，是企业进行质量管理的基础和依托。

第二节 质量文化的构建

一、我国的质量文化发展历史

我国质量文化的形成是和民族工业、现代工业发展相匹配的。如1865年清朝洋务运动中成立的江南机器制造总局，是清政府洋务派开设的规模最大的近代军事企业，近代最早的新式工厂之一，为江南造船厂的前身（1996年改为江南造船有限责任公司，属于中国船舶工业集团公司）。江南机器制造总局因是官办企业，在管理上仍然存在着浓厚的衙门习气，受儒家思想影响。企业决策高层是政府官僚，管理技术层则多由西方人负责，例如早期的首席工程师霍斯（T. F. Falls）就是美国人，技术工人多为中国人，这种特殊的组织结构碰撞出了晚清的质量文化。作为中国民族工业发祥地的上海现在还有条马路叫“制造局路”。

由恒源祥戏剧出品的大型原创话剧《大商海》较客观地反映了30年代上海民族工业家——海派商人在西方商业规则和中国商业传统之间寻找机会，生意以诚信创新为本，尊重契约精神，成为商界全新代表群体的故事。海派商人以诚信、品牌、智慧、创新、勇气、毅力在上海开埠百年的激流中闯荡，形成独特的海派城市文化，而解放前旧上海的质量文化也孕育其中。

新中国成立后，第一个五年计划引进了前苏联援助的156项重点工程，同时引进的还包括前苏联的质量管理体系；随后前苏联专家撤离，我国开始独立自主地构建现代工业体系和管理体系，创造了诸如“大庆三老四严文化”、“《鞍钢宪法》”等具有中国特色的质量文化品牌，出版了钱学森的《系统论》和华罗庚的《优选法》等质量专著。改革开放前后又相继引进西方现代化技术装备和先进管理技术，1978年引进全面质量管理。1991年上海市委提出“质量是上海的生命”理念，开城市先河。改革开放近40年，中国已经完成工业化进程，迈向制造强国。这当中各局领导人也对质量工作十分重视（见表5－1）。这个过程中也逐步形成了中国特色的质量管理体系和质量文化，第一届中国质量奖奖励的航天集团“双归零模式”、海尔集团的“人单合一双赢模式”就是最好的代表。

表5-1　建国以来我国领导人关于质量工作的指示

毛泽东	质量要放在第一位，要提高质量、规格，增加品种
邓小平	质量第一是个重大的政策
江泽民	质量是我国经济建设的一个长期战略方针
胡锦涛	增长质量和产品质量关系发展可持续性，关系人民群众切身利益，关系国家形象
习近平	推动中国制造向中国创造转变、中国速度向中国质量转变、中国产品向中国品牌转变

案例八　《鞍钢宪法》

1960年3月，毛泽东在中共中央批转《鞍山市委关于工业战线上的技术革新和技术革命运动开展情况的报告》的批示中，以苏联经济为借鉴，对我国社会主义企业的管理工作作了科学的总结，强调要实行民主管理，实行干部参加劳动，工人参加管理，改革不合理的规章制度，工人群众、领导干部和技术员三结合，即"两参一改三结合"的制度。1961年制定的"工业七十条"，正式确认这个管理制度，并建立党委领导下的职工代表大会制度，使之成为扩大企业民主，吸引广大职工参加管理、监督行政，克服官僚主义的良好形式。其实"鞍钢宪法"与现代的管理思想是一脉相承的（见图5-3）。当时，毛泽东把"两参一改三结合"的管理制度称之为"鞍钢宪法"，使之与苏联的"马钢宪法"（指以马格尼托哥尔斯克冶金联合工厂经验为代表的苏联一长制管理方法）相对应。美国耶鲁大学教授莫里斯·迈斯认为"当今天的很多管理者对'丰田管理方式'、'装配岛方式'、'后福特主义'、'全面质量管理'和'团队合作'理论等趋之若鹜时，孰不知，早在50年前，在中国最大的工业企业，就诞生了这些理论与管理法的精神母体——'鞍钢宪法'"。美国麻省理工学院管理学教授罗伯特·托马斯（Robert Thomas）指出，"'毛主义'是'全面质量管理'和'团队合作'理论的精髓，即充分发扬'经济民主'——两参一改三结合——恰是增进企业效率的关键之一"。

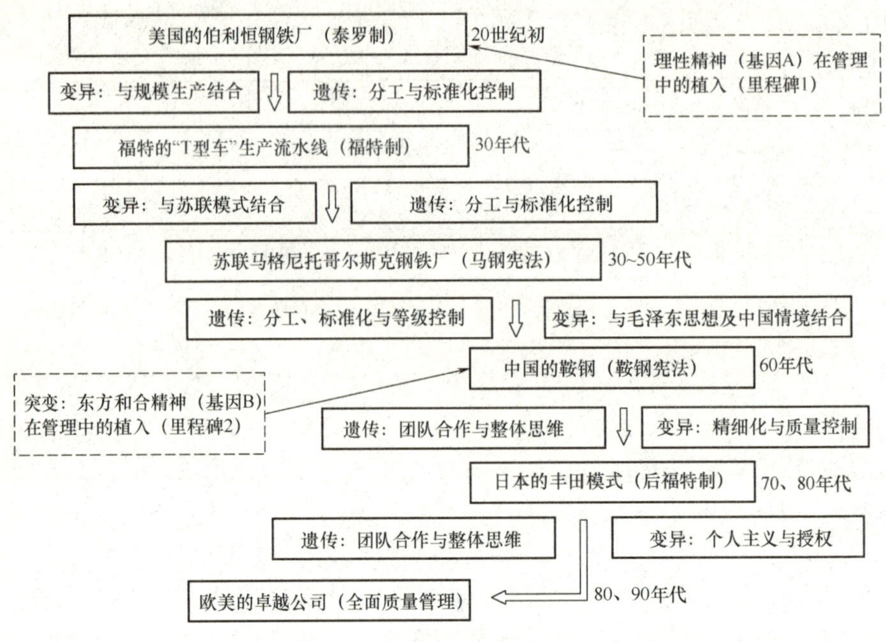

图5－2　“鞍钢宪法”与现代管理思想演变的关系

近年来，随着“质量强国”战略的提出和实施，我国不少城市也都形成了特色鲜明的质量文化，表5－2列举了一些主要城市和它们的质量精神，这种城市质量文化形成了符合城市特点的质量理念和质量精神。城市质量文化、企业质量文化、消费者质量文化等构成了我国质量文化体系。

城市质量文化建设包括建立质量诚信体系，增强质量诚信意识，倡导诚实守信、合法经营；落实质量责任，健全地方政府负总责、监管部门各负其责、企业是第一责任人的质量安全责任体系和考核机制；重视质量舆论宣传，使持续改进、追求卓越成为公民行为准则；弘扬质量先进，建立质量发展激励机制；广泛深入开展群众性质量活动等内容，最后在城市中形成政府重视质量、企业追求质量、社会崇尚质量、人人关心质量的良好氛围。

表5－2　部分城市质量精神列表

城市	类别	城市质量精神
广东省深圳市	计划单列市	质量成就未来
福建省厦门市	计划单列市	开放、诚信 、创新、至善

续表

城市	类别	城市质量精神
辽宁省大连市	计划单列市	品质立市
山东省青岛市	计划单列市	海纳百川　诚实守信　精益求精　追求卓越
浙江省宁波市	计划单列市	诚信、责任、创新、卓越
广东省广州市	副省级城市	崇尚质量，追求卓越
江苏省南京市	副省级城市	崇尚质量、追求卓越
四川省成都市	副省级城市	诚实守信、持续改进、创新发展、追求卓越
北京市海淀区	直辖市的城区	践行北京精神，驱动创新发展，落实质量纲要，追求卓越质量
上海市松江区	直辖市的城区	魅力松江、崇尚质量
安徽省铜陵市	地级市	诚实守信，熔旧铸新，精致大气，卓越发展
广东省东莞市	地级市	以质取胜，精益求精
广西柳州市	地级市	诚实守信，持续改进，创新发展，追求卓越
河南省鹤壁市	地级市	诚信至上　追求卓越　以质取胜　率先崛起
河南省漯河市	地级市	质量是大计，质量是民生，质量是关键，质量是形象
河南省新乡市	地级市	创新、品牌、诚信
山东省东营市	地级市	诚实守信　持续改进　创新发展　追求卓越
江苏省南通市	地级市	创新质量、追求卓越
江苏省苏州市	地级市	崇尚质量，追求卓越
江苏省无锡市	地级市	崇尚质量，追求卓越
四川省泸州市	地级市	以质取胜、创新发展
四川省遂宁市	地级市	追求卓越　质量优先　绿色发展
浙江省温州市	地级市	敢为人先　追求卓越
浙江省台州市	地级市	诚实守信、持续改进、创新发展、追求卓越
安徽省宁国市	县级市	诚实守信，勇于创新，打造品牌，追求卓越
福建省福清市	县级市	开放融和、拼搏争先
福建省邵武市	县级市	全民讲质量、质量利全民
河南省巩义市	县级市	追求卓越质量，打造品牌巩义
山东省荣成市	县级市	科学、诚信、卓越、创新
山东省章丘市	县级市	诚信、创新、质量
浙江省诸暨市	县级市	科学　卓越　诚信　共享

注：2012—2013 年相关城市的全国质量强市示范城市创建材料

对于广义质量文化，目前各地政府已经有了较强的意识，纷纷开展了城市质量精神（质量文化）的提炼、宣传活动。但是，让质量文化真正发挥其作用，还需要进一步增强认识，加强规划，保障落实。

首先质量文化应有一个明晰的质量价值观，体现出对于质量的战略性地位、作用，而不仅仅是对质量要素的简单堆积。其次，应该和区域经济社会发展的需求，人民群众切身质量需求以及区域消费习惯、民俗相结合，当前需要推动解决的突出质量问题和矛盾之间有密切的联系和呼应，要触发社会的共鸣。三是除了要加强质量精神的宣传，让有血有肉，好记易懂，特色鲜明的质量口号深入人心外，还应完善健全的质量文化落地机制，从政策、资金、组织等方面予以推动和保障。

案例九　深圳质量城市新名片

最近一段时间以来，许多深圳市民蓦然发现，几乎在一夜之间，作为深圳的城市质量精神口号，“质量成就未来”几个醒目大字出现在深圳街头。深圳正向世人递出自己的崭新名片：质量。

改革开放前30年，深圳创造了举世瞩目的“深圳速度”，缔造了世界工业化、城市化、现代化发展的奇迹。深圳的迅速崛起，为迈向更高层次的发展奠定了坚实基础，同时也面临着日益趋紧的资源、能源、土地、人口、环境等方面的瓶颈约束，传统的经济增长模式已经难以为继。为了突破严峻的内外部约束，转变经济发展方式，赢得未来30年城市发展主动权，深圳市委、市政府提出了“深圳质量”理念，推进深圳从“深圳速度”向“深圳质量”跨越。2010年深圳市印发了《关于开展质量强市活动的实施意见》，首次明确提出“深圳质量”的城市发展战略。

“质量成就未来”。

“速度终有上限，质量永无止境”。市长许勤曾指出：“推进质量强市，打造‘深圳质量’使深圳经济特区在科学发展的大道上阔步前进，更是深圳在新时期承担特区使命、成就特区未来的关键。”展望未来，深圳将以更大的决心和力度来推进质量强市，打造深圳质量，奋力争当质量效益型发展的排头兵。

如果说“质量是上海的生命”让质量观融入上海人血液的话，那么“质量成就未来”则已经深入深圳经济发展的骨髓之中。

二、广义质量文化的构建——质量价值观的制度转化

质量文化作为20世纪以来工业文明的产物，它体现的是当代质量实践

活动的主流价值观的不断变化和发展，核心是建立一套质量价值体系，形成统一的质量价值观念。而这些价值观又需要通过相应的制度转化为具体的行动。主要制度形式一般有 3 种，即标准规范、引导政策和法律体系。其中，标准规范提供了对行为及行为结果的指导与评价体系，揭示了质量实践活动的基本目标：满足既定的需要或期望，引导政策体现了行政管理部门对行为模式的激励与导向作用；而法律体系是行为层面的强制性塑造机制。这三种制度具体内容的差异，再加上不同国家、地区、城市之间的经济发展水平的差异，形成了群体的行为模式的差异，既我们感觉到的质量文化之间的差异。

以上海市质量精神的形成为例。上海质量文化的形成伴随着中国民族工业的成长、发展和状大，是中国民族工业百多年来文化的积沉。改革以来，加强质量管理，提高产品质量，强化质量意识，强调领导抓质量得到历任市委市府领导的重视。1982 年市长汪道涵倡导举办第一期局长质量管理学习班，并在 TQC 电视讨论中作题为《提高产品质量是上海工业发展的重要课题》的报告。江泽民任上海市委书记、市长期间，提出“把提高质量摆在经济工作的突出位置上来抓”。朱镕基任上海市长时提出“质量是上海的生命”的指导方针。黄菊任市长时要求经济工作必须坚持“有市场、有质量、有效益”为前提并提词：上海要建一流城市，须创一流质量。徐匡迪任市长时提出各行各业都要努力提高产品质量。1986 年市政府发布《关于提高工业产品质量的若干决定》，明确企业一把手必须亲自抓质量，对质量负全责。1990 年，市委五届十次全会后，下发了《中共上海市委关于全党重视抓好质量的意见》，号召各级党政组织和各条战线上的共产党员，高度重视质量，千方百计地尽快把各项质量抓上去。1997 年 8 月27 日市政府颁布《上海市质量振兴实施计划》。2000 年 3 月，市政府颁发《关于进一步加强本市质量工作若干问题的决定》，制定了增强本市产品质量竞争能力、严格企业质量管理、建立质量中介服务体系、强化质量监督和打假治劣等方面的三十条政策措施，对落实质量工作责任制，提高上海产品质量，做出了全面部署。进入 21 世纪后，各级领导对质量愈加重视。为进一步贯彻党中央、国务院关于质量工作的方针，市委市政府对质量安全问题高度关切。2013 年，市政府发布了《上海市质量发展规划 (2011—2020 年)》，为上海今后 10 年质量工作描绘了蓝图，指明了道路。2015 年又发布了《上海市人民政府关于进一步加强质量发展工作提升本市质量竞争力的若干意见》，“质量是上海的生命”作为上海的质量精神，已被全市广大干部职工理解和接受，并成为上海经济发展的一个重要指导方针。自此上海市质量工作体系进一步完善。一个全党重视，全社会抓质量的局面正在逐渐形成，并得到巩固发展。同时，上海的城市质量精神的表述也在不断深化，共20世纪90年代“质量是上海的生命”，到21世纪初的“质量是上海城市的生命”，再到现在“质量是上海城市发展的生命”，即有一脉相承，又有创新丰富。

上海城市质量精神的形成是上海工业发展的历史产物，与上海的海派文化、上海的经济社会发展都是密不可分的。“质量是上海的生命”作为上海城市质量精神，作为上海质量价值观的集中体现，在某种意义上形成了上海质量的标准规范，明确了质量在经济社会发展中的重要性和战略地位。而市政府颁发的系列文件，提出了相关举措对质量行为进行了激励与导向。《上海市产品质量条例》等质量法规规章、规范性文件及相关配套文件的制定实施，则成为了上海在行为层面推动全市营造良好质量氛围的有效支撑和保障。

三、狭义质量文化的形成——质量管理文化特征

1. 名人的质量观点

☆杰克·韦尔奇——质量不是一个单一的东西，而是一种气氛。一种整体氛围，一种一个公司要把事情做好的那种压倒性感觉

☆朱兰——优良的品质保证并不是一朝一夕筑可以做到的，它需要有计划地进行

☆卡内基——即使在竞争最为激烈的今天，似乎任何事情都是价格问题，但是在伟大商业成就中还是以质量这个非常非常重要的因素作为基础

☆松下幸之助——对产品质量来说，不是100分就是零分

☆张瑞敏——有缺陷的产品就等于废品

☆戴明——产品质量决定于公司高级管理层，这是无法授权的

麦肯锡公司在1987年—1991年对欧洲、日本和美国167家企业进行一项世界范围内“质量”因素的重要性及优秀企业质量管理成功的研究，在研究成果得出了优秀的质量文化使企业可以取得至少在较长时间别家无法仿效的持续竞争优势的结论 。企业质量文化的形成往往是自发的，缺少明确的质量文化意识和相应的规划、计划，但在实际接触中往往可以感受到其核心的理念，即质量管理的文化。这些质量管理文化的形成可能会取决于几方面的因素:

（1）企业管理者的质量意识。质量文化在一定程度上是管理者人格文

化的体现，管理者对质量的认识程度决定了质量文化的核心价值观。

(2) 企业的经营方式。不同的生产经营方式，决定了对质量问题的处理模式，形成了企业的质量行为规范。

(3) 企业所在区域的广义质量文化。为贯彻广义质量文化而形成的法律法规等强制性规定和政府部门的导向性意图，对于企业实施何种质量标准具有非常强的影响力。

(4) 同行业的竞争、行业标杆的先进经验学习借鉴，对企业质量文化的形成也有一定推动作用。

对于企业而言，质量文化需要不断发展、演化，最终要与企业的经营发展战略相匹配，并建立完备的企业质量文化制度体系，这样的质量文化才能真正长期持久的发挥作用，有效地转发为企业的竞争优势。

2. 企业成功的质量文化案例

案例十　航天工程——质量是政治和"双归零模式"

不同于一般产品，卫星研制成本高，上天后要求长期持续稳定运行，而且不可维修。卫星产品的设计不仅要满足功能性能的先进性，确保高可靠、长寿命，还必须考虑生产、装配、试验、检测等过程的可操作性以及在轨使用的方便性、可用性、易用性。在长期的生产经营过程中，上海卫星工程研究所在充分继承和发扬了中国航天的质量文化基础上，孕育、发展了具有特色的质量文化。奉行"质量是政治，质量是生命，质量是效益"的质量理念，树立了精益求精的设计思想，通过掌握核心技术，将技术和产品完美结合，保持核心竞争力，展现最优秀的技术能力。建立并践行零缺陷文化，提出了"100－1＝0"的零缺陷理念，并在该理念的约束下保证产品100%检验，100%合格，过程100%受控上海卫星工程研究所的具体措施可以总结为"规范"质量文化的内涵 、完善质量行为的规范、规范质量文化管理等。

(1) "规范"质量文化的内涵

①将有效的标准、规范和体系文件作为行为准则，自觉学习，严格执行和操作；

②技术和行政领导，亲历亲为，带头制定、宣传和执行标准规范，使所有员工树立执行规范的正确理念；经常检查员工对标准和规范的理解和执行情况。

③全面梳理自己、部门涉及到的设计、生产、试验、测试、发射等流程的有效做法，细化每项工作、流程的通用做法，形成目录，建立部门和

相关岗位、专业需要执行的标准和规范，使每个人的行为都有可执行的标准和规范。

④将成功做法和经验教训改进措施总结提炼成标准规范，将标准和规范作为传承技术、管理和经验的最好平台进行建设。对有发展前景的，通过安排专题研究，逐步摸索规律和准则，形成标准和规范，有效统领型号的研制活动。

⑤持续升级标准和规范，增加标准和规范的技术含量和可操作性，以标准和规范引领竞争和发展优势。

（2）完善质量行为规范

①建立型号质量责任制。以责任令等形式明确各级指挥和设计师以及各承制单位的质量职责。

②强调全面风险管理。有重点地识别研制风险点，制定并实施风险控制措施，对风险进行量化闭环管理。

③严格技术状态控制。按节点定期进行技术状态和技术接口的清理，尤其是严格按照“论证充分、各方认可、试验验证、审批完备、落实到位”五条原则进行技术状态更改控制，注重分析状态变化的影响域及对产品质量的负面影响。

④开展测试覆盖性分析检查，按型号产品层次自上而下提出测试内容和要求，以尽早暴露产品的质量问题。

⑤开展质量检查确认。

⑥根据系统工程和闭环管理的思想，对发生的质量问题实施了质量问题技术归零和管理归零“双五条”标准。质量问题技术归零的五条要求是：定位准确、机理清楚、问题复现、措施有效、举一反三。质量问题管理归零的五条要求是：过程清楚、责任明确、措施落实、严肃处理、完善规章。

（3）规范质量文化管理

①由分管质量管理工作副所长直接领导质量文化建设工作，同时明确党工处和质量处作为质量文化建设的主管部门。所党政领导班子在年度策划时对质量文化建设工作进行相应策划部署，纳入党委年度工作要点。同时注重落实各部门质量文化建设责任人，在与各党支部书记签署的目标责任书内，明确各支部书记是本部门质量文化建设的第一责任人。

②为保证质量文化精髓的传承与弘扬，促进文化软实力作用的发挥，编制了质量文化手册。手册包含质量文化理念与要求、质量规范等内容，高度凝炼优良质量传统，明确设计人员行为质量规范，着眼于全所人员质

量意识和能力的提升。

③以班组企业文化学习为重点，形成了“耳熟能详、融会贯通、广泛实践”、“宣贯、解读、实例和要求”、“班组例会文化学习十分钟”的“三步走、四要素、十分钟”企业文化学习规范，建立了明确的企业文化传播路径，将文化建设落实到一线。

④制定了明确的质量奖惩管理办法，设立专项质量奖励基金，将质量奖励细分为质量预防奖励、质量改进奖励、质量创优奖励和质量基础管理奖四类，鼓励为质量工作作出贡献的个人。针对质量问题，按问题的严重程度规定了相应的惩罚和责任追究制度。

⑤重视过程监视测量，通过走访员工、质量问题分析会等方式，及时掌握质量文化建设工作存在的不足及改进方向。加强对各级人员落实质量文化建设的考核，如对支部书记、班组长的年度考核时将质量文化建设作为一项重要考核内容进行管理。

第三节　铸就先进的质量文化

一、先进质量文化的意义

1. 建设社会主义文化强国的客观需要

国民之魂，文以化之；国家之神，文以铸之。一个国家的文化软实力，主要表现为自己的话语体系、价值理念、思维方式、人文科学、生活方式、社会制度等方面，是否为本国人民所认同、所遵循、所自豪，是否为世界人民所接受、所羡慕、所敬仰。可以说，在全球化背景下的国际竞争中，如果“硬实力”不行，可能一打就败；而如果“软实力”不行，则可能不打自败。习近平总书记指出，中华文化积淀着中华民族最深沉的精神追求，包含着中华民族最根本的精神基因，代表着中华民族独特的精神标识，是中华民族生生不息、发展壮大的丰厚滋养，自强不息、团结奋进的精神支撑。质量文化作为社会主义文化的有机组成部分，在建设社会主义文化强国的实践中扮演着重要角色。质量工作者所熟悉的科学准确、规范统一、讲究诚信、遵循规则等理念，就是中华文化的应有之义和深刻诠释。加强质量文化建设，有利于丰富中华文化内涵、完善中华文化体系，从而推动社会主义文化强国建设。广大企业建设以质量为核心的优秀企业文化，是参与社会主义文化建设的重要方式和途径；企业员工在实际工作中参与创造的优秀质量文化，可以为社会主义文化的发展与繁荣做出贡献。

2. 构建社会主义核心价值体系的必然要求

质量文化是我国人民在长期的工作和实践中培育形成的精神财富和物质财富，是社会主义核心价值体系建设的重要组成部分，是对社会主义核心价值观的有益补充。“质量效益”有利于引导广大干部职工深入学习理解党关于科学发展的要求；“以质取胜”有利于增强广大人民的自豪感、责任感和使命感；“持续改进”有利于弘扬以改革创新为核心的时代精神。如果一个社会普遍形成了诚信、责任和敬畏等方面的质量文化价值观，就会约束生产者在质量上的行为选择，消费者也会有更多的动力和底气约束生产者的产品和服务，从而构成对市场竞争、法律监管、道德约束的强有力的补充。

3. 推动质量发展的重要保障

当前，经济社会加快转型，政府职能加快转变，质量工作面临着加快改革的新形势、新任务、新挑战。加强质量文化建设是发展的内生需求，是推动质量强民、强企和强国的一项重要措施。加强质量文化建设，能够提升国民的整体质量素质和道德水准，规范行为，助其养成追求卓越的精神。加强质量文化建设，将为企业有效实施先进质量管理方法打下坚实基础；有效实施先进质量管理方法，又为质量文化的培育和提升创造了机会。企业的经营也已经表明，质量文化已被公认为企业获得成功的关键要素；优秀的质量文化是企业永续经营的基因，能够帮助组织更好地服务于顾客和其他相关方，并为所有利益相关者创造更大价值。加强质量文化建设，有利于塑造优秀的国家、城市、企业形象，提升竞争的软实力。

二、先进质量文化的内涵

质量文化的价值观有哪些？又可以分为几个层面？

从 TQM 到 ISO 9000，再到追求卓越，从最初的检验质量价值观、符合性质量价值观发展为适用性质量价值观，进而又发展为顾客满意质量价值观，持续改进、卓越的质量价值观体现了当前质量文化价值观的发展和演变。质量价值观指导并决定着质量管理实践的发展，同时质量价值观自身也在不断调整变化。

1. 广义质量文化层面

国务院《质量发展纲要（2011—2020 年）》的“以人为本，安全为先，诚信守法，夯实基础，创新驱动，以质取胜”24 字工作方针是试图在宏观层面进行阐释当前质量价值观的一种探索。

——把以人为本作为质量发展的价值导向。质量发展必须不断满足人民群众日益增长的物质文化需要，更好地保障和改善民生。提高质量水平，促进质量发展，也必须依靠人民群众的共同努力。

——把安全为先作为质量发展的基本要求。强化质量安全意识，落实质量安全责任，严格质量安全监管，加强质量安全风险管理，提高质量安全保障能力，科学处置质量安全事件，切实保障广大人民群众的身体健康和生命财产安全。

——把诚信守法作为质量发展的重要基石。倡导诚实守信、合法经营。增强质量诚信意识，完善质量诚信体系，严厉打击质量违法行为，充分发挥市场机制作用，营造公平竞争、优胜劣汰的市场环境，发展先进的质量文化。

——把夯实基础作为质量发展的保障条件。深化理论研究，加强质量法治建设，夯实质量管理基础，加强质量人才培养，推进标准化、计量、认证认可以及检验检测能力建设，不断完善有利于质量发展的体制机制。

——把创新驱动作为质量发展的强大动力。加快技术进步，实现管理创新，提高劳动者素质，优化资源配置，增强创新能力，增强发展活力，推动质量事业全面、协调、可持续发展。

——把以质取胜作为质量发展的核心理念。坚持好字优先，好中求快。全面提高各行各业的质量管理水平，发挥质量的战略性、基础性和支撑性作用，依靠质量创造市场竞争优势，增强我国产品、企业、产业的核心竞争力。

但是，我国目前广义质量文化的研究还刚起步，缺乏在全国层面的宏观研究，即缺少一个明白清晰、易懂易记，与社会主义核心价值观相匹配的质量核心价值观体系，也缺少系统的质量价值观转化的制度举措。

同时在广义质量文化的宣传上，也应是形式多样、丰富多彩的。

案例十一 松江区——弘扬质量文化 建设魅力松江

质量发展的最终目的是为了实现质量发展的成果全民共享。建设质量文化需要“润物细无声”，通过全民的广泛参与，实现质量文化广泛传播。

“魅力松江，崇尚质量”这个松江区的质量精神就是由松江区的老百姓选出来的。由老百姓结合地区文化特色选择的质量精神更贴合当地实际，更容易记住并融合到各项工作中。松江区在宣传形式上也是动了不少脑筋、想了不少办法的。比如，利用高速公路、地铁、公交系统等户外宣传平台，发布以质量提升、质量强区为主题的公益广告；在各大等媒体上刊发专版或专刊，邀请区长以“区长话质量”的形式接受记者专访；在《松江报》上，每两周一期，刊发“魅力松江崇尚质量”专版，选取质量强区工作的典型事迹，寻找和展示身边各行各业普通质量工作者的风采；制作质量强区城市宣传片，通过点、线、面的结合，展现松江城市的质量魅力；还开展万条短信集中宣传活动，以每天一万条短信的方式，向居住、工作在松江的干部、首席质量官、品牌企业和普通市民定向发送公益短信等。

2. 狭义质量文化层面

其质量管理文化特征应体现现代质量经营的管理理论和方法，符合质量管理的基本原则，特别可以紧密结合 ISO 9000 质量管理体系的八项基本原则和卓越绩效模式的 11 项核心价值观等质量理念，将质量文化建设既要作为企业文化的重要组成部分，也要成为企业文化的核心内容，并融入到企业质量管理工作的方方面面，各个环节。下面以质量管理八项原则中的“领导作用”“全员参与”“过程管理”“持续改进”作为示例。

（1）领导作用

高层领导要在明确组织使命、愿景及核心价值观的基础上，确定质量文化发展方向与目标，阐明组织的质量价值观，制定质量方针，向顾客和利益相关方做出质量承诺；建立或明确质量文化建设的组织架构、激励机制，并提供必需资源。

（2）全员参与

组织各级人员既是接受组织质量文化的熏陶者，也是质量文化的创造者与实践者；各级人员其自身素养将对产品、服务质量产生直接或间接的影响。特别是要突出以人为本，努力提高员工的参与热情和士气。要关注员工需求，提高员工的工作满意度，提高对质量价值观的认同度。

（3）过程管理

运用过程管理方法，对于质量文化建设的过程进行具体的策划、测量、控制和改进。

（4）持续改进

先进质量文化需要组织通过有意识地自觉培育和塑造才得以形成。质量文化建设需要从系统的高度进行整体培育，遵循 PDCA（策划—实施—检查—改进）原则，实施闭环管理。

在狭义质量文化建设方面，已经涌现了许多具有特色的企业质量文化典型案例，在此我们想介绍一下上海通用汽车的质量文化建设。其在美国通用质量文化的基础上，吸收了上海汽车集团的“零缺陷”等质量理念，不断创新发展，形成了中西融合的新时代汽车企业质量文化。

案例十二　上海“通用”的质量价值观

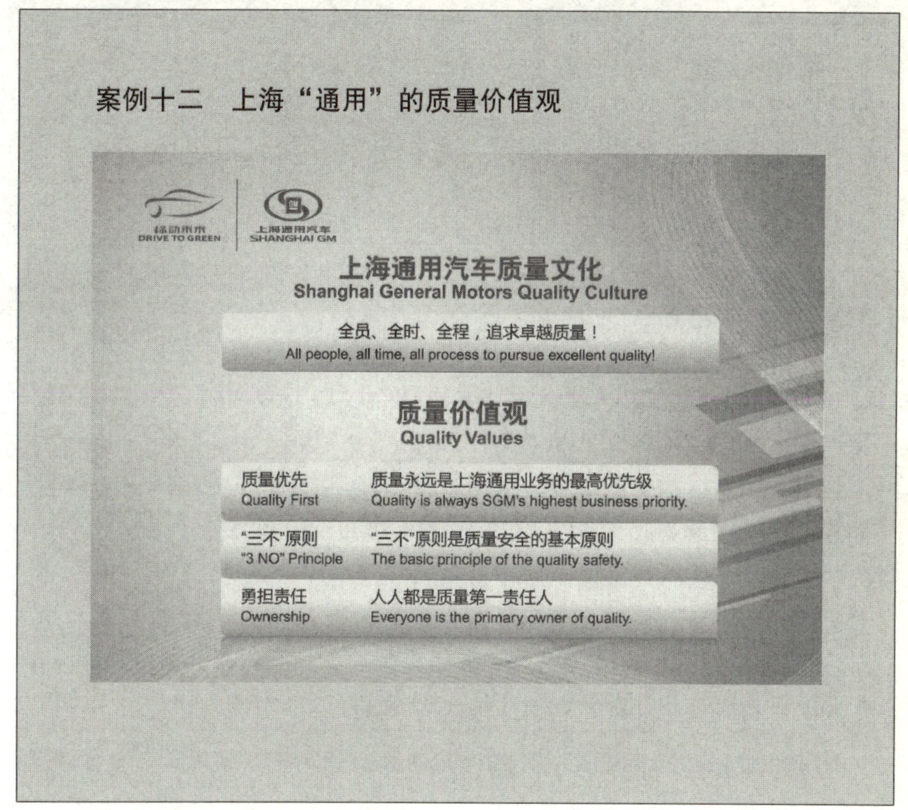

三、质量文化的建设举措

从本章的各个案例中，我们可以强烈地感受到质量文化建设，既是一项系统性的工程，又是一项长期性的工作。以质取胜、以文化人，是我们的终极目标，也是我们必须持之以恒的努力方向。在具体工作中，我们既要着眼于长远规划、系统安排，又要做到长短相济、虚实结合；在追求质量文化建设长远目标的同时，又要注重测评考核质量文化建设的阶段性绩效，才能促进质量文化建设健康、有序、有效地进行。

案例十三　虹口区——打造先进质量文化，树立虹口崭新形象

在质量文化的建设中，上海市虹口区全区的公民质量意识和质量工作水平得到了较大提升，从而全面完成了“质量兴区”的各项任务。而虹口区主要通过以下三点打造先进质量文化：

一是在志愿服务活动中营造良好质量文化氛围。积极拓展志愿服务平台，成立了市、区两支平安志愿者服务队和特种设备安全志愿者服务队，参与包括交通秩序维护，特种设备安全协管，社区义务咨询等各类志愿活动。向社区群众宣传普及包括食品安全、特种设备安全和产品质量安全等质监小常识，让群众感受到良好的质量文化氛围。

二是在消费维权过程中体现质量文化。完善质量投诉和消费维权机制，畅通质量投诉和消费者维权渠道。按照“跨前一步、快速公正”的质量维权服务工作思路，以12365平台为依托，积极推进12345平台对接和流程构建，全面优化提升虹口质量维权和窗口服务水平，体现质量为民服务的文化。

三是在教育培训中加强质量文化宣传。举办了以“中国梦、质量梦”为主题的虹口区中小学生质量教育活动启动仪式，以专题讲座、座谈讨论、参观企业、志愿服务、质量征文、知识竞赛、文体活动等多种形式，在中小学生中传授质量知识，进一步宣传虹口“质量引领发展，铸就虹口辉煌”的区域质量文化理念，培养青少年依法维权、诚实守信、追求卓越、忠于职守、勇于负责的精神，把提升质量化为自身的切实行动。鼓励企业联手学校，通过开展质量进校园活动，组织学生参观生产企业，了解产品质量监管过程，将质量文化教育融入中小学课外活动，丰富青少年质量知识，从小树立质量意识。

借鉴上述城市、企业长期实践经验，我们认为在打造新时期先进质量文化，可以从四方面入手：

（1）注重质量文化建设制度设计。一个区域质量文化建设是指总体质量中各个方面的全面质量文化建设，至少应包括产品质量、工程质量、服务质量、人居质量（教育医疗卫生质量、公共安全质量、生态环境质量等等）。为此，政府主要应致力于实行规划指导。政府加强对全面质量文化建设的规划指导，在公共政策的取向上，应该追求各领域质量文化的均衡协调发展。一是要结合区域文化特点和传统，提出区域质量文化建设的核心内容、指导思想和总体要求，作为本区域质量文化建设的统一遵循。二是要结合区域经济社会整体发展规划，分别确立长中短期内需要达到的目标和实现的任务，提出需要把握的原则和要求。三是要结合深化改革的理论指导和实践需要，不断丰富和深化质量文化物质层、行为层、制度层、道德层各层次内容。四是要从加强组织领导、广泛组织参与、加大投入力度、开展考核评价等方面，提出具体可行的措施，确保质量文化建设切实取得实效。

（2）注重文化的融合和创新。作为意识形态，文化具有因袭传承的特点，不能简单地进行移植。我国传统文化经过数千年的传承与发展，可谓源远流长、博大精深。当前我们开展质量文化建设，固然要认真吸收发达国家的质量文化成果和先进管理经验，也认真传承融合本国的优秀传统文化。一要认真研究当前社会主义文化建设要求和趋势的基础上，从我国传统文化中挖掘符合时代发展要求的内容进行重新阐释。二要制定符合社会主义核心价值观的引导政策，在对传承融合创新中国特色质量文化成绩突出的进行表彰奖励。从而创建出与当代社会相适应，与质量理念相协调的新时代质量文化。三要努力形成质量工作社会共治的机制，全面推动建设质量社会。

（3）注重发挥企业主体作用。正如质量的主体是企业一样，质量文化的创建的主体也是企业。区域、国家的质量文化的特征也要通过标杆企业的质量文化来体现。为此，质量文化建设中，企业是当仁不让的主体。首先，政府应出台鼓励政策推广引导优秀的质量文化，并对生产劣质产品的企业予以严格监管和惩罚。其次，要引导企业形成构架自己特色质量文化的主体力量，一是将高层领导的重视作为构建企业质量文化的关键。从某种程度上来讲企业质量文化就是企业高层领导的人格文化。要努力形成优质优价劣质处罚的消费氛围，让制售假冒伪劣如同过街老鼠人人喊打。二是将全体员工的积极参与作为构建质量文化的途径。通过开展形式多样的质量活动，使质量理念和意识广泛深入地渗透到企业每个部门中，渗透到每项工作之中，渗透到每个员工的脑海中，才能把质量转化为员工的自觉意识。三是把有效质量管理体系和先进的质量管理方法作为构建质量文化的支撑。四是将绩效评价和认可体系作为构建质量文化的推手。通过对员工的质量行为的监督、监视、评价，能促进预期中质量文化的形成。

（4）注重质量教育培训和宣传。质量始于教育，质量教育是质量发展的奠基石。质量文化建设的本质和前提，是提高人的质量意识和质量技能，加强质量的教育培训和宣传是质量文化最有效、最重要的方式。一是加强学校质量教育。学校教育是基础。按照国务院《质量发展纲要(2011—2020年)》的有关规定，政府要将质量教育列入中、小学教育教学计划，在高等学校、专业技术学院普遍设立质量或质量管理专业，加大质量教育力度，为质量发展奠定坚实人才基础。二是加强职业技术教育。可借鉴学习德国职业教育制度，形成高素质的、受过职业专业训练的劳动力，从而避免低价竞争。以高质量劳动力队伍推动高质量产品的发展，高质量产品的发展支撑更高质量的劳动力的投入，最终促进总体质量发展的良性循环。三是加强企业员工培训。政府要通过立法规定、财政补贴、政策扶持等形式，引导企业把质量意思融入到企业发展战略，把质量技能融入到企业员工培训。四是加强社会质量宣传。结合“质量月”“3·15国际消费者权益保护日”“5·20世界计量日”“6·9世界认可日”“10·14世界标准日”的宣传，创新教育宣传方式，组织开展各类质量知识“进校区、进社区、进园区、进厂区”活动。发挥各行业协会、专业学会等社会团体作用，推动其针对行业质量突出问题和安全隐患开展质量教育活动，宣传、普及质量安全知识。

参 考 文 献

[1] 新华社北京 10 月 25 日电．中共中央关于深化文化体制改革推动社会主义文化大发展大繁荣若干重大问题的决定［N］．人民日报，2011－10－26（1）．

[2] 蒋家东．质量文化研究（上）［J］．航空标准化与质量，2000，(3)．

[3] 李伯亭．浅谈质量文化［J］．中州学刊，1993，(3)．

[4] 李正权．质量心理学概要［M］．北京：经济科学出版社，2012.

[5] 程虹．宏观质量管理［M］．武汉：湖北人民出版社，2009.

[6] 倪建文．论中国企业质量文化的培育——基于美、日两国质量文化的研究［J］．湖南师范大学社会科学学报，2008，(37)．

[7] 罗国英．质量文化建设是新世纪质量管理的重要组成部分［J］．中国质量，2011.

[8] 焦根强．质量文化建设是质量强国的基础工作［J］．中国质量，2012.

[9] 北冥．鞍钢宪法出口转内销［J］．当代工人，2007，(16)．

[10]（美）莫里斯·迈斯．毛泽东的中国及后毛泽东的中国［M］．杜蒲译．四川：人民出版社，1992.

[11] 杨继国、魏鑫珂．"鞍钢宪法"对西方企业"管理革命"的影响研究．中共四川省委省级机关党校学报 2013，(1)．

[12] 李正权．论企业质量文化建设的几个问题［J］．质量与质量工程，2010，(2)．

[13] 京特，隆美尔．质量炼金［M］．北京：中国大百科全书出版社，1998.

[14] 凌定成，陈俊芳．企业质量文化研究兴起的背景分析［J］．经济理论问题生产力研究．2005，(7)．

[15] 罗国英．质量文化建设模式的核心理念——有效开展质量文化建设所需的基本共识［J］．中国质量，2012（6）．

[16] 孟庆元．质量文化建设中的政府责任研究 ——以山东省政府为主要案例［J］．山东大学，2013.

第六章

基于数据视野的质量管理

在质量管理活动中，不论是决策分析，还是质量控制，无处不遇大量的数据，也无处不需要大量的数据。任何质量管理活动都不应是凭主观想象做出结论或给出决策，而应是基于反映客观实际的数据，而开展的一系列科学管理活动。

第一节　数据是质量管理的基础

一、什么是数据

数据是客观事实与对象的记录，是用于描述事实的。传统意义上的“数据”是指“有根据的数字”。进入信息时代之后，“数据”的内涵不断扩大，不仅指数字，还包括了一切保存在电脑中的信息，包括文本、声音、视频等。

随着互联网技术持续发展，人们关注点已经从以流程控制为核心转向以数据价值挖掘为核心。数据是海量的，IDC（国际数据公司）提出数据宇宙的概念，该公司在其报告《2020 年的数字宇宙》中预测，到 2020 年，整个数字宇宙的信息总量将达到 40000EB（1B = 8bit，1KB = 1024B，1MB = 1024KB，1GB = 1024MB，1TB = 1024GB，1PB = 1024TB，1EB = 1024PB）。实际上的数据将不可预测，比想象的还要大很多。据报道2015 年羊年央视春晚微信摇一摇互动总量达 110 亿次，峰值达 8.1 亿次/分钟。

一般来讲大数据有 4 个特征:

（1）数据类型繁多。除了结构化数据外，还有非结构化数据（如音频、视频），以及半结构化数据（如电子邮件等）。

（2）处理速度快。

（3）数据体量巨大。

（4）数据价值潜力大。大数据处理的目的是从海量价值低密度的数据中挖掘出具有高价值的数据。

当下非常热门的“互联网汽车”（也被称为“车联网”），就是大数据的集中体现。互联网汽车实质上是以车内网、车际网和车载移动互联网为基础，按照约定的通信协议和数据交互标准，在车分别与车、路、行人及互联网等之间，进行海量数据交换的大系统，通过对大数据的交换和利用来实现智能交通管理、智能动态信息服务和车辆智能化控制。也就是说，互联网汽车绝不仅仅是将汽车接入互联网这么简单，而是以大数据的交换和利用为基础，逐渐搭载先进的辅助驾驶系统，最终实现无人驾驶。这将改变汽车本身的属性，不仅是对汽车的一个全面升级，更是对大交通的升级。

二、质量数据

1. 质量数据的定义

质量数据是指质量特性的指标数值。因为质量本身既包括狭义的产品质量，也包括广义的工作质量，所以质量数据也有狭义与广义之分。

狭义的质量数据指与产品质量相关的数据，如：一批产品中的不合格品数、电子元器件的使用寿命、合格率、返修率等。

广义的质量数据指能反应各项工作质量的数据，如：质量成本损失、库存积压、无效作业时间等。

2. 质量数据具有波动性

质量数据的波动性是指质量数据的不等同性。事实上，由于产品质量的波动是必然的，质量数据作为产品质量的客观反映，其波动也是必然的。质量数据的波动究其原因，可以分为正常波动和异常波动两类。了解和减少波动是质量工作关注的焦点。

正常波动是由偶然性原因和难以避免的原因造成的产品质量波动。一般情况下，正常波动在受控制的前提下，是允许存在的。如机器的轻微机械震动、操作者动作上的微小差异、空气温度湿度的微小变化等，就是典型的会引起产品质量正常波动、同时又难以避免的原因。正常波动通常占总波动数的80% ~95%。要减少正常波动，通常情况下，只能通过产品重新设计，或采用更好的技术和培训等方式。举个例子：假设要把木板切成精确的55厘米长，如果只提供给工人一把手锯、一张桌子、一把12厘米的尺子，那么这位工人，不管他是男是女，是否熟练操作，无论如何都无法可靠地切下这个精确的长度，可测的波动将显著存在。但是，假设现在提供的是一把60厘米长的金属测量卷尺、一个机器夹具用于固定木板、一把电动锯，工人们也接受了如何使用工具的培训，那么，很明显这样的产出将比前面的波动更小，质量更稳定。

异常波动是因系统性原因或可以避免的原因而造成的产品质量波动。如设备故障、操作者违规操作、原材料性质变化等。导致异常波动的原因是少量的，并且常带有方向性或周期性等特征，使得这类原因比较容易被查明。一般情况下，异常波动在生产过程中是不允许存在的，一旦出现，必须立即查明原因，消除异常波动。例如，一个负责切割木板的工人可能因为主管的批评而心烦意乱，在切割前标识不准确，导致随后几块木板都切短了1厘米。

3. 质量数据具有规律性

从统计学观点来看，质量数据的分布状态具有一定的规律性，大多数呈现正态分布或近似正态分布。正因为质量数据有某种规律可循，才使得质量数据有了可分析性和可研究性。狭义地讲，统计学即数据收集、分析和研判，广义地讲可以将其定义为“不确定状况下的决策科学”。统计学是质量管理的基础。在质量控制中，大多数的决策都是建立在统计学的基础上的。

4. 质量数据来源

一是历史数据，是我们已经有的并且看似与所分析的问题相关的数据。比如说，检验检测数据；消费者投诉数据；行政活动中形成的其他数据。二是计划实验数据，是在研究某项问题时所收集的数据。比如说，产品质量调查数据；产品伤害监测数据等。同时，所有的数据都要进行数据筛选，以确保质量数据的有效性。

第二节　质量数据的微观应用

案例十四　华为公司分布式基站设计的数学思维

目前通信技术2G，3G，4G共存，如何在一台设备中做到三种无线通信制式融合是各大通信设备制造商共同的难题，而这一难题已经被华为公司分布式基站解决（分布式基站是新一代用于完成网络覆盖的现代化产品。其特点主要是将射频处理单元和传统宏基站基带处理单元分离的同时又通过光纤连接。）华为公司分布式基站设计运用了大量数学运算，这得益于华为的两家数学研究机构的研究和华为总裁任正非对数学研究的重视。任正非认为中国的哲学思维让中国人更擅长数学，中国人的数学思维能力超强。也正是这种认识，华为在数学领域投入了大量资金，这项投入取得了成功。

一、统计技术是质量管理的重要手段

统计是一门涉及“收集、组织、分析、解释以及呈现数据”的科学。统计概念对质量管理工作至关重要，是处理各过程以及它们内在变异的关键。统计技术在质量管理中的应用主要包括：用于提供表征质量特性的数据、比较分析多个影响质量因素之间的差异、分析影响质量变化的原因、分析质量特征之间的相互关系、研究质量检验中抽样及试验方案、研究质量特征值分布理论等。

对质量数据使用统计方法可以追溯到1903年，当时贝尔系统公司面临着中心机房的设计问题。电话用户拿起话筒，听到接通音后，就表示已经与电话主干线连接上了。电话主干线全部集中于中心机房。问题是“需要多少条这样的主干线呢”？从理论上说，所有用户有可能同时使用电话，但事实上只会有一定比例的用户同时使用。分析人员收集并分析了每天、每小时的电话需求统计信息，辨识出高峰期以确定需要多少条主干线以满足一定的服务标准，如没有接通的概率等。到1924年，贝尔实验室的休哈特博士将数理统计运用于制造过程的质量控制，创立了以控制图为核心的统计过程控制SPC理论，其目的是预防生产过程中不合格品的产生，从理论上实现了质量管理从事后把关向事先预防的转变。

1929年，美国贝尔实验室的工程师道奇和罗明将数理统计用于成批产品的抽样验收，提出了统计抽样检验的原理和道奇－罗明抽样表。这项统计技术的运用节约了可观的检验费用，促使生产厂家改进产品质量。

第二次世界大战后，日本为了振兴本国经济，引进了美国的质量控制理论并聘请戴明博士赴日讲授统计质量控制（SQC）课程。日本人结合本国国情，创立了核对表、排列图、因果图、直方图、散布图、分层法和控制图等以统计技术为核心的七种工具，并将它们普遍用于企业的质量改进。七种工具在日本企业界的普及率很高，日本著名的质量管理学家石川馨曾经说过，日本不论六七十岁的老人还是十四五岁的儿童都能运用它们。

随着科学技术的进步，市场对科技进步的要求越来越高。在20世纪80年代中期，日本制造业的质量水平已经发展到五西格玛水平，这对美国工业无疑是个极大的挑战。于是80年代末，摩托罗拉公司提出了六西格玛管理。

六西格玛是统计学中的一个术语，摩托罗拉公司把它作为一个奋斗的目标，并运用统计技术为核心的质量工具，使公司的制造质量水平达到了六西格玛水平，提高产品质量的竞争力。事实上，六西格玛的广泛运用大大提升了统计在商业分析中的重要地位。

从上述统计技术在质量管理中的运用历程来看，质量管理中的许多观点、理念和统计技术的运用是分不开的。

质量管理的统计方法就是将调查或抽样所取得的各种信息，加以科学整理，经过计算、图示等方法的加工，运用统计推理的方法，找出其中的规律，预测未来质量和推断总体质量水平、预防产生差错和缺陷以及对形成质量的全过程实施控制等。

二、质量数据统计方法的分类和应用

质量数据的统计方法根据其目的的不同可以分为：

（1）用于产品开发设计的统计方法。包括质量功能展开法、实验设计（统计规划实验）等。

（2）进行质量因素分析的统计方法。包括排列突发（又称主次因素分析法、帕累托图法）、因果分析图法（又称鱼刺图法）、相关图法、分层法（分类法）、统计分析表等。

（3）进行工序质量控制的统计方法。包括直方图法、控制图法等。

在 ISO 9000 系列标准中，统计技术作为一个要素，是质量体系的组成部分。ISO 9000 系列标准中提出了制定、控制和验证各项活动的具体统计方法，包括：实验设计和析因分析；方差分析和回归分析；显著性检验；质量控制图；统计抽样等。这些方法主要应用于市场分析、产品设计、可靠性规范及寿命预测、过程改进、工序控制和工序能力研究、确定抽样检验方案的质量水平、数据分析、性能评定和不合格分析、安全性评价、风险分析等方面。

依据提供的数据信息进行逻辑推理分析是科学决策的有效途径，在逻辑推理分析过程中使用统计推断和统计控制方法可以收到事半功倍的效果，不仅能确定、控制和验证过程能力和产品特性，还可持续改进企业的质量管理体系。

统计技术应用范围和方法包括：

（1）市场调研和顾客满意度测量中的抽样调查；

（2）施工过程控制中的控制图；

（3）物资采购、分项工程验收中的统计抽样检验；

(4) 分项工程不合格点分析，质量改进中的排列图、因果图和对策表。

其中抽样调查是指一种非全面调查，它是从全部调查研究对象中，抽选一部分样本进行调查，并对全部调查研究对象做出估计和推断的一种调查方法。显然，抽样调查虽然是非全面调查，但它的目的却在于取得反映总体情况的信息资料，因而也可以起到全面调查的作用。根据抽选样本的方法，抽样调查可以分为概率抽样和非概率抽样两类。概率抽样时按照概率论和数理统计的原理从调查研究的总体中，根据随机原则来抽选样本，并从数量上对总体的某些特征做出估计推断，对推断可能出现的误差可以从概率意义上加以控制。概率抽样方法主要包括简单随机抽样、整群抽样、系统抽样、分层抽样。习惯上将概率抽样称为抽样调查，抽样调查可以用于工程设计调查、市场需求调研、广告调研、促销方式调研、客户调研及顾客满意度测量等。

三、统计技术应用容易遇到的问题及建议

1. 统计技术应用的方法和水平亟需提高

统计技术相对专业性较强，需要操作人员特别是质量管理专职人员和技术人员系统地掌握统计知识，具备灵活应用多种统计方法的能力。因此，应进一步重视对相关工作人员统计技术基本知识的培训，并规范统计技术应用的管理，加强工作指导，注重统计技术策划和需求分析，使各层次的人员都具有相关的统计知识，能选用适合的统计技术方法，去解决实际问题。

2. 统计数据来源有限、质量不高

数据是企业的重要资源，数据质量直接关系到统计技术应用的准确性。企业只有具有较为扎实的基础管理，具备必备的技术物质条件，在此基础上加强质量管理活动的可测量性和可追溯性，保障原始数据来源，并对数据进行适当的整理和分析，才能确保有效数据输入，确保统计方法的有效。

3. 忽视统计技术与纠正预防措施的结合应用

统计技术是手段而非目的，不能仅仅停留在对纯统计技术的研究上，要把工作的重心放到应用统计技术解决实际问题上去。比如在统计过程控制中，通过统计数据得出处理结果之后，要针对出现的异常，及时找出问题的原因，避免类似情况的再次发生。只有将统计技术与纠正措施结合使

用，才能真正发挥统计技术的作用，实现质量改进的目标。

第三节　质量数据的宏观应用

随着以人的需求为中心的质量消费领域日益增长，可能导致质量安全问题的原因，绝不再仅仅只产生于生产质量的组织内部，而是更多地受到来自组织外部宏观因素的影响，比如组织外部质量约束机制的建立和监管，组织外部质量链的影响等等。因此，宏观质量管理作为一门专门研究一个国家、区域或者行业的总体质量现象，并对总体质量进行有效度量、评价、引导和监管的科学，应运而生。

既然需要对国家、区域或者行业的总体质量进行有效度量、评价、引导和监管，就仍然离不开对样本的多种数据进行统计和分析，利用数据进行科学的度量，通过统计和分析对数据和信息加以宏观应用，从而推导出总体质量的状况。特别是随着科学技术的进步和管理体系的完善，为了更精确地对国家、区域或者行业的总体质量进行有效度量、评价、引导和监管，统计和分析的样本量越来越大，质量数据、特别是大数据的宏观应用也越来越重要。

一、质量数据和信息的宏观应用实例

1. 发达国家的情况

发达国家的产品生产与消费更多，相对更早地建立了宏观质量管理的体制。在发达国家的实践中，往往将政府宏观质量管理聚焦于极为关键的质量安全领域，投入充足的资金，配备高水平的科学家，运用有效的统计分析方法，履行政府质量监管的基本职能。近年来，得益于计算机技术和海量数据库的发展，发达国家还特别重视大数据在宏观质量管理中的应用，开始更多采用数据驱动的决策方法。

（1）美国国家电子伤害监测系统（NEISS）

1972 年，美国颁布《消费品安全法》，设立了美国消费品安全管理委员会，作为美国消费品安全的主管机关，致力于保护消费者和家庭，避免他们受到造成火灾、触电、化学、机械危险的产品以及可能伤害儿童的产品的危害，负责保护公众免受该机构管辖范围内 15000 多种消费品带来的不合理伤害或者死亡等风险。目前，该委员会消费品安全监管工作主要以

玩具、婴儿床、电动工具、打火机和家用日化品等为重点。

美国消费品安全管理委员实施产品安全危害调查和监管的主要手段是依靠国家电子伤害监测系统（NIESS）收集、分析和捕捉质量数据和信息，在此基础上对消费品可能带来的不合理伤害或者死亡等风险进行干预。该系统始建立于1970年，是一个专门的全国性非致命产品伤害信息监测系统，统计和分析了大量伤害事故数据，可以提供与消费品伤害相关的数量和严重性等方面的全国性评估。NEISS系统首先由专业伤害采集人员在样本医院急诊室采集非致命产品伤害信息和汇总，再由专业编码员整理、录入所有与产品伤害有关的信息并编码，并通过网络系统直接报送美国消费品安全管理委员会。美国消费品安全管理委员会下设伤害识别与减少办公室，负责对伤害信息进行统计分析和鉴定，还建立了国家消费品实验与评估中心，包括玩具、电器、服装、ATV、游泳池、易燃易爆、有毒物质等工程实验室，负责对全美国15000多种消费品的伤害实验、合规、标准改进、缺陷调查与评估工作，通过电话或现场访问的方式对患者或与患者有关的人员进行追踪调查，形成产品伤害调查报告。该调查报告可提供可能引发事故的重要信息，包含相关人员、产品和使用环境等信息，为鉴别事故伤害模式、减少或消除事故的再发生、鉴别产品缺陷、评价产品安全标准等提供了重要依据。仅2012年，美国消费品安全管理委员会的NEISS系统就收到全国96家指定医院的36万起与产品相关的伤害事故报告，及全国法医和验尸官报告的近5000起死亡事件报告。工作人员对上述信息作出分析，然后有选择地对重点、新增和群体伤害事件进行电话跟踪或现场调查。这些调查工作给产品安全监管人员提供了一个检查事故涉及产品、环境、受害人之间关系的机会，为制定干预措施提供了可能。每年，美国政府要求实施召回的进口产品中，有约一半是通过NEISS系统发现问题并提出召回建议的。

通过40余年的努力，美国消费品安全管理委员会逐步建立起的产品伤害监测制度和监测系统，为政府部门及相关机构进行产品安全管理，制定消费者安全政策，评估政策效果，消除产品安全隐患等方面，提供了重要的决策依据和信息支持。依靠该系统，在过去的40年，美国消费品安全管理委员会将以上消费品相关的死亡和伤害率显著降低了30%。鉴于近年来制造商召回产品案例大量且持续发生，引发美国民众普遍对消费品安全状况的警觉与关注，要求强化现行产品安全管理制度。美国国会又于2008年7月底通过了《消费者产品安全加强法案》，进一步增强了消费品安全管理委员执法和处罚权限，保障了消费品安全监管工作的执行效力。

(2) 美国国家公路交通安全管理局数据信息系统

1966年，美国《国家交通与机动车安全法》正式出台，设立美国国家公路交通安全管理局（NHTSA），作为美国政府部门汽车安全的最高主管机关，承担着保护生命、防止伤害、减少车辆撞击和确保各类车辆必须符合机动车安全法规要求的重要职责。随后，美国又在多个法律法规中对汽车召回进行了规范，如《美国法典》第49主题301篇“机动车安全”、《联邦行政法典》第49主题573部分“缺陷不符合报告”、574部分“轮胎确认和信息记录”、577部分“缺陷和不符合的通知”、578部分“民事处罚和刑事处罚”和579部分“缺陷和不符合的责任”等。2000年11月，美国国会又通过了《交通工具召回的强化责任和文件法案》，即TREAD法令，对“机动车安全”进行了补充和修改，强化了企业在安全召回方面责任，规定了企业在建立早期预警机制时有向行政主管机构及时报告缺陷的义务。为实施TREAD法令，国家公路交通安全管理局颁布了《关于记录、保留潜在缺陷文件和信息的报告》，对《联邦行政法典》有关缺陷报告和召回的部分进行了细化、补充和解释。

为完成上述任务，美国国家公路交通安全管理局下设了政策运营、交通伤害控制和车辆安全三大部门，并建立和维护了非常庞大的数据系统，主要包括：

①国家汽车样本系统（National Automotive Sampling System，NASS）

该系统收集了近10年美国主要车型的事故碰撞数据，主要由两部分组成：

A. 耐碰数据系统（Crashworthiness Data System，CDS）

存储了具有代表性的、随机抽样获得的数以千计的轻微、严重和致死的事故详细数据。该局原始数据采集部门派出现场调查组，每年选取全国5000起涉及小客车、轻型卡车、面包车和工具车事故开展调查，调查内容包括：刹车痕、液体泄漏、玻璃破碎、保险杠弯曲等证据，并拍摄现场图像，测量碰撞损伤，确定车内部乘员的撞击位置，并且走访伤者，跟踪医疗报告以了解最终的受伤程度。初始记录形成后，递交给NASS的区域中心进行数据质量考核，一条数据一般要在调查组和区域中心之间往复几次核对和确认后才能最后录入NASS·CDS的数据主要用于评估全国的交通安全水平，发现现存和潜在的安全问题；获得小客车、轻型卡车、面包车、工具车的详细碰撞性能数据；评估车辆安全系统及其设计；增进对交通损伤机理的了解，即碰撞严重程度和伤害之间的关系；评估车辆安全标准的有效性和评估社会进步，比如车流量增加和重型卡车增加带来的影响等方面。

图 6－1　特纳费尔班克公路研究中心将碰撞车辆拆解进行研究

B. 概括估计系统（General Estimated System，GES）

该系统按照地理分布、道路里程、人口和交通密度，在美国选取了 60 个采集地区，数据搜集人员每周拜访 60 个采集地区的 400 个警局，每年获取 50 000 份事故报告（Police Accident Report），支持 NHTSA 每年发布的《交通安全现状》中非致死事故的部分。根据工作重点不同，数据采集人员每年细微调整 GES 数据项，但数据项不允许包含个人隐私信息。

②国家驾驶员登记系统（National Driver Register，NDR）

该系统记录了全国所有驾照被吊销、暂停和有酒驾、毒驾等严重违章行为的驾驶员的数据，姓名，违法行为，社会保险号。该数据由各州驾驶员登记部门录入和维护。

③特殊碰撞调查系统（Special Crash Investigations，SCI）

该系统记录车辆技术的安全缺陷，比如气囊等。

④州数据导入和碰撞结果数据评估系统（State Data Program & CODES）

从 1980 年开始，NHTSA 与全美 32 个州的警察部门相连，通过网络直接获取警察事故报告，收集不同程度的碰撞带来的财产和后续医疗损失，可为进一步制定安全政策提供社会成本分析支持。但由于各州立法的不一致，数据标准不统一，不能直接被 GES 使用。目前，NHTSA 只能推荐各州使用自己制定的最小数据集标准。

⑤致死事故分析报告系统（Fatality Analysis Reporting System，FARS）

从警察的事故报告（PAR）、应急中心报告、法医报告（酒精和毒品信息）、死亡证书（人种信息）、车辆登记数据、驾驶员记录、道路等级等已有数据库中抽取数据信息，对每一件致死事故形成围绕事故的数据集，深度分析死亡事故原因。

通过庞大而有效的数据统计和分析，美国国家公路交通安全管理局能及时、有效地实施召回等安全政策，对减少美国交通事故和人员伤亡功不可没。从 20 世纪 60 年代至今，美国已召回 3.9 亿辆汽车和摩托车、4600 万条轮胎、6600 万件零部件以及 4200 万个儿童座椅，涉及的车型有轿车、卡车、大客车、摩托车等多种，全球几乎所有汽车制造厂在美国都曾经历过召回案例。在这些召回案例中，绝大多数是由厂家主动召回的，其中一些是受美国国家公路交通安全管理局的调查分析影响召回的；而由美国国家公路交通安全管理局通过法院强制厂家召回的案例非常少，据了解从 1966 年以来不足 20 起。美国国家公路交通安全管理局的另一个重要成就就是所保存的数据文件，尤其是死亡事故分析报告系统的数据，不仅已经成为美国的公路交通安全研究的数据来源，也成为全世界这方面的资料来源，被全世界相关研究所广泛引用。

（3）美国顾客满意度指数（ACSI）

宏观质量管理层次的顾客满意度，是指对某个行业、地区或者国家的顾客满意情况的统计、测评和分析，得到行业、地区和国家的顾客满意度。在这个层次上，顾客满意度指数基于对顾客对象的科学抽样，依靠一套完善的评价体系，动态评价和发布顾客满意的总体指数，从而能够更加精确和全面地描述经济产出质量，既可以纵向观测顾客满意的变动状态，又可以横向对比不同产业、不同领域和不同区域的满意状态，为质量政策和产业政策提供依据。

美国顾客满意度指数（American Customer Satisfaction Index，ACSI）是由设在密歇根大学商学院的国家质量研究中心和美国质量协会共同发起并研究提出的一个反映服务质量和宏观经济走势的指数，从 1994 年 10 月开始调查、测算和发布，每季度更新一次数据。该指数是根据顾客对在美国本土购买、由美国国内企业提供或在美国市场上占有相当份额的国外企业提供的产品和服务质量的评价，通过建立统计模型计算获得。美国顾客满意度指数给美国国家、主要区域、行业和企业及有关机构提供了关于质量方面有用的信息，完善了美国经济检测的指标体系。

2013 年美国顾客满意度指数测量了 45 个行业，其中涉及了包括金融、保险、医疗、邮政等 31 个服务行业，平均顾客满意度指数为 76.8，电视台的顾客满意度指数最高（85），网络服务提供商的顾客满意度指数最低（65），具体见表6－1。

表6－1　美国服务业顾客满意度指数统计表

序号	行业类别	分数
1	电视台	85
2	消费者运输	84
3	合作性公共实体	83
4	网络经销	82
5	信用合作社	82
6	非卧床护理	82
7	寿险	81
8	全套服务餐馆	81
9	有限服务酒店	80
10	特殊产品销售店	78
11	财险	78
12	医院	78
13	网络经纪人	78
14	超市	77
15	住宿	77
16	医疗	77
17	折扣店	77
18	银行	77
19	美国邮政服务	77
20	网络搜索引擎	77
21	市政设施	76
22	网络服务	76
23	手机服务	76
24	固话服务	74
25	网络新闻与信息	73
26	加油站	73

续表

序号	行业类别	分数
27	无线通信	72
28	航空	69
29	网络社会	68
30	出版	68
31	网络服务提供商	65

建立于1994年的ACSI，为美国的企业、行业贸易协会和美国政府机构提供有价值的基础数据，对洞察国家、行业以及企业的服务质量，找到了有价值的测评基准，提供了关于经济产出质量的有用信息，完善了美国经济质量评估系统。

2. 我国的情况

由于我国是从计划经济向市场经济转变，早期的政府质量管理主要集中于微观管理，甚至直接介入企业的生产经营活动，宏观质量管理的理念和手段都较为缺乏。随着企业主体地位的不断明确和政府职能的不断转变，宏观质量管理才逐渐被认识、被重视，质量数据和信息的宏观应用得以不断创新发展。

（1）质量损失率和产品质量等级品率统计

从上世纪90年代开始，原国家质量技术监督局开始实施工业产品质量指标统计，主要包括质量损失率和产品质量等级品率的统计分析。统计样本为全国数千家大中型工业企业，采用每季度采集一次数据的方式。企业可以根据这些数据进行横向和纵向对比，掌握企业总体质量状况，有针对性实施质量改进和提升；政府部门也可以通过汇总全国数据，对全国大中型企业的整体质量水平和总体质量状况进行分析、评估，为制定相应的政策措施提供依据。但随着企业主体地位的不断加强和企业自身对过程质量控制的逐渐重视，仍在开展上述两项统计的企业已经逐渐减少。

①质量损失率

质量损失率是指产品质量成本的内部损失成本与外部损失成本之和与工业总产值之比，是一项重要的经济性指标。通过质量损失率的统计、核算、分析，实施质量成本管理，可以引导企业加强生产过程控制，降低内部质量损失和外部质量损失，减少活劳动和物化劳动的消耗，降低产品总成本；促进企业改进产品结构，寻求经济合理、用户满意的产品质量水平，增加经济效益和社会效益。其中，内部损失成本，是指产品交货前因未满足规定的质量要求所损失的费用；外部损失成本，是指产品交货后因未满足规定的质量要求，导致索赔、修理、更换或信誉损失等所损失的费用。其计算方法为：

$$F = \frac{C_i + C_e}{P} \times 100\%$$

式中：F——质量损失率；

C_i——报告期内部损失成本；

C_e——报告期外部损失成本；

P——报告期工业总产值。

②产品质量等级品率

产品质量等级品率是指企业按照不同层次标准组织生产与经营活动时，根据标准水平划分的加权产品产值之和与同期工业总产值的比率，能够反映出企业工业产品的质量水平及变化情况，在行业、地区和企业之间具有横向和纵向的可比性，有利于促进企业技术进步，采用国际先进标准，有利于国家宏观调控、综合治理和对资源的优化配置。为此，需要对我国工业产品的实物质量上按照产品标准水平的不同划分产品质量等级，即优等品、一等品和合格品。优等品对应第一个层次，即产品标准与国际标准和国外先进标准相当；一等品对应第二个层次，产品标准与国家标准、地方标准和行业标准相当，且不属于第一层次类型标准的；合格品对应第三个层次，即产品标准采用企业标准和其他标准，且不属于第一、二层次类型标准的。产品质量等级品率 G 的计算方法为：

$$G = \frac{\alpha_1 \times P_1 + \alpha_2 \times P_2 + \alpha_3 \times P_3}{P} \times 100\%$$

其中，G 为产品质量等级品率，α_1、α_2、α_3 分别为优等品、一等品和合格品的加权系数。为了鼓励我国各类企业优先采用国际标准和国外先进标准组织生产与经营活动，在现行工业产品质量指标体系中统一规定 $\alpha_1 = 1.0$、$\alpha_2 = 0.8$、$\alpha_3 = 0.6$；P_1、P_2、P_3 分别为企业报告期的优等品、一等品和合格品的产值；P 为企业报告期的工业总产值，且 $P = P_1 + P_2 + P_3$。

产品质量等级品率直接描述了企业生产与经营过程中采用国际标准、国外先进标准、国家标准、行业标准和地区标准的情况，具有明确的物理意义。

若 $G = 60\%$，说明工业产品总体处在合格水平，企业完全采用自身标准或根据顾客要求组织生产。

若 $60\% < G < 80\%$，说明工业产品总体处在合格水平与一等品水平之间，企业主要采用自身标准或基本根据顾客要求组织生产。随着企业采用国家标准、行业标准或地区标准的力度加大，产品质量等级品率将逐步提高，并接近 80%。

若 $80\% < G < 100\%$，说明工业产品总体处在一等品水平与优等品水平之间，企业主要采用采用国家标准、行业标准或地区标准组织生产。随着企业采用国际标准和国外先进标准的力度加大，产品质量等级品率将逐步提高，并接近 100%。

若 $G = 100\%$，说明工业产品总体处在优等品水平，企业完全采用国际标准或国外先进标准组织生产。

（2）制造业质量竞争力指数统计

为更加有效、直观的反映全国、地区和行业的质量水平和竞争能力，从 2002 年开始，国家质检总局成立了“国家宏观质量水平评价指标体系－质量竞争力指数”课题组开展研究，构建了质量竞争力指数及与之相适应的数学模型和权重体系，确定了指标体系的适用范围。2006 年，国家质检总局在 8 个地区开展了试点测评工作，并于同年 9 月联合国家统计局首次对全球发布了 2005 年全国制造业质量竞争力指数，引起国内外高度关注。以后，国家质检总局每年对外发布一次全国制造业质量竞争力指数。

质量竞争力指数是按照特定的数学方法生成的、用于反映我国制造业质量竞争力整体水平的动态性经济技术指标，反映的主要是制造业中的大中型工业企业的平均水平，是对所在地区大中型工业企业的质量现状和发展能力的综合评价结果。质量竞争力指数由质量水平和发展能力两部分组成，共有产品质量等级品率、质量损失率、质量管理体系认证率等 12 个观测变量。其中，微电子控制设备比重、研究与试验发展经费比重、技术改造经费比重、每百万元产值拥有专利数、新产品销售比重、平均产品销售收入、国际市场销售率等 7 个观测变量从统计局系统获得数据，统计范围是大中型工业企业（指工业企业中同时满足从业人员数 300 人以上、年销售收入在 3000 万以上以及企业资产总额在 4000 万以上的企业）。还有质量损失率、产品质量等级品率、监督抽查合格率、质量管理体系认证率和出口商品检验合格率等 5 个观测变量的数据由质检系统负责进行采集。质量竞争力指数评价指标体系如表 6－2 所示。

表6-2　质量竞争力指数评价指标体系

一级指数	二级指标	三级指标	观测变量	权重	数据来源
质量竞争力指数	质量水平（50%）	标准与技术水平（20%）	产品质量等级品率	11%	质监局
			微电子控制设备比重	9%	统计局
		质量管理水平（17.5%）	质量管理体系认证率	7%	质监局
			质量损失率	10.5%	质监局
		质量监督与检验水平（12.5%）	产品监督抽查合格率	8.75%	质监局
			出口商品检验合格率	3.75%	检验检疫局
	发展能力（50%）	研发与技术改造能力（15%）	研究与试验发展经费比重	9.75%	统计局
			技术改造经费比重	5.25%	统计局
		核心技术能力（15%）	每百万元产值拥有专利数	7.5%	统计局
			新产品销售比重	7.5%	统计局
		市场适应能力（20%）	平均产品销售收入	12%	统计局
			国际市场销售率	8%	统计局

以国家质检总局2010年公布的全国制造业质量竞争力指数公报为例，可以看出质量数据和信息的宏观应用所具有的前景。上海制造业质量竞争力指数是89.06，且高于全国及东部区域制造业质量竞争力指数的平均增长幅度，首次排名全国第一，见图6-2。

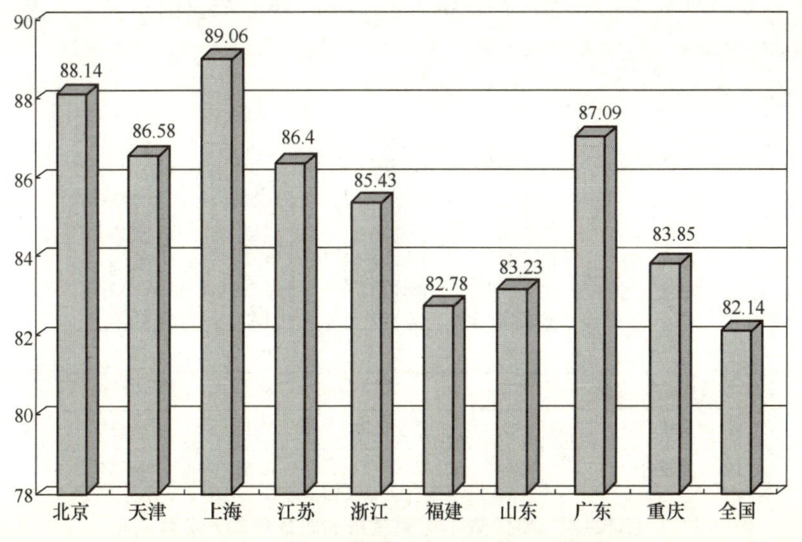

图6-2　上海质量竞争力指数跃居全国第一

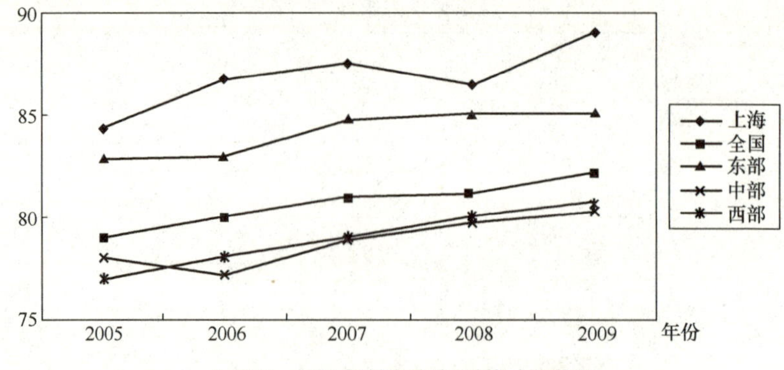

a）2005—2009 年制造业质量竞争力指数图

	2005	2006	2007	2008	2009
上海	84. 34	86. 78	87. 55	86. 53	89. 06
全国	78. 98	79. 98	80. 99	81. 18	82. 14
东部	82. 87	82. 96	84. 82	85. 04	85. 10
中部	78. 01	77. 18	78. 88	79. 72	80. 27
西部	77. 00	78. 05	79. 00	80. 04	80. 62

b）2005—2009 年制造业质量竞争力指数表

图 6－3　2005—2009 年制造业质量竞争力指数

参考图（6－3），除可以对总体的质量竞争力指数进行分析外，对二级、三级指标的对比、分析更具有重要意义。如，与其他直辖市相比，2010 年，上海制造业质量水平的得分为 88. 23，高于天津及重庆，低于北京，质量发展能力均高于其他直辖市，显示上海制造业质量竞争力具有较好的可持续性，见图 6－4。

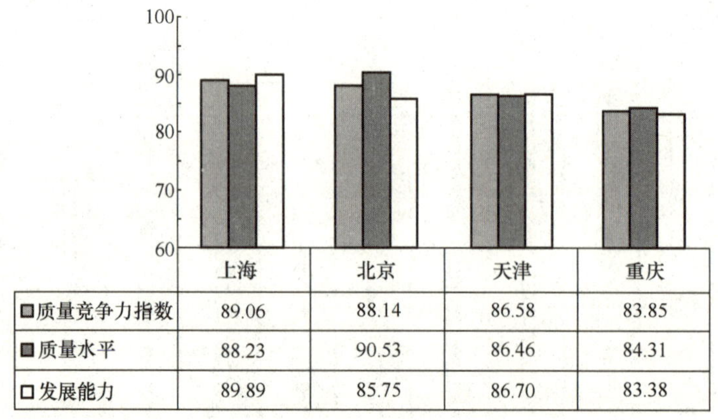

	上海	北京	天津	重庆
质量竞争力指数	89.06	88.14	86.58	83.85
质量水平	88.23	90.53	86.46	84.31
发展能力	89.89	85.75	86.70	83.38

图 6－4　2010 年四个直辖市的质量竞争力指数

又如图6－5，从构成质量竞争力指数的六大三级指标对比来看，上海制造业质量竞争力指数中标准与技术水平、质量监督与检验水平、研发与技术改造能力、核心技术能力、市场适应能力的得分分别比全国制造业平均水平高出6.31%，4.85%，2.28%，12.39%和16.34%，而质量管理水平的得分比全国平均水平低3.99%。

上述分析表明，上海市制造业质量竞争力指数与全国平均水平相比，总体优势明显，处于全国领先地位。在核心技术能力和市场适应能力方面优势明显，而标准与技术水平、质量监督与检验水平与全国平均值相比略有提升，研发与技术改造能力与全国平均水平基本持平，而质量管理水平则略有下降，见图6－5。

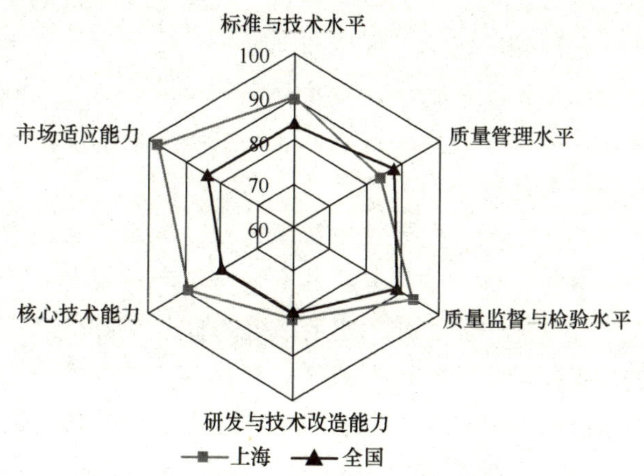

图6－5　上海制造业质量竞争力处于全国领先地位

（3）产品合格率统计调查

为探索建立客观反映我国实物总体质量水平的质量指标统计体系，国家质检总局、国家统计局从2009年开始启动产品质量合格率统计调查试点工作，按照统计原则从制造业企业抽取产品样本，检验、判定产品合格情况，并对结果进行统计分析和公告。产品质量合格率调查是传统统计方法与产品质量检验检测工作相结合、创新质量数据和信息宏观应用的新尝试，它包括全国31个省（区、市）及29个制造业大类的产品质量合格率，是按照规定的方法、程序和标准实施质量抽样检测，判定为质量合格的样品数占全部抽样样品数的百分比。产品合格率统计调查主要分为以下三步。

①样本确定。

如全国实际样本为18455个，其中，上海728个。

②质量合格判定准则

产品质量合格判定准则是在实施制造业产品质量合格率调查时，判定所抽取样品是否符合法律规定的、明示的或合同要求的质量标准的依据。其原则是：对于采用国家、行业或地方现行有效标准生产的产品，质量合格的判定准则按照现有标准确定；对于没有上述标准的产品，质量合格的判定准则参照有关标准制定。

③统计计算

数据采集完成后，采用加权方法进行各层次产品质量合格率的统计。

（4）质量状况分析报告制度

2009 年起，国家质检总局还着手建立质量状况分析报告制度，力图尽可能汇集质量数据和信息，综合运用经济、质量管理、质量监督、行政执法等信息，对一定时期内行业、区域和国家产品质量现状、趋势进行全面描述和分析，反映总体质量状况，查找存在的问题，提出完善政策、加强管理的措施建议，以全景式反映行业、区域或者国家的总体质量状况。质量状况分析报告一般包括以下内容：

①产品实物质量状况。主要包括重点行业、重点产品的产品质量监督检验、性能、可靠性指标，使用寿命，不同档次产品所占的比例，落后产能的淘汰以及节能减排情况，技术创新取得的重大成果等。

②存在的质量问题。归纳行业或某类产品存在的共性质量问题；分析主要技术性能指标，可靠性、使用寿命等质量指标，以及工艺、人员素质、质量管理、标准、检测能力、创新能力等与国际先进水平的差距。

③质量宏观管理和质量监督工作情况。包括跟踪统计的重点工业企业产品质量指标统计结果、产品质量监督检验情况、食品质量安全状况、特种设备安全状况、消费者对产品质量安全的举报投诉情况、企业质量保障能力情况（认证、标准、计量）等内容，总结在宏观质量管理与质量监督中制定的政策及采取的主要措施、取得的成绩以及存在的不足。

④问题分析和对策建议。从法律法规、产业政策、技术壁垒、质量诚信等方面对产品质量问题的原因进行深入、透彻分析，并提出对策建议。

其工作流程主要包括：获取产品质量相关信息、数据——加工整理形成各种分析图表——研究讨论质量形势和分析重点——撰写分析报告——定稿形成综合分析报告——跟踪了解分析中阐述问题的改进及建议措施的落实情况。截止 2012 年，我国已初步建成国家、省、市、县四级质量分析报告制度。在 2012 年，全国共有 35 个出入境检验检疫局、26 个省级质量技术监督局、近 300 个市级质量技术监督局按季度开展了质量状况分析，发布了4类重点商品质量状况白皮书，180多家国家质检中心、行业协会定期开展专项质量状况分析，各单位共撰写质量分析报告1500余篇。通过质量状况分析，对各地区、各行业逐步摸清了家底，总体质量状况做到了“心中有数”。

（5）产品伤害监测

鉴于美国和欧盟在产品伤害监测工作上取得的成功，国家质检总局通过对美国和欧盟产品伤害监测系统的考察和调研，于2007年在吸收和借鉴国外产品伤害监测工作经验的基础上，制定了我国产品伤害监测建设方案，并联合卫生部中国疾病控制中心开展了“国家产品伤害监测模式研究”，选取了浙江省常山县、广东省深圳市进行我国产品伤害监测项目试点。2009年，产品伤害监测试点工作范围扩展到全国3个地区8家样本医院，并建立起较为完善的数据采集、分析、回访调查和质量控制流程和机制，证明基于医院的产品伤害信息采集模式在我国是有效的，是掌握和获取我国产品伤害信息的有效途径。2012年，在国务院《质量发展纲要（2011—2020年）》和《贯彻实施质量发展纲要2012年行动计划》的政策支持下，产品伤害监测试点工作范围进一步扩展到全国11个地区32家样本医院，为我国产品伤害采集工作的大规模实践提供了平台，为进一步完善工作流程和机制，最终建立我国产品伤害监测系统奠定了工作基础，见图6-6、图6-7与图6-8。

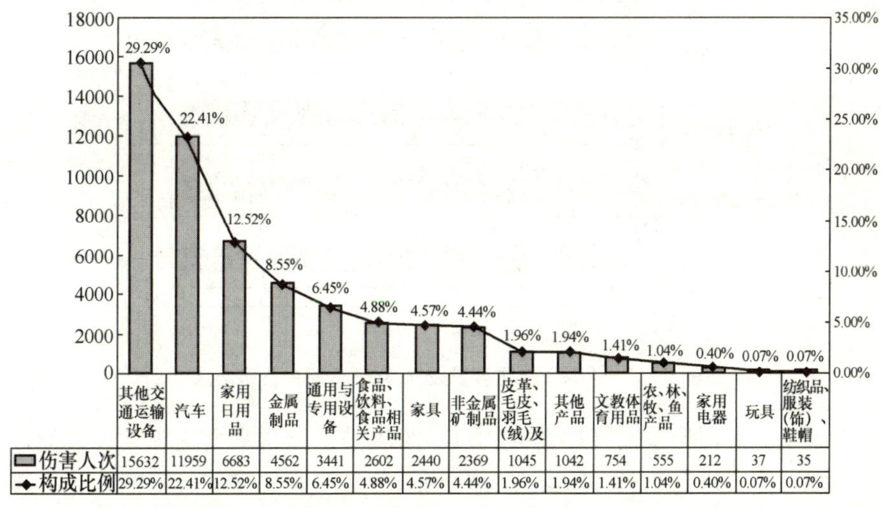

	其他交通运输设备	汽车	家用日用品	金属制品	通用与专用设备	食品、饮料、食品相关产品	家具	非金属矿制品	皮革、毛皮、羽毛（绒）及	其他产品	文教体育用品	农、林、牧、鱼产品	家用电器	玩具	纺织品、服装（饰）、鞋帽
伤害人次	15632	11959	6683	4562	3441	2602	2440	2369	1045	1042	754	555	212	37	35
构成比例	29.29%	22.41%	12.52%	8.55%	6.45%	4.88%	4.57%	4.44%	1.96%	1.94%	1.41%	1.04%	0.40%	0.07%	0.07%

图6-6　2012年产品相关伤害的产品大类构成

（6）上海在质量数据（信息）方面的探索

①2013年1月1日上海市人民政府1号文正式发布《上海市人民政府

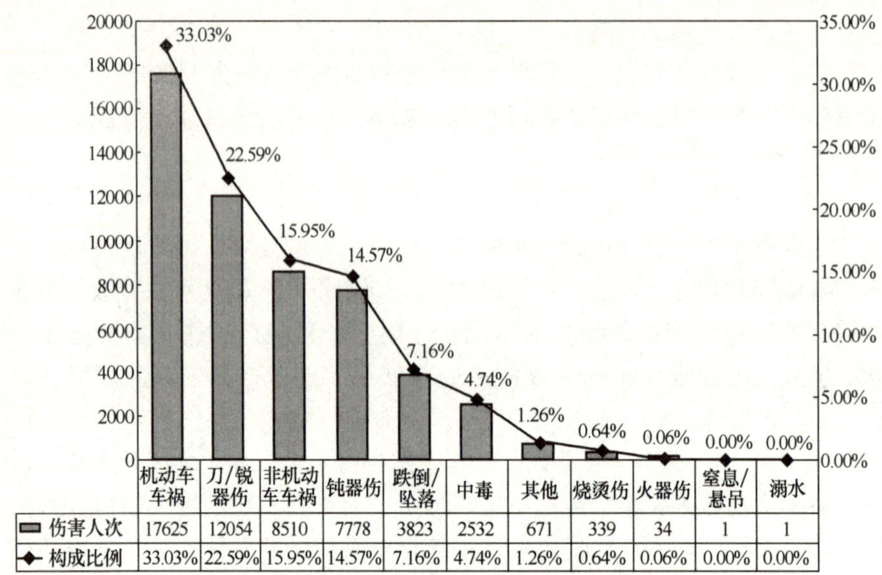

图 6－7　2012 年产品相关伤害发生原因构成

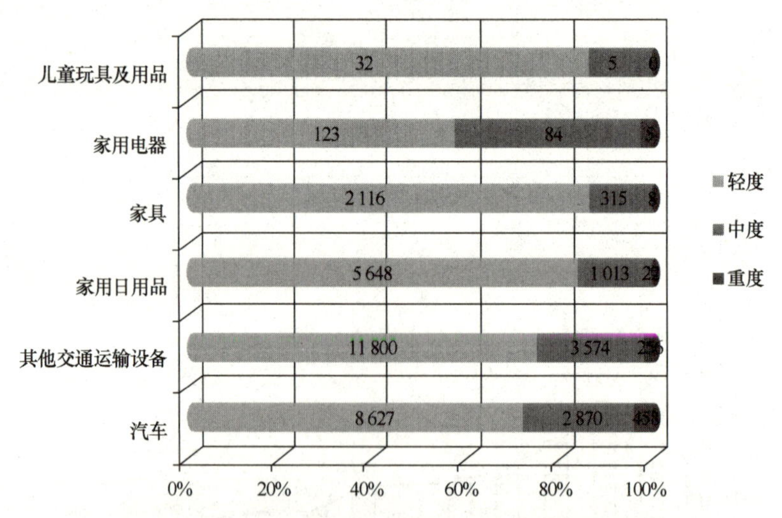

图 6－8　2012 年主要产品大类产品相关伤害人次

关于印发上海市质量发展规划（2011—2020）》。这份规划提出建设质量数据工程，整合来自政府、行业、企业和消费者等各方面的质量信息，探索建立质量数据共享平台，实现质量信息共享及实时监测，为缺陷产品召回、风险预警与应对、质量诚信体系建设、质量状况分析提供技术支撑。

2015 年 3 月 4 日上海市人民政府 6 号文发布《上海市人民政府关于进

一步加强质量发展工作提升本市质量竞争力的若干意见》。要求建立以问题为导向的质量问题发现机制，其中明确提出："加强对质量数据（信息）收集、整理、分析、处置能力的建设，建立多部门质量信息共享机制，及时发现系统性质量问题。研究建立质量数据中心，强化质量数据资源的整合、利用能力，促进质量数据和信息向社会开放。"

②建立问题导向的顾客满意度测评体系。上海市质量安全领导小组办公室牵头，每年选取与民生密切相关的部分公共服务行业开展服务质量测评，测评行业范围包括了公共交通、旅游服务、供气、供水、医疗、社区服务、装饰装修、乘用车售后服务、检测、物流等多个行业。坚持"以问题为导向，以改进为目的"的原则开展服务质量测评，有助于我们寻找到各行业发展的短板和瓶颈，发掘存在问题，找寻改进机会。

比如旅游行业，近三年主要问题及变化分析如表 6－3。

表 6－3　2011—2013 年公众反映的十大主要问题排序

序号	2011 年	2012 年	2013 年
1	菜肴选择单一、口味差	餐厅布置无特色	餐厅布置无特色
2	餐厅布置无特色	菜肴选择单一、口味差	菜肴选择单一、口味差
3	人员服务欠周到，少贴心	就餐环境卫生欠佳	人员服务欠周到，少贴心
4	就餐环境卫生不佳	餐具、食品卫生安全无保障	餐具、食品卫生安全无保障
5	推销商品、强制购物	人员服务欠周到，少贴心	就餐环境卫生欠佳
6	尾追兜售、强买强卖	旅游咨询信息未能快速传递、及时更新、获取便捷	未能遵循游程安排，服务欠周到、合理
7	旅游纪念品种类单一，未明码标价	旅游咨询信息不够真实有效	导游知识匮乏，讲解不畅
8	餐具、食品卫生安全无保障	前厅服务不够便捷	接待服务与应急能力欠缺
9	设施不齐，有缺损，不绿色节能	设施不齐，有缺损，不绿色节能	旅游咨询信息未能快速传递、及时更新、获取便捷
10	服务人员技能欠熟练，不熟悉商品特性	旅游纪念品种类单一，未明码标价	前厅服务不够便捷

将旅游目的地服务质量测评各指标项得分由低到高进行排序后，可以发现各年度来沪游客反映的最主要问题。比较 3 年的数据，"餐厅布置无特色""菜肴选择单一、口味差""人员服务欠周到、少贴心""餐具、食

品卫生安全无保障”“就餐环境卫生欠佳”等旅游餐饮相关问题，位列十大问题前列。另一个问题集中的领域是导游服务，其中的“未能遵循游程安排”“导游知识匮乏、讲解不畅”“接待服务与应变能力欠缺”等问题，在2013年被广泛提起，位列十大问题第六、七、八位，需要引起高度重视。2011年成为主要问题的“推销商品、强制购物”、“尾追兜卖、强买强卖”、“旅游纪念品种类单一、未明码标价”等问题，到2013年已不再是游客的主要困扰。

③建立行业服务质量数据指标体系。2014年10月10日上海市质量和标准化研究院、市旅游协会、市旅游质量监督所联合举办“上海旅游业服务质量指数”发布会，首次向社会发布了2013年度上海旅游业服务质量指数。发布会上，市质标院宣布了2013年度上海旅游业服务质量指数。该指数改变了以往“顾客满意度”单一评价模式，由行业支撑质量和顾客感知质量综合评价得出，力求客观反映本市旅游行业服务质量水平和发展能力。2013年度上海旅游业服务质量指数为81.67。

2014年12月26日，《上海自贸区物流业服务质量指数研究报告》正式发布。2013年，上海自贸区物流业服务质量指数为81.09，其中，行业支撑质量为79.47，顾客感知质量为84.9。评价结果表明，自贸区交通运输便捷、政策支持力度大；物流基础设施完备、功能齐全；企业生产经营和创新能力强。但同时，行业中也存在薄弱环节。一是自贸区物流企业的人力资源成为优先改进的领域，表现在物流人才的教育培养相对滞后，专业人才较为缺乏；二是企业的管理水平存在一定的短板，表现在信息系统应用水平、经营管理制度方面难以达到先进水平。物流业服务质量指数是市质监局自贸区分局创新物流业服务质量评价方法的一次有益探索，目的是丰富物流业公共服务、设施设备硬件、企业综合能力等方面的客观评价体系，建立能够综合评价物流服务质量的方法，为政府部门加强公共服务和提高监管水平提供决策建议，也为全行业的服务质量提升提供技术参考。

④建立产品伤害监测信息系统。在现有医疗系统产品伤害监测体系的基础上，建立社区、学校、市场监管所等基层产品伤害监测点，逐步构建全市产品伤害监测网络。2015年3月25日，上海市质监局举行产品伤害和缺陷信息监测系统上线仪式，在全市范围部署信息监测工作、启动系统运行。产品伤害监测系统的上线运行，将进一步提高质量信息采集效率，也能及时将缺陷产品召回、质量安全风险预警等信息下达监测点，有效整合政府部门和社会力量，使质量工作触角延伸至社会最基层组织，并通过

建立“问题导向”和“反向倒查”机制，为科学制定质量安全政策、指导质量监管工作开展创造条件。

二、我国质量数据和信息在宏观应用方面存在的不足

随着市场逐渐在资源配置中发挥基础性作用，政府对质量的监管将更多从体制和公共政策的角度出发，关注于控制可能对公共安全造成威胁的各种风险因素，关注和促进整个社会总体质量的科学发展。因此，政府的质量监管今后将越来越聚焦于宏观质量管理，需要对宏观质量有更深入、更精确的认识，也就越来越需要在宏观方面对质量数据和信息进行更多、更深入的应用，但是相比发达国家，我国这个方面的应用存在明显不足。

1. 定性分析为主，缺少定量分析

从我国政府质量管理的发展历程来看，对全社会总体质量水平进行量化统计分析，长期以来仅限于工业产品质量指标统计时持续采集的质量损失率和产品质量等级品率。而产品质量监督抽查合格率由于样本的不固定，纵向比较在理论上是存在困难的。因此，政府部门在管理和评价宏观质量时，更多地是以诸如是否发生行业性、区域性质量安全事件等作为判断标准，缺乏以数据为基础进行的定量分析和精确管理。反观美国，据统计，截止 2011 年，美国联邦政府已经拥有 1 万多个独立的信息管理系统，是全世界最大的数据收集、分析和消费者。根据美国麦肯锡公司研究估算，2010 年，中国新增数据量仅为美国的十分之一不到。如前所述的美国公路交通安全管理局的“交通事故死亡分析报告系统（FARS）”，全面收集涉及交通事故的多种数据，经过几十年的发展已经演变成为一个在线分析系统，可以通过多角度的分析和对比发现美国发生的交通事故的规律，为解决道路交通公共安全问题发挥了巨大作用，使交通事故的死亡人数 40 年来呈不断下降趋势。当然，中国与美国的差别，既与统计数据的缺少与统计方法的缺失有挂，更与中国人传统的“形象思维”是一脉相承的，即倾向于主观定性、较少精确的客观定量和重形象、重概括、轻逻辑、轻数据的文化习惯。

2. 获取相应数据的渠道不足和数据存在缺陷

实施质量宏观管理时，需要从多个维度对大量样本进行观测，才能有效对社会总体质量水平进行描述和评价，进而采取有效对策。但相对这样的需求而言，政府质量主管部门获取数据的渠道存在不足，即使已经获得的数据，其数据质量也往往存在缺陷，对统计分析造成较大障碍。如，目

前正式经国家统计部门批准的、宏观质量方面的统计仅有工业产品质量指标统计、制造业质量竞争力指数统计和产品质量合格率统计三项，对全面、准确反映总体质量水平显然是不够的。而且，即使在这三项统计中，也存在样本量偏少、数据准确性存疑的问题。工业产品质量指标统计和制造业质量竞争力指数统计的样本数大约为数千户企业，产品质量合格率统计的样本数也仅为 2 万户左右；而工业产品质量指标统计中的质量损失率数据，由于对质量成本缺少严格定义，不同企业之间的数据往往也相差很大。再如，大量的国家质检中心等检验检测机构有大量的检验检测数据，如果能利用大数据的方法加以搜集、联网和挖掘，可以有效反映某个行业或者地区的总体产品质量状况，但由于政府主管部门缺少相应的数据收集渠道，使这些丰富的数据沉淀在检验检测机构中，无法更好的发挥作用。

3. 对量化分析的统计方法研究不足

目前，政府部门已经收集和掌握了不少质量数据，但主要还是依靠传统的统计方法进行直线式的量化分析，即仅仅按照收集数据时的预定目标进行分析，采用新的方法对数据加以充分挖掘和利用、特别是进行交叉分析的方法不足，而发达国家在这方面的研究和应用已经如火如荼。美国政府已经开始采用联机分析和数据挖掘等技术，对自身掌握的数据进行多角度、深层次的分析，取得了意想不到的效果。联机分析，也称多维分析，是指把分立的数据相联，进行多维度的分析，是对数据的透视性探测，可以发现潜藏在数据表面下的历史规律。数据挖掘是指通过特定算法对大量数据进行自动计算、分析，从而揭示数据之间隐藏的关系、模式和趋势，把数据分析的范围从“过去”推向了“未来”。如，美国国家高速公路交通安全管理局、国家司法援助局和国家司法研究所联合成立了一个“数据驱动的新方法：犯罪和交通安全”工作组，将犯罪活动和交通事故的数据进行整合、分析，发现交通事故的高发时间和地带也是犯罪活动的高发时间和地带，随后在部分城市的特定时间、地点开展联合整治，取得非常显著的效果。美国加利福利亚州政府通过“保险补助双向核对”数据挖掘项目，将医疗保险和医疗补助两个项目的数据整合起来，通过计算机算法自动确定相互矛盾、异于常态的支付记录，大大缩小了人工审查的范围，提高了打假的效率，还有效发现了大量虚假申报的记录。我国政府部门也可以借鉴上述案例，对已经掌握的质量损失率、产品质量等级品率和产品质量合格率等数据之间，也可以考虑采用某些方法去研究是否相互之间存在内在关联，存在怎么的关联，将数据的作用最大化。

4. 忽视数据和分析结果的公开

在由政府、市场和社会共同组成的宏观质量管理体制下，随着政府职能转变，需要更多发挥市场和社会的质量监管作用，不断改变总体质量信息的不对称，使消费者在掌握更多质量信息的条件下，更多依靠市场竞争实现优胜劣汰。为此，质量数据和信息应当尽可能进行公开。但是，国内政府部门往往不重视对质量数据和分析结果的公开，仅仅将其在内部制定政策措施、评价和判断质量状况等情况下使用，不利于最大程度发挥数据和分析结果的作用。如，工业产品质量指标、产品质量合格率统计等数据未完全向社会公开，使得企业难以找到对比标杆或者衡量标准，不利于调动多方面力量共同查找问题、促进改进。又如，在制定2010年乳业新国标时，规定“生鲜乳蛋白质含量2.8%，微生物限量每毫升200万个”，但没有公布此前国内生鲜乳质量监测的相应数据和得出此结论的分析过程和结果，导致社会上对此标准议论纷纷。与此相对应的是，美国政府2009年发布了《开放政府指令》，建立了开放数据平台Data.gov，其中各种因为质量问题而被召回的商品记录立即成为最受欢迎的数据之一。消费者可以在这个网站上对任何商品进行查询，获得其是否具有召回记录或者质量问题，避免了这些数据沉睡于政府部门的保险柜或者数据库中，受到了消费者的莫大欢迎，也为实现政府、社会、市场的质量共治提供了推动力。

第四节　质量数据应用的变革和展望

随着社会的发展和技术的进步，我们逐步进入了大数据时代。掌握数据、理解数据、应用数据将是每个组织发展的新机遇和新动力，质量管理也进入了构建以大数据为基础的“全社会质量治理机制”的最佳时期，通过数据连接消费者、企业、社会和政府，推动质量管理工作的变革和发展。

一、大数据的内涵

大数据翻译自英语big data，是由数量巨大、结构复杂、类型众多数据构成的数据集合。麦肯锡在全球研究报告《大数据：创新、竞争和生产力的下一个前沿》中将大数据定义为：大小超过了传统数据库软件工具的抓取、存储、管理和分析能力的数据群。维基百科对大数据的表述为：难以用现有的数据库管理工具处理的兼具海量特征和复杂性特征的数据集成。大数据技术描述了一种新一代技术及其构架，用于以很经济的方式、以高速的捕获、发现和分析技术，从各种超大规模的数据中提取价值。大数据的数量级应该是在 PB 级别。但是，数据量的大小不是判断大数据的唯一指标。

美国国家科学基金会（NSF）定义的大数据为“由科学仪器、传感设备、互联网交易、电子邮件、音频视频软件、网络点击流等多种数据源生成的大规模、多元化、复杂、长期的分布式数据集”。从这些说法可以看出，大数据是继云计算、物联网之后 IT 行业又一大颠覆性的技术革命。大数据的界定将会随着技术的进步而发生变化。

大数据具有“5V”特征：Volume、Velocity、Variety、Veracity 和 Value。

“Volume”即数据体量巨大，大数据的处理量级已从 TB 级别跃升到 PB 级别（1PB = 1024TB，1PB 的数据如果打印出来将超过 3 千亿张 A4 纸）。百度新首页导航每天需要提供的数据超过 1.5PB（1PB = 1024TB），这些数据如果打印出来将超过 5 千亿张 A4 纸。有资料证实，到目前为止，人类生产的所有印刷材料的数据量仅为 200PB。根据国际数据公司 IDC 发布的研究报告，2011 年全球创建和复制的数据总量为 1.8ZB（约 1.8 万亿 GB），预计全球数据量大约每两年翻一番，到 2020 年全球将达到 35ZB 的数据信息量。

“Velocity”即数据产生处理速度快，遵循 1 秒定律，大数据时代数据无时无刻都在生成，对数据的分析处理必须在秒级时间范围完成，而且对于很多应用程序来说，数据生成的速度比数据规模更重要。大数据要求快速处理，因为有些数据存在时效性。比如电商的数据，假如今天数据的分析结果要等到明天才能得到，那么将会使电商很难做类似补货这样的决策，从而导致这些数据失去了分析的意义。这一点和传统的数据挖掘技术有着本质的不同。

“Variety”即大数据的获取渠道已经多样化，来自多种数据源，数据类型繁多，物联网、互联网、无线移动网、手机等移动终端以及各种各样的传感器（如 RFID）都构成了大数据的重要来源。格式五花八门，包括诸如网络日志、音频、视频、图片、地理位置信息等非结构化、半结构化的数据，而且非结构化数据的增长远快于结构化数据的增长，2012 年非结构化数据比例已超过互联网整个数据量的 75%。

“Veracity”即数据的真实性。大数据中的内容与真实世界息息相关，研究大数据就是从庞大的网络数据中提取出能够解释和预测现实事件的过程。

“Value”即价值密度低，商业价值高，通过分析数据可以得出如何抓住机遇及收获价值。比如一小时连续不间断监控的视频中，可能有用的数据仅仅有一两秒，但如果使用得当将产生巨大价值，比如零售业可以利用大数据提高60%的运营利润。

大数据能够解析存在于现实世界、虚拟世界以及虚实融合世界的复杂网络关系，并适时做出判断和决策。这种决策模式遵循以下流程：数据变为信息、信息变为知识、知识涌现出智慧。大数据具有独特的在区域之间、行业之间和企业部门之间的强力穿透性，因此它不同于传统的、线性的、自上而下的目标驱动的精英决策模式，正在逐渐形成面向不确定性的、非线性的、自下而上的发现群体智慧的数据驱动决策模式。

长期以来，谈及信息技术（IT）我们更多的是关注排在信息（I）之后的技术（T）。正是因为对于技术的高度重视导致了IT产业的迅猛发展，形成了巨大的信息技术产业群，带动了世界经济的发展。而大数据技术的出现使得我们开始关注这个代表信息的I字，开始关注数据，关注数据的分析加工和挖掘，以及由数据信息知识的演变过程。经济学家斯诺格勒提出了“信息不对称理论”，认为掌握信息多的人在社会竞争中处于有利地位，而信息贫乏的人则处于不利地位。前者可以通过向后者有偿转让信息来获取利益，无偿转让则可以获取“善意”的名声。只有实现信息自由流动，各方掌握相同的信息后，彼此才能建立完全的信任。数据资源已经成为竞争的一个重要要素。

二、大数据发展动态

数据是有价值的，不仅仅是因为数据采集、加工和保存需要成本。数据就像一颗神奇的钻石，在开采、分选、切割、研磨、销售以及以后的使用过程中，不断地被赋予新的价值增值。同时还有稀缺性和唯一性等特殊价值。有如海面上的冰川，肉眼所见只是冰山的一角，绝大部分隐藏在水面以下。我们所看见的数据价值可能只是其中的一小部分，这就是所谓的显在价值。显在价值是显性的、直观的，是数据的原始价值，通过完成数据的基本用途而实现价值体现。大部分的数据价值隐藏在数据内部，是隐性价值，需要通过数据分析才可能得以发现和揭露。数据资源作为无形的资源和资产，不同于有形资源和资产，不会随着使用的增加而减少。数据在使用过程中没有损耗，可以不断使用、重复使用。随着使用次数的增加，数据的价值被不断地发现而增值。数据的价值只有在利用过程中才被发现、发掘和实现。

随着新技术和新应用带动数据爆发式的增长，大数据得到了更加广泛的关注，除了在学术界、商界的日趋蓬勃的研究应用，近几年，各国政府和国际组织也逐渐意识到大数据对社会经7济发展与管理的巨大价值潜力，纷纷将大数据提升到了战略层面进行部署。

2012年3月，美国奥巴马政府颁布了《大数据的研究和发展计划》，拟投资超过2亿美元，通过提高从大型复杂的数字数据集中提取知识和观点的能力，进而加快美国科技进步的步伐，加强国家安全并改进教学、研究。此项战略涉及国家科学基金、国家卫生研究院、能源部、国防部、国防部高级研究计划局以及地质勘探局等6个部门。

英国早在2010年就出台了数据开放网站（data. gov. uk），并提出了数据权的概念，向全社会开放2005年以来英国政府的公共开支。2011年，劳工部、商业部联合推出新项目“我的数据”，即使是商业的机构收集的数据，只要涉及个人的信息，个人都有权查看和使用。日本、澳大利亚等国家也都制定了本国的大数据研究和应用战略。

大数据提高政府管理能力的成效也是显著的：荷兰政府推出了一项名为数字三角洲的工程，通过协调环境部、税务部和国家研究所三方的财力、人力和物力，研究如何利用大数据预测，改变防洪策略以及整个荷兰水资源系统的管理工作。对比传统的水资源建设项目，这种合作组合预计可以节省高达15%的荷兰年度水资源管理预算。美国一位程序员发明了一款应用程序“SeeClickFix”，人们可以通过手机拍照使用该程序举报乱涂乱画、交通损坏或排水管堵塞等问题，这些投诉被自动记录在案，并被发送到公共事业部门，相关问题会很快得到解决。该软件已经在美国上千个城市投入并使用。

在国内，2012年12月，国家发改委数据分析软件开发和服务列入专项指南；2013年科技部将大数据列入973基础研究计划；2013年度国家自然基金指南中，管理学部、信息学部和数理学部将大数据列入其中。北京成立“中关村大数据产业联盟”。此外，中国科学院、复旦大学、北京航空航天大学等相继成立了近十个从事数据科学研究的专门机构。

2012年12月，广东省制定了《广东省实施大数据战略工作方案》，计划采用行政搜集、网络搜取、自愿提供、有偿购买等多种方式拓宽数据搜集渠道，在政府各部门开展数据开放试点，通过部门网站向社会开放可供下载和分析适用的数据，进一步推进政务公开；建设完善全省网上办事大厅、政府数据档案、企业信用信息网等骨干网络系统，到2015年信息化水平力争达到中等发达国家水平，到2020年迈入世界先进水平。

在北京，东城区政府运用移动应用技术开展社区管理的网格化试点，是加强社会管理工作的重要创新，也是大数据应用于公共管理的生动实践。目前，北京市已初步构建起全市网格化社会服务管理体系框架，构建了一个天上有云（云计算中心）、地上有格（社会管理网格）、中间有网（互联网）的新型社会服务管理信息化支撑体系。网格化的推进使得社会服务管理工作变得更具有预警性、主动性和协同性。

在上海，市政府于2013年发布了《上海推进大数据研究与发展三年行动计划（2013－2015年）》，提出了建设医疗卫生、食品安全、终身教育、智慧交通、公共安全、科技服务5个公共服务平台及推进金融证券、互联网、数字生活、公共设施、制造和电力6个重点行业大数据应用的工作任务。其中，在制造业，计划针对科学评价生产系统规划、降低产品缺陷率等需求，建立制造业大数据系统。整合已有的物理工厂、质量体系、工序数据、成本核算等建模数据，建立仿真工厂，对已有的生产实绩数据进行生产仿真，模拟工厂运行，为工厂实际建设提供决策依据。收集产品生产过程各环节的实时质量数据，实现敏捷的一体化质量监测和管控，并支持产品质量追溯，形成基于大数据的一贯过程质量控制及分析系统，并向第三方提供服务。2014年5月，上海市政府开通国内首个政府数据服务网（www. datashanghai. gov. cn），率先实行政府大数据资源开放，涉及医疗服务、道路交通、商贸信息、人群信息等28个市级政府部门的190项数据内容，未来数据资源的开放主体还将进一步扩展到法律法规授权的具有管理公共事务职能的组织，以及与人民群众利益密切相关的公共企事业单位。

大数据在城市管理中的综合应用——智慧城市，也得到了各级政府的高度重视。全国已有95%的副省级以上城市、76%的地级以上城市，总计230多个城市提出或在建智慧城市，计划投资规模近万亿元。当前，智慧城市的建设尚在起步阶段，可以预计，在不远的将来，一座座集智慧交通、智慧电网、智慧物流、智慧医疗、智慧环保、智慧社区、智慧建筑、智慧农业于一体的智慧城市，将使城市的生活更加美好。

在一些企业的质量管理工作中，基于大数据和信息化的质量监控手段也逐渐开始萌芽和发展。在发电行业，发电设备的远程监控和故障诊断已经得到了广泛的应用。尤其是现在在风力发电设备上的应用，具有显著的意义。由于风力发电一般地处偏远、环境恶劣，而且处于70~90米的高空，设备分散，给设备维护维修带来较大困难，因此一直采用计划维修和事后维修方式，导致成本高企、故障多发。因此，国内外都正在开发基于数据挖掘技术的风电机组在线状态监测与故障远程诊断系统，根据对大量数据的跟踪监测，对故障征兆进行分析处理，预测分析风电机组的故障趋势，从而减少事故发生和强迫停机次数。在电梯行业，以上海三菱电梯有限公司和上海永大电梯有限公司为例，企业推出了基于无线通信技术的电梯远程服务系统，可实时传输电梯运行数据、故障报警等信息到电梯生产企业的远程监控平台，在电梯正常运行时，可实现电梯状态和参数的实时查询；在电梯出现异常（尚未故障）时自动发报，后台派员及时检修，提前避免故障；在监测到一般性故障后，会自动发报至客服中心，后台派员排除故障，同时轿厢内可远程双向通话，专家对故障及时诊断、科学处理；在电梯关人时，系统自动发报至客服中心，后台派员应急救援，轿厢自动播放安抚语音。这样，既可大幅提高电梯维保或急修服务的响应速度和服务效率，防患于未然，又可以通过获得的运行数据对产品质量进行全面分析和评估，为质量改进和提升找到方向。在服务业，大众点评网（www. dianping. com）等独立第三方消费点评网站，提供餐饮、购物、休闲娱乐及生活服务等领域的商户信息、消费优惠以及发布消费评价的互动平台，实现了消费体验的沟通和聚合。在网站上，消费者发布文字点评，分享消费心得，并给出1颗星到5颗星的综合评价，好则誉之，差则贬之。这些直接来源于消费者的大量数据，构成了服务业企业质量评价的一部分，也越来越多地成为了消费者选择商户的重要参考依据。同时，网站上积累的大量用户和海量信息，又为分析消费需求、消费动态、消费分布提供了可能，为服务业企业提高质量、改进管理、更好地满足消费者需要提供了途径。

三、质量大数据的应用和分析

大数据最重要的现实是对大数据进行分析，只有通过分析才能获取很多深入的，有价值的信息。大数据分析的理论核心就是数据挖掘算法，这些数据挖掘的算法能更快速的处理大数据，如果一个算法得花上好几年才能得出结论，那大数据的价值也就无从说起了。有了分析方法，还要有相应的数据处理工具，才能挖掘实现大数据的价值。一个形象的比喻是，数据仓库是数据资源池，是数据资源的聚合，提供了具有潜在价值的“矿产”资源。联机分析是对数据资源的一种透视性探测，相当于探矿和矿产预测，通过寻找和发现具有开采价值“矿体”的分布及其关系研究，预测未知的“矿体”。数据挖掘是对数据资源的开采，相当于“采矿”过程。数据挖掘的目的是发现隐藏在数据之中的数据关系、历史数据演化的规律，并且采用数据模型描述数据规律。这个过程相当于矿产资源研究中的成矿规律研究，建立成矿模型和找矿模型。其二是对未来进行预测，通过基于数据的预测分析，为业务的未来发展进行预测评价，这个过程相当于找矿预测和矿体验证。

数据挖掘（Data Mining，DM），也称为数据库知识发现（Knowledge Discovery in Database，KDD），这一术语出现于1989年，是从数据库中识别出有效的、新颖的、潜在有用的、并且最终可理解的模式的非平凡过程。近年来，由于计算机技术的发展及应用的普及，人类生产活动及其他领域都产生了大量的业务数据。分析这些数据可以为领导决策提供真正有价值的信息，进而做出最有利的决策，因此具有重要的意义。通过数据挖掘所获得的知识可以直接用于辅助决策或修正已有的知识体系，也可作为新的知识存储于应用系统中。传统的数据挖掘主要是针对结构化数据进行数据关系和数据规律研究。随着网络数据的大量出现，针对博客、论坛、微博、社交网站等大量的复杂类型的非结构化数据资源的整合和挖掘已经成为了数据挖掘技术的新领域和发展方向。在此，介绍几种应用较为广泛的数据挖掘算法。下表6－4中所列是一些常用的数据挖掘方法，这些方法或理论已在一些领域得到有效应用。

表6－4　几种数据挖掘方法

方法	原理	用途
回归分析	用数理统计的方法建立因变量Y和自变量X的函数关系式，分析数据的内在规律，用来分析、预测、控制等	某类质量问题发生的概率、分析生产厂家、经销商和地域、季节等基本信息的关系
决策树算法	从一组训练样本中提取规则和知识并对新样本的类别做出预测	质量缺陷及质量问题的分类
粗糙集理论	从不完整的数据集中发现模式和规律	预测与控制、识别与分类
聚类分析	将物理或抽象对象的集合分组成为由类似的对象组成的多个类的分析过程	质量行为异常
判别分析	按照一定的判别准则，建立一个或多个判别函数，用研究对象的大量资料确定判别函数中的待定系数，并计算判别指标。据此即可确定某一样本属于何类	风险监控决策

续表

方法	原理	用途
支持向量机	建立一个决策曲面来最大化正例和反例之间的隔离边缘，主要思想是建立一个分类超平面作为决策曲面，使得正例和反例之间的隔离边缘被最大化	质量趋势分析

（1）回归分析（Regression Analysis）

回归分析是是确定两种或两种以上变量间相互依赖的定量关系的一种常见和传统的统计分析方法。回归分析按照涉及的自变量的多少，分为回归和多重回归分析；按照自变量的多少，可分为一元回归分析和多元回归分析；按照自变量和因变量之间的关系类型，可分为线性回归分析和非线性回归分析。如果在回归分析中，只包括一个自变量和一个因变量，且二者的关系可用一条直线近似表示，这种回归分析称为一元线性回归分析。如果回归分析中包括两个或两个以上的自变量，且因变量和自变量之间是线性关系，则称为多重线性回归分析。

作为一种常见和传统的统计分析方法，回归分析在几乎所以社会经济和自然科学领域都得到了广泛和充分的应用，以获得事物的内在规律，并进行预报、控制等。

（2）决策树算法（The Decision Tree）

决策树算法又称为决策树归纳学习算法，是目前使用广泛的数据分类和预测的工具，它主要用来从一组训练样本中提取规则和知识并对新样本的类别做出预测。决策树具有易于提取显式规则、计算量相对较小、分类速度快、可以发现重要的决策属性和较高的分类准确率等优点，可以快速地从大量数据中提取出新颖有效的、易于理解的规则和知识。由于决策树的这些优点，它被广泛使用。决策树通过把实例从根节点排列（sort）到某个叶子节点来分类实例，叶子节点即为实例所属的分类。树上的每一个节点指定了对实例的某个属性（attribute）的测试，并且该节点的每一个后继分支对应于该属性的一个可能值。分类实例的方法是从这棵树的根节点开始，测试这个节点指定的属性，然后按照给定实例的属性值对应的树枝向下移动。然后这个过程在以新节点为根的子树上重复。

决策树能够直接体现数据的特点，易于理解和实现，在学习过程中不需要使用者了解很多的背景知识，只要通过解释后都有能力去理解决策树

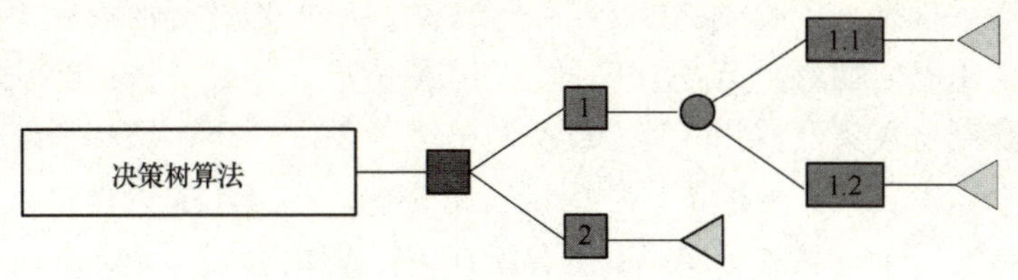

□—决策节点　○—概念节点　◁—终结点

图6-9　决策树分析方法示例

所表达的意义即可。采用决策树算法时，数据的准备往往是简单或者是不必要的，在相对短的时间内能够对大型数据源做出可行且效果良好的结果，而且易于通过静态测试来对模型进行评测，可以测定模型可信度。实践中，利用决策树算法对乳腺疾病的分类（良性或恶性）取得了较好效果。通过和临床医生的交流，结合医生诊断时关注的特征和乳腺疾病的病理知识，提取病人性别、年龄、肿块大小、肿块边缘、肿块形态、肿块密度、肿块钙化、乳头形态、周围皮肤形态共9个属性作为每个病例的属性，通过数据挖掘建立这些属性和最终的判决属性之间的联系。

（3）粗糙集理论（Rough Set Theory）

粗糙集理论由波兰华沙理工大学的Pawlak教授于20世纪80年代提出，是用于处理含糊性和不确定性的一种数学方法，主要用于从不完整的数据集中发现模式和规律，因此是机器学习以及进行不确定信息形式推理的基础。粗糙集理论作为一种处理不精确（imprecise）、不一致（inconsistent）、不完整（incomplete）等各种不完备的信息有效的工具，一方面得益于它的数学基础成熟、不需要先验知识；另一方面，它的易用性也较好。由于粗糙集理论创建的目的和研究的出发点就是直接对数据进行分析和推理，从中发现隐含的知识，揭示潜在的规律，因此是一种天然的数据挖掘或者知识发现方法，它与基于概率论的数据挖掘方法、基于模糊理论的数据挖掘方法和基于证据理论的数据挖掘方法等其他处理不确定性问题理论的方法相比较，最显著的区别是它不需要提供问题所需处理的数据集合之外的任何先验知识，而且与处理其他不确定性问题的理论有很强的互补性（特别是模糊理论）。

在短短三十年时间里，粗糙集理论已经在诸如医疗诊断、过程控制等领域得到了广泛应用。例如，以粗糙集理论为依据，提出基于粗糙集理论数据挖掘属性约简方法，将医疗信息系统数据库中的原始数据化简为对医院有用的信息，可以为医院决策提供新的解决方法。

（4）聚类分析（Cluster Detection）

聚类分析是一种重要的多变量统计方法，指将物理或抽象对象的集合分组成为由类似的对象组成的多个类的分析过程，聚类分析的目标就是在相似的基础上收集数据来分类。聚类与分类的不同在于，聚类所要求划分的类是未知的。聚类分析是一种探索性的分析，在分类的过程中，人们不必事先给出一个分类的标准，聚类分析能够从样本数据出发，自动进行分类。聚类分析所使用方法的不同，常常会得到不同的结论。不同研究者对于同一组数据进行聚类分析，所得到的聚类数未必一致。

聚类分析常常用作细分市场的有效工具，同时也可用于研究消费者行为，发现不同的客户群，并且通过购买模式刻画不同的客户群的特征，从而寻找新的潜在市场、选择实验的市场，并作为多元分析的预处理。

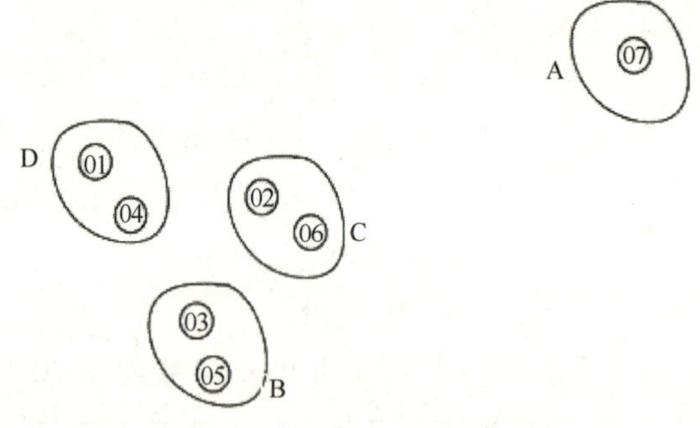

图 6－10　聚类分析算法示例

（5）判别分析（Discriminant Analysis）

判别分析又称“分辨法”，是在分类确定的条件下，根据某一研究对象的各种特征值判别其类型归属问题的一种多变量统计分析方法。其基本原理是按照一定的判别准则，建立一个或多个判别函数，用研究对象的大量资料确定判别函数中的待定系数，并计算判别指标。据此即可确定某一样本属于何类。当得到一个新的样品数据，要确定该样品属于已知类型中哪一类，这类问题属于判别分析问题。当所遭遇问题的因变量为定性（categorical），而自变量（预测变量）为定量（metric）时，判别分析是一种非常适当的技术，通常应用在解决分类的问题上。若因变量由两个群体所构成，称之为双群体——判别分析（Two－Group Discriminant Analysis）；若由多个群体构成，则称之为多元判别分析（Multiple Discriminant Analysis；MDA）。

判别分析在气候分类、农业区划、土地类型划分、市场调研等领域中都有着广泛的应用。在开展市场调研中，可以通过判别分析对用户和非用户、经常购买者和非经常购买者、新用户、流失用户和忠实用户、忠诚用户和非忠诚用户、消费者心目中喜欢的品牌和不喜欢的品牌、消费者对品牌的不同属性偏好等进行统计分析。

（6）支持向量机（Support vector Machines）

支持向量机（SVM）是由 Vapnik 领导的 AT&T Bell 实验室研究小组在 1995 年提出的一种新的非常有潜力的分类技术，是一种基于统计学习理论的模式识别方法，主要应用于模式识别领域。支持向量机按照结构风险最小化原则，在样本信息有限的情况下，在学习能力和模型的复杂性之间寻找最佳折中，从而获得最优的推广性能。对存在非线性、小样本、高维数、过学习、局部极小点等问题的数据，采用支持向量机的方法可以很好的解决上述问题，同时大大的减少了算法设计方面上的随意性，推广能力很强。支持向量机的主要思想是建立一个分类超平面作为决策曲面，使得正例和反例之间的隔离边缘被最大化，如图 6－11 所示。一个线性判别函数是指由 X 的各个分量线性组合而成的函数：

$$g(x) = w^t x + w_0$$

如果 $g(x) > 0$，则判断 X 属于 H_1；如果 $g(x) < 0$，则判断 X 属于 H_2；如果 $g(x) = 0$，则可以将 X 任意分列某一类或者拒绝判定。

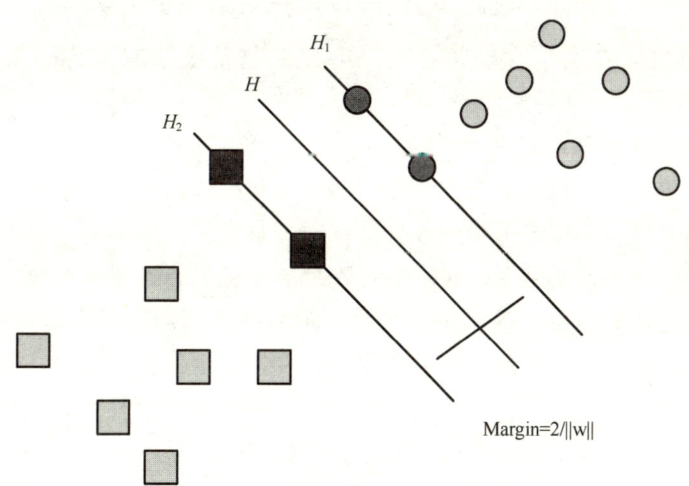

图 6－11　可分情况下最优 SVM 分类线

图 6－11 方形点和园形点代表两类样本，H 为分类线，H_1、H_2 分别为过各类中离分类线最近的样本，且平行于分类线的直线，它们之间的距离叫做分类间隔（Margin）。所谓最优分类线就是要求分类线不但能将两类正确分开，而且使分类间隔最大。

支持向量机的这种方法已经在天气预报、生物信息学、地球物理学、文本和手写识别等领域都取得了成功的应用。特别是在医疗卫生领域，支持向量机在疾病预测方面已有成功应用案例。例如，利用体检者的相关检验指标，就可以基本上预测未来7年时间里该体检者患糖尿病II的概率。其基本方法是通过数据挖掘技术，对现有的样本（包括糖尿病II患者和非患者）的记录在案的一些指标进行深入分析（包括年龄、性别、种族、身高、体重、BMI值、ADA值等等，同时增加新的信息比如血压、胆固醇指标），进而利用支持向量机找出相关因素与糖尿病II发病的关系。

四、大数据应用的思考和建议

（1）培养大数据的思维

大数据不仅是一种海量的数据状态、一系列先进的信息技术，更是一套科学认识世界、改造世界的观念和方法。把大数据的手段和方法引入宏观质量管理领域，将帮助我们建立一个更科学、高效的公共管理体系，强化质量治理能力，提升工作绩效。大数据本质上是一种提倡技术理性的思路，把一切社会现象都归为一串串的数字。用数据说话、用数据决策、用数据管理、用数据创新应该成为每一个质量管理者的共识。

（2）建设质量数据平台

大数据重塑了统计学的方法论，不再是对样本进行推断统计的传统方法，而是直接对总体进行相关分析，样本即是全体。这样的分析必须建立在强大的数据平台基础上，通过平台整合质量监管行政记录数据、商品生产经营管理数据、检验检测机构数据、消费者反馈数据等多种数据来源，消除信息孤岛，实现信息的共享和联动，并采用现代信息技术，进行数据的高速处理和深度挖掘，推动数据产品的创新应用，使其具有高度的应用价值和决策支持功能，才能最大程度发挥数据的作用。

（3）开展质量数据立法

在大数据的时代背景下，数据是重要的战略资源，在政府的宏观质量管理中，是否可以有效地获取高质量的数据、规范地管理数据关系到宏观质量管理的效度和信度。数据质量问题涉及数据收集、使用、发布的整个过程，贯穿在数据管理工作的始终。但是，数据质量问题往往出现在数据发布阶段。这是因为，数据一旦经过政府发布，往往被认为是权威的，对社会各个领域都可能产生重大的影响。在互联网时代，任何一份通过网络发布的信息，都不再只是面对特定的人群，而是面对全体公众。在网络环境下，有足够多的眼睛在审视所有的数据，使得所有的可能数据错误都无所遁形。如果发布的数据不可靠，将面临着来自社会的频繁、大范围的质疑。特别是，影响到社会公共政策和技术标准的数据，将引起巨大的争议。所以政府和相关机构发布数据时，必须慎之又慎，确保质量。这都必须有法律作为支撑。但目前，在质量数据的调查权、填报义务、使用要求、监督管理、信息安全及信息公开等方面，尚缺必要的法律法规体系支撑。质量数据的采集、使用、管理需要有更完善的法制保障，并进一步健全数据质量责任制度，建立数据监测纠错机制，确保质量数据真实、准确、完整、及时，推动数据的整合、集成和利用。

（4）创新质量治理模式

十八届三中全会提出，要推进国家治理体系和治理能力现代化，大数据则为我们提供了治理现代化的一种技术路径，为实现质量监管工作的“放、管、治”提供了前提和基础。大数据带来的可预测性、动态感知、快速响应以及公众参与等特性，将为解决质量监管中的系统问题和突出问题提供更为精确化的方向，推动质量监管模式从单兵作战型到协作共享型转型，从事前门槛管理到事中、事后问题导向管理转变，从被动响应式到主动预见型转变，从风险隐蔽型到风险预警型转变。

（5）提升制造业竞争能力

到2012年，中国制造业增加值为2.08万亿美元，占全球制造业20%，与美国相当，但却大而不强。新世纪以来，新一轮科技革命和产业变革正在孕育兴起，全球科技创新呈现出信息技术与制造业的深度融合的新特征，是以制造业数字化、网络化、智能化为核心，建立在物联网和务（服务）联网基础上，同时叠加新能源、新材料等方面的突破而引发的新一轮变革，将给世界范围内的制造业带来深刻影响。这一变革，恰与中国加快转变经济发展方式、建设制造强国形成历史性交汇，这对中国是极大的挑战，同时也是极大的机遇。充分运用大数据、实现信息技术与制造技术深度融合，也是提升中国制造业竞争能力的必由之路。目前，《中国制造2025》已经正式发布，对接《中国制造2025》需要大力培育“四新”经济（新技术、新业态、新模式、新产业），促进制造业转型创新发展需要大数据的支撑。在福建泉州，作为“中国制造2025”唯一的地方样板和实践范例，制定了《泉州制造2025发展纲要》，提出了建设“泉州云制造平台”。这个平台将融合数字化网络化制造技术，以及云计算、物联网、信息服务等技术，将各类制造资源和制造能力虚拟化和服务化，把资金流、信息化、物流、服务流统一构成制造资源和制造能力池，通过大数据分析快速调整供应链，开展有客户参与设计的定制化生产。这个计划描述了中国制造广阔的前景，制造强国之路将会越走越宽广。

参 考 文 献

[1] 王庚、管于华、孙瑞博、陶用之．现代工业统计与质量管理［M］．北京：中国人民大学出版社，2011.12.

[2] 詹姆斯·R·埃文斯、威廉·M·林赛、焦书斌译．质量管理与质量控制［M］．北京：中国人民大学出版社，2010.5.

[3] 李卫红、杨练根．质量统计技术［M］．北京：中国质检出版社、中国标准出版社，2012.12.

[4] 徐继华、冯启娜、陈贞汝．智慧政府 大数据时代的来临［M］．北京：中信出版社，2014.2.

[5] 马建堂．大数据在政府统计中的探索与应用［M］．北京：中国统计出版社，2013.10.

[6] 大数据：创新、竞争和生产力的下一个前沿．麦肯锡全球研究院，2011.5.

[7] 2020年的数字宇宙．美国国际数据集团，2012.12.

[8] 涂子沛．大数据．桂林：广西师范大学出版社，2012.7.

[9] 陈封能．数据挖掘导论（完整版）．北京：人民邮电出版社，2011.1.

[10] 吴信东、库马尔．数据挖掘十大算法．李文波、吴索研译．北京：清华大学出版社，2013.5.